# EDITORIAL

Joachim Negwer, Chefredakteur

## Liebe Leserin, lieber Leser,

Kroatien ist wieder zurück auf der touristischen Landkarte. Ein herrliches Urlaubsland mit mehr als 5000 Kilometer Küste, mit schönen Stränden und glasklarem Wasser, das in allen Variationen der Farbe Blau leuchtet. Egal, ob Sie nun in Istrien unterwegs sind, in Dubrovnik oder in Zagreb – überall im Land spüren Sie den neuen Wind. Kroatien blickt optimistisch in die Zukunft, es entstehen private Projekte, kleine, feine Landhotels, neue Restaurants und originelle Läden. Die Winzer machen hervorragende Weine, und die Olivenbauern verblüffen auch die italienischen Nachbarn mit Top-Qualität.

Wir waren auf Genießer-Tour in Istrien, zum Wandern im Velebit-Gebirge, mit dem Linienschiff zum Inselhüpfen im Süden des Landes. Unsere Reporter haben die schönsten Strände gesucht und gefunden, die besten Tauchspots und die interessantesten Nationalparks. Sie werden sehen: Es gibt noch viel zu entdecken, und dieses Heft liefert Ihnen – auch wenn Sie schon oft in Kroatien waren – noch viele gute Tipps.

Stefan Nink ist einer unserer besten Reporter, der seit vielen Jahren exklusiv fürs ADAC reisemagazin reist und vor Ort recherchiert. Jetzt hat er den renommierten Columbus-Preis von der Vereinigung Deutscher Reisejournalisten (VDRJ) bekommen für die beste Reisereportage des Jahres 2006: die Las-Vegas-Geschichte im ADAC reisemagazin USA Westküste (auch nachzulesen im Internet unter www.adac.de/reisemagazin). In diesem Kroatien-Heft schreibt Stefan Nink über Dubrovnik (ab Seite 36) und über die Raftingtour auf der Cetina (ab Seite 66) – zwei ganz besondere Reportagen, die wieder preiswürdig sind.

Viel Spaß bei der Lektüre wünscht Ihnen Ihr

Joachim Negwer

**EXTRA FÜR ABONNENTEN: NEWS** mit Reportagen über die Zillertal-Arena und über Piemont, mit einem Report über die Trends bei den Billigfliegern und vielen Tipps aus der weiten Welt des Reisens.

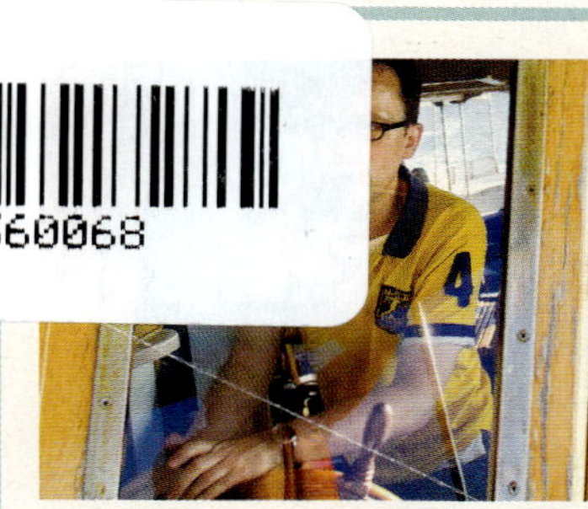

Immer schön Kurs halten: Autor **BERNHARD LILL,** 38, hatte sich gut auf seine Tour zu den schönsten Inseln Dalmatiens vorbereitet – durch Mitnahme von Karten, Mückenspray und vielem mehr. Nur dass ihm mitten auf der Adria der Käpt'n eines Ausflugsschiffs das Steuer in die Hand drücken würde, darauf war Lill nicht gefasst. Wie sich der freie Journalist mit Wohnsitz Hamburg aus der Affäre zog, lesen Sie **ab Seite 52.**

Eine Woche frische Meeresbrise auf einem alten Motorsegler – und das Leben unseres Autoren-Teams ist nicht mehr dasselbe: Fotograf **SAMUEL ZUDER** (im grünen Shirt) hat seit dem Inseltörn nie mehr geraucht, **CHRISTIANE ZANDER** konnte ihre Platzangst ignorieren. Denn die Super-Crew der Otac Ivan und die Küstenwelt entschädigten für Enge und strenge Regeln an Bord. Ihre Reportage beginnt **auf Seite 170.**

Für **REINER RIEDLER,** 38, war der Job in Kroatien so etwas wie eine Zeitreise. Schon als Kind hatte der in Wien lebende Fotograf (hier vorm Amphitheater in Pula) Urlaub mit seinen Eltern in dieser Region gemacht. Während er früher am Strand Bambus-Ruder für seine Luftmatratze gebastelt hatte, bemühte Riedler sich nun, die schönsten Gestade des Landes ins rechte Licht zu setzen – das Resultat sehen Sie **ab Seite 94.**

Fotos: Ralf Kreuels; Samuel Zuder; Reiner Riedler

# INHALT KROATIEN

## THEMEN IM ÜBERBLICK

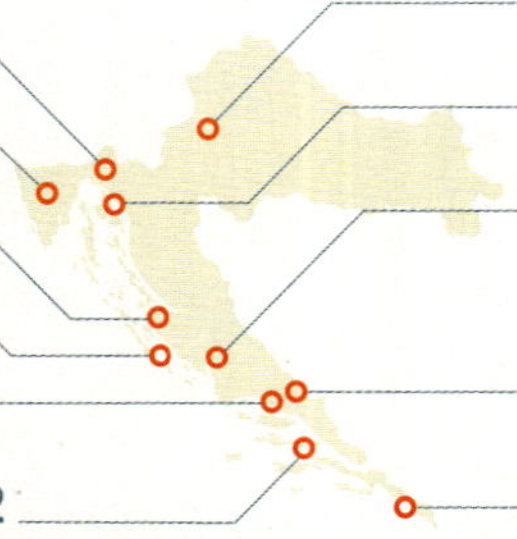



**www.adac.de/reisemagazin**

Im Internet unter www.adac.de/reisemagazin finden Sie viele Extras, zum Beispiel:

- das perfekte Dinner,
- Sprachtrainer Kroatisch,
- Interview über Wasserqualität.

Außerdem: die wichtigsten Links aus dem Heft zum Anklicken, Wissenstest Kroatien, E-Cards zum Verschicken, Leseproben zu allen lieferbaren Titeln.

Titelmotiv: Rovinj/Joachim Negwer; Fotos: Samuel Zuder (2); Ralf Kreuels (2)

## REPORTAGEN



## HINTERGRUND



## RUBRIKEN



## STICHPUNKTE

# Gesichter eines Landes

**Häusermeer. Meeresblau. Winzige Inselwelten und Archipele voll maritimer Gelassenheit. Kroatien ist ganz der Adria zugewandt – und hat doch noch viele andere Reize für Reisende zu bieten. Eindrücke vom Comeback eines großen Stars am Urlauberhimmel**

Foto: Samuel Zuder

# Stattlich

Dubrovnik gilt als Charakterdarsteller unter den Reisezielen des Landes. Die kroatische Hafenmetropole ist aus jeder Perspektive einfach bajoslovan, märchenhaft. Besonders ihr alter Kern: rote Dächer, enge Gassen, Kirchen und Paläste, wie eine Trutzburg von dicken Mauern umschlossen, die sich heute bereitwillig den Urlaubern öffnen. „Wer das Paradies auf Erden sucht, sollte nach Dubrovnik kommen", hat der irische Satiriker George Bernard Shaw einmal gesagt – und das in diesem Fall völlig ernst gemeint

prirodna izvorska voda
natural spring water

Foto: Ralf Kreuels

## Goldig

Einen Ort „ohne Brot, ohne Wasser, ohne Wege“ schalt der heimische Dichter Vladimir Nazor die Insel Brač. Das mag einmal richtig gewesen sein. Heute ist das 14 000-Einwohner-Eiland ein Urlauberziel par excellence: wegen der duftenden Pinienwälder, der Weinberge, der Olivenhaine. Und wegen eines Strandes von beachtlichem Ruf: Zlatni rat, Goldenes Horn, heißt Kroatiens berühmteste Landzunge, die für den Tourismus auf Brač wirklich Gold wert ist – und den Menschen sicheres Brot bringt

**Sport ...** wird im Balkanland heiß geliebt, leicht erkennbar an der rotweiß karierten Euphorie während der letzten Fußball-WM. Doch Kroatien bietet auch Raum für Sportspaß jenseits von Stadion & begeisterten Fanclubs – zum Beispiel beim Kanufahren in schöner Natur, wie oben vor der Halbinsel Pelješac

**... & Kultur** begegnet uns hierzulande auf Schritt und Tritt, Herrscher verschiedenster Herkunft haben im Laufe der Zeit ihre Visitenkarte hinterlassen. Etwa in Form gotischer Kirchen, barocker Paläste und üppiger Renaissance-Malerei – rechts ein Meisterwerk römischer Baukunst, das Amphitheater in Pula

Fotos: Lars Schneider; Zanettini/laif

**Naturschönheit** Sechzehn große Teiche und Pools, bis zu 78 Meter hohe Wasserfälle, steile Schluchten und tiefe Canyons: Die Plitvička jezera, Plitwitzer Seen, zählen zu den schönsten Nationalparks der Welt und nebenbei auch zum Welterbe der Unesco. Drei Viertel des Parks bedeckt dichter Wald,

in dem nachts Braunbären, Wildschweine, Luchse und Marder das Sagen haben. Besucher sind dann besser in den vielen Hotels ringsum aufgehoben. Wildwest-Fans erleben hier übrigens womöglich ihr Déjà-vu – schließlich hat das Gebiet in vielen Karl-May-Filmen neben Winnetou & Co eine tragende Rolle gespielt

**Nachtmusik** Zur blauen Stunde, wenn sich der Abendhimmel verfärbt und die Lichter angehen, beginnt auf Plätzen und Promenaden der Städte das große Straßentheater. Besonders die Hafenpromenaden der Inselorte werden dann zum Laufsteg für Liebende und Genießer, umweht von lauer Adria-Luft,

Foto: Jochen Tack

wie hier an der Mole von Mali Lošinj auf der Insel Lošinj nahe Cres. Sehleute mischen sich unter Seeleute, und manch alter Fischer sitzt gemütlich in seiner Stammkneipe. Viele Cafés locken übrigens mit einem fast wienerischen Charme – kein Wunder bei der reichen k. u. k. Geschichte des Landes

Fotos: Udo Bernhart; Reiner Riedler

**Brot ...** Es muss nicht immer Gulasch, Palatschinken oder Ćevapčići sein, auch wenn solch bodenständige Kost meist super schmeckt. Die neuen Wilden unter Kroatiens Köchen tischen ganz fein mediterran auf – links etwa Jakobsmuschel und Oktopus auf Salat im Altstadt-Restaurant Monte in Rovinj, Istrien

**... & Spiele** Während die meisten Urlauber noch am Strand dösen, machen ihre Kinder schon Party. Ballermann und Ibiza war gestern, in Bars, Discos und Nightclubs dieser Region geht es im Sommer mindestens genauso heiß her – wie bei der Beach-Party des Papaya-Clubs auf dem beliebten Adria-Eiland Pag

Foto: Ralf Kreuels

# Inselglück

Mehr als 1000 Inseln und Inselchen träumen vor der Küste Kroatiens, viele Paradiese auf Zeit für blasse Urlauber aus dem Norden. Das liegt zum einen am glasklaren Adria-Wasser und den sauberen Stränden, zum anderen an offenbar besten Verbindungen zum Schönwetter-Gott, hier sichergestellt durch das Dominikaner-Kloster auf Brač. Diese Insel exportiert übrigens neben Urlauber-Bräune auch handfestere Dinge – zum Beispiel marmorartigen Kalkstein, wie er bildschön im Parlamentsgebäude von Wien verbaut ist

# GALLERIA

Was Kroatien der Sonne und sauberen Badegewässern zu verdanken hat. Wo man tausendfach zur Höhle fahren oder Hunde grinsen sehen kann. Warum in Zadar das Meer Musik macht, wie sich Filmemacher von Zagreb nach Hollywood tricksen und wie die Hlebiner Schule entstand

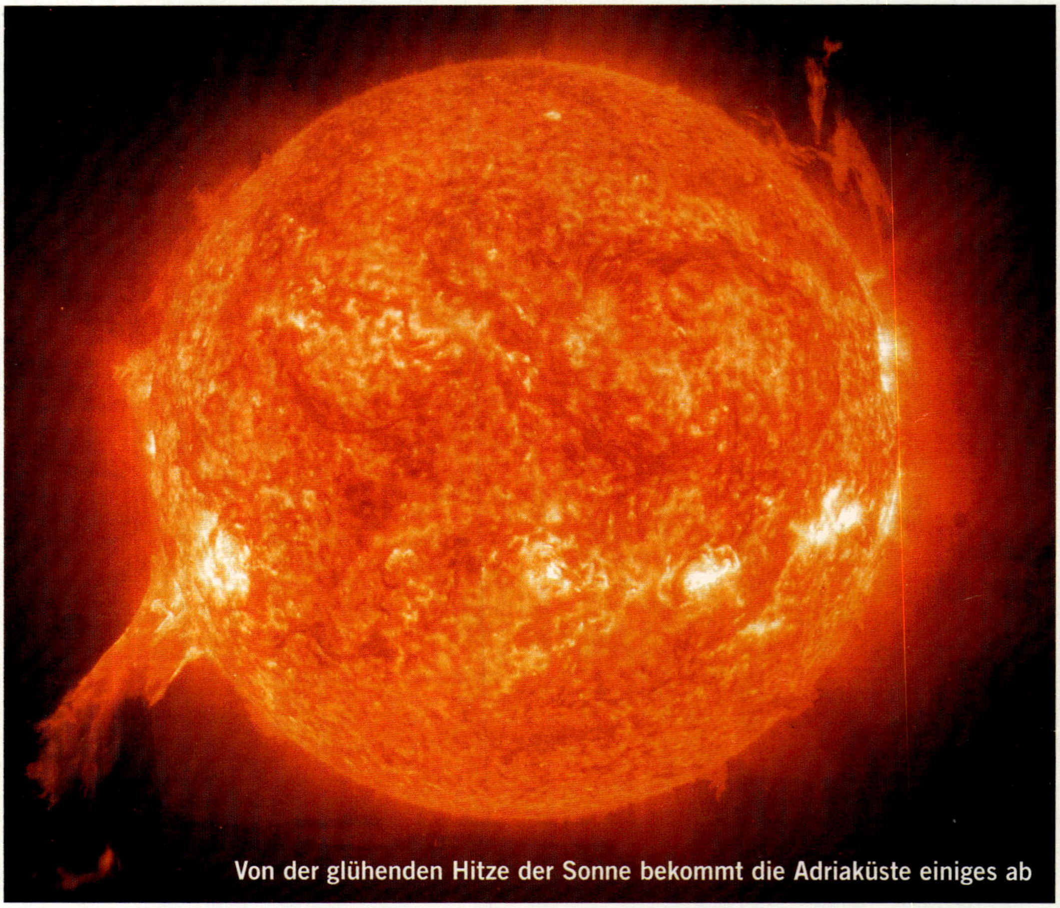

Von der glühenden Hitze der Sonne bekommt die Adriaküste einiges ab

Fotos: NASA/AP Photo; The Croatian Museum of Naive Art, Zagreb; Spekowius/blickwinkel

## SOLAR-ENERGIE | Mit voller Kraft

Die Sonne ist eine lodernde Gaskugel, ein gigantischer Kernreaktor. Sie strahlt eine ungeheure Kraft aus, und man darf annehmen, dass sie den enormen Erwartungen gewachsen ist, die allein in Kroatien an sie gestellt werden. Nicht nur, dass im Sommer zehn Millionen Urlauber an der kroatischen Adriaküste fest mit sonnigen Ferientagen und wohltuender Wärme rechnen. In Zukunft soll sie auch einen gehörigen Beitrag leisten, das Land mit Elektrizität zu versorgen.

Die Küstenregion, in der 95 Prozent aller Kroatien-Touristen übernachten, registriert jährlich 2500 bis 2600 Sonnenstunden (zum Vergleich: 1900 sind es in Deutschlands sonnigsten Orten). Was die Sonne Kroatien an Energie liefern könnte, übersteigt den Gesamtverbrauch des Staates um das Siebenfache. Allerdings bleibt ihre verschwenderische Großzügigkeit bislang weit gehend ungenutzt. Heute wird der gesamte Energiebedarf für Heizung und Strom nur zu sechs Prozent aus erneuerbaren Quellen gedeckt. Bis zum Jahr 2030 soll der Anteil auf 23 Prozent wachsen. Steigender Bedarf, der angestrebte EU-Beitritt und die globale Klimadiskussion haben die Regierung motiviert, zum Beispiel die Solarthermie zu fördern. So müssen seit Juli 2006 alle Tourismus-, Gastronomie- und Wohnungsneubauten energieeffizient gestaltet werden, und an der Küste und auf den Inseln soll verstärkt Solartechnik zum Einsatz kommen.

Am zentralen Himmelskörper unseres Sonnensystems werden die Pläne so schnell nicht scheitern: Von dem feuerroten Energiebündel wird die Erde voraussichtlich noch fünf bis sechs Milliarden Jahre lang etwas haben. **Doris Ehrhardt**

# DALMATIEN | Heimat der kleinen Schelme

Nicht nur das markante Fell mit den schwarzen Tupfen unterscheidet diese Hunde von vielen anderen Rassen. Dalmatiner sind berühmt für ihr schelmisches Lächeln, bei dem sie die Mundwinkel nach hinten ziehen und die Augen zu kleinen Schlitzen verengen. Das sieht dann so aus, als amüsierten sie sich gerade köstlich.

Der Dalmatiner stammt vermutlich aus Kroatien, genauer: Dalmatien. Eindeutig ist die Herkunft dieser Hunderasse allerdings nicht geklärt. Hunde mit geflecktem Fell zierten schon Abbildungen in Pharaonengräbern, was auf Ägypten als Ursprungsland schließen lässt. Andererseits gibt es auch Hinweise, dass die Rasse aus Indien kommt.

Im Mittelalter wurden die Tiere in Europa oft als Begleithunde von Kutschen eingesetzt. Im 19. Jahrhundert waren sie auf Einsätzen der New Yorker Feuerwehr dabei: Als bellende Sirenen liefen sie neben den Löschwagen her, und sie sind bis heute Maskottchen der Feuerwehr. 1961 machte der Walt-Disney-Film „101 Dalmatiner" die Rasse weltbekannt. Als man die Geschichte rund 40 Jahre später mit echten Tieren nachdrehte, wurden die weiß-schwarzen Vierpföter vorübergehend zu Modehunden. Inzwischen ist bekannt, dass etwa 20 Prozent aller Dalmatiner taub geboren werden. Was nicht heißen soll, dass nur die Tauben unter ihnen Frauchens oder Herrchens Kommando lediglich mit einem Grinsen beantworten. **Bianca Gerlach**

Bellten ihre Vorfahren in Dalmatien? Vielleicht

## 15 MINUTEN

braucht man, um durch die kleinste Stadt der Welt zu schlendern: Hum südöstlich von Buzet in Istrien ist 200 mal 35 Meter groß, hat rund 20 Einwohner, ein Rathaus, eine Kirche und eine Kneipe.

„Holzfäller" von Ivan Generalić, 1959

# KUNST | Landes-Meister

Im Sommer 1930 kam der in Paris lebende kroatische Maler Krsto Hegedušić in das Dorf Hlebine. Sein Vater stammte aus dieser barocken, bäuerlichen Gegend in Nordkroatien. Hegedušić war auf der Suche nach ursprünglicher, volkstümlicher Kunst. Und er war auf der Suche nach Kunst, die nicht einer erlernten Technik folgt, sondern der spontanen Darstellung der Wirklichkeit.

Was er fand, waren Bauern, die in bunten Darstellungen von Märkten, Kirchgängen, Tänzen, Alltags- und bukolischen Szenen ihre Herkunft zelebrierten, allen voran ein Autodidakt namens Ivan Generalić. Ein Jahr später wurde Generalićs „Markt in Novigrad in der Posavina" zusammen mit anderen Bildern im Zagreber Kunstpavillon gezeigt.

Bald darauf war das ganze Dorf als das Zentrum der kroatischen naiven Malerei bekannt. Hlebiner Schule nennt man den Stil, der Hinterglasbilder ebenso einschloss wie Skulpturen. Das Spektrum reichte von international bekannten Künstlern über Gelegenheitsmaler bis hin zu schlichten Kopierern. Werke der Hlebiner Schule befinden sich heute in Privatsammlungen, im Kroatischen Museum für Naive Kunst in Zagreb und im Museum von Hlebine.

Indes entsprechen die Gemälde nicht wirklich naiver Kunst, denn die Bauernmaler kannten und verwendeten die Perspektive, um ihnen Tiefe zu geben. Betrachtet man ihre Bilder, erkennt man, dass alleine die Liebe zum Leben Kunst hervorbringen kann. Ist das naiv? Es ist wohl eher die schlichte Wahrheit. **Gerhard Waldherr**

**GALERIJA HLEBINE**
■ Östlich von Koprivnica. Geöffnet Mo.–Sa. 10–16 Uhr.

Ein sicherer Hafen. Der Viano.
Immer sicher unterwegs: mit Sicherheitskarosserie und ESP® der neuesten Generation.
► Für Kapitäne der Straße heißt Sicherheit mehr, als nur Wind und Wellen zu trotzen. Für den Viano auch. Sein Fahrstabilitätsprogramm ESP® der neuesten Generation hilft, den Kurs zu halten, z. B. bei abrupten Ausweichmanövern auf nasser Strecke. Kommt es doch zum Fall der Fälle, wird der Viano dank seiner Sicherheitskarosserie endgültig zum Flaggschiff in Sachen Sicherheit.
So schön kann ein Van sein.

www.mercedes-benz.de
S ON3228
Mercedes-Benz

# Küstenreicher Streifen

Kroatiens Landkarte sieht aus wie ein Drachenkopf mit lang gezogenem Hals. Offiziell hat das Land 20 Provinzen. Wir stellen in diesem Überblick die schönsten Regionen für Kultur-, Bade- und Naturulaub vor

## Istrien

Auf der herzförmigen Halbinsel im äußersten Nordosten der Adria begegnen sich von alters her mediterrane und mitteleuropäische Kulturen, die sehenswerte Spuren hinterlassen haben, vom antiken Amphitheater in Pula über die byzantinische Basilika bis zum gotisch-venezianischen Adelspalast. Entlang der Küste liegen Istriens schönste Städte: Pula, Rovinj, Vrsar, Poreč und Umag. Interessante Kontrapunkte setzen im kargeren Landesinnern viele mittelalterliche Burgstädtchen mit archaischer (Wehr-)Architektur. Für Kontraste sorgt auch die Natur: an der Küste mit mildem Klima und subtropischer Vegetation, das Hinterland ist geprägt von Weingärten, Wäldern und Weiden. Allen Gegenden gemeinsam ist der Hang zu guter Küche mit Zutaten aus lokaler Produktion.

## Kvarner

Eine karstig-herbe Festlandküste mit schroffen Gipfeln, Canyons, Höhlen und eine sanfte, vielfältige Inselwelt mit mehrheitlich grünem Ambiente. Die Adriabucht und ihr Hinterland offenbaren zwei ziemlich gegensätzliche Seiten: Der mächtige Felsriegel des Velebit-Gebirges bildet eine dramatische Kulisse für Wanderungen und Naturerlebnisse. Dagegen bieten die Strände der Inseln wie Lošinj, Krk, Rab und Pag ideale Voraussetzungen für Badeurlauber und Camper. Während Rijeka Großstadt-Flair verströmt, verspricht das Landesinnere Ruhe und Natur, vor allem im Nationalpark Plitwitzer Seen an der Grenze zu Bosnien-Herzegowina.

## Norddalmatien

Reisende zieht es schon lange nach Norddalmatien, das sich zwischen Zadar und Split erstreckt und schöne Strände bietet. Für die dem Festland vorgelagerte Inselwelt schwärmen Segler und Taucher gleichermaßen, besonders für den großteils unter Naturschutz gestellten Archipel der Kornaten. Geschichtsinteressierte werden sich gern in den Städten umschauen, um Zadars romanische Bauten zu bewundern und Splits antiken Kern, den Diokletian-Palast, der zum Unesco-Welterbe gehört. An die Küste schmiegen sich Fischerdörfer und historisch bedeutsame Stätten, zum Beispiel Šibenik, Primošten, Trogir und die Ruinen der römisch-frühchristlichen Metropole Solin. Darüber sollte man nicht das Hinterland vergessen, sonst entgehen einem das Krka-Tal mit klaren Seen und Wasserfällen und das bei Raftern beliebte Cetina-Tal.

## Slawonien

Der Nordosten ist die von Drau und Save, Donau und Mur umflossene Kornkammer des Landes. Es liegt vermutlich am letzten Krieg, der vor allem in Vukovar schwere Schäden hinterließ (Seite 148), dass relativ wenige Besucher die Region bereisen. Auf Neugierige warten: Ebenen mit Weizen-, Mais- und Sonnenblumenfeldern, Augebiete, von Eichen- und Kastanienwäldern bedeckte Hügelrücken. Dazwischen liegen Städte und Dörfer, die reich an Geschichte und Baudenkmälern sind, etwa Čakovec, Osijek, Slavonski Brod und Požega. Für Wanderer und Radfahrer besonders attraktiv sind die Wege entlang Donau und Save, etwa durch die Naturreservate Lonjsko Polje und Kopački Rit.

## Zagreb & Umgebung

Kroatiens Hauptstadt dient vielen Urlaubern nur als Zwischenstation auf dem Weg zur Küste; doch damit verkennt man die an Wien erinnernde Schönheit Zagrebs: Entlang dem „Grünen Hufeisen", einem parkähnlichen Prachtboulevard, erzeugen Museumsbauten, Theater, Adels- und Mietpaläste das Flair der habsburgischen Gründerzeit. Die beiden historischen Zentren – der Bischofsbezirk Kaptol und die Oberstadt Gornji Grad –, ruhen mit Bauten im Stil von Gotik, Barock und Biedermeier wie Inseln im Strom der Zeit. In der Unterstadt hingegen trifft man auf eine moderne Metropole, um den Jelačić-Platz auf eine dynamische Bar- und Restaurant-Szene. Zu Ausflügen animiert die Umgebung, wie der Naturpark Žumberak und die hügelige Landschaft im Norden mit Wein- und Obstgärten.

## Süddalmatien

Der mehr als 200 Kilometer lange Küstenabschnitt südöstlich von Split bis zur montenegrinischen Grenze bildet ein Kernstück der kroatischen Ferienlandschaft. Eine Bucht scheint schöner zu sein als die andere. Orte wie Omiš, Brela, Baška Voda, Tučepi, Gradac und ganz im Süden Cavtat sind der Inbegriff adriatischer Badeträume. Und erst die Inseln! Brač, Hvar, Korčula, Mljet, aber auch deren kleinere Geschwister sind subtropische Naturschätze und dank Städtchen wie Korčula, Ston, Supetar und Hvar kunsthistorisch interessant. Sie alle sind aber nur ein Vorgeschmack auf die Bauwerke in Dubrovnik: Dessen Altstadt mit der Festung am Hafen gehört zum Welterbe der Unesco.

Illustrationen: Claudia Lieb

Hören und Staunen am Hafen von Zadar: Das Meer spielt Orgel

## ZADAR | Melodie des Meeres

Was sind das für Töne? Etwa Rufe von Walen? Signale aus dem Weltall? Oder spielt da jemand sehr sanft und zögerlich auf einer heiseren Posaune? Die leisen Klänge, die in einem unbestimmten Rhythmus über die Hafenpromenade von Zadar (Seite 184) schallen, erzeugt das Meer.

Seit Juli 2005 spielt in der Stadt an der dalmatinischen Küste eine Meeresorgel, die einzige weltweit, konstruiert vom Architekten Nikola Bašić. Sie funktioniert dank ausgeklügelter Verbindung von Meereswellen, Luft, Hohlräumen und Ventilen unter Wasser. Abhängig von Wellengang und Wind wird aus den Tiefen des Meeres eine Musik erzeugt, die außerirdisch klingt.

Jeder, der sie hört, hält inne und horcht. Vor allem abends setzen oder legen sich Menschen auf die breite, weiße Terrasse der Hafenpromenade, um lauschend zu entspannen und den Sonnenuntergang zu beobachten. Den Blick aufs Meer gerichtet, lässt man sich von den Klangwellen in einen meditativen Zustand wiegen. Wenn die Sonne effektvoll versunken ist, klatschen andernorts die Zuschauer gern mal. In Zadar dagegen regt sich keine Hand zum Schluss-Applaus. Warum auch? Die Aufführung geht ja weiter: Die Sinfonie des Meeres bleibt auf ewig „Die Unvollendete". **D. Ehrhardt**

Klänge der Meeresorgel sind in einem Video zu hören. Den Link dazu haben wir auf unserer Website eingerichtet: **www.adac.de/reisemagazin**

„Europa hat keine Ränder,
es ist überall Mittelpunkt"

Slobodan P. Novak, 1924 in Split geborener Schriftsteller

## INTERVIEW | Sauberster Teil des Mittelmeers

Fünf Fragen an den Meeresbiologen Knut Eichstaedt

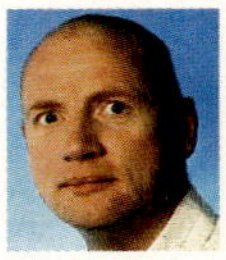

Dr. Knut Eichstaedt arbeitet beim Konstanzer Hydra-Institut im Auftrag des ADAC-Sommerservice, des größten Informationsprogramms für Wasserqualität in Europa

**Wie ermitteln Sie die Qualität von Badegewässern?**
Wir werten die vor Ort erhobenen Messdaten aus. Die Frage ist, wie viele potenziell gefährliche Bakterien sich im Wasser befinden und was das für den Badegast bedeutet.

**Sie haben letzten Sommer in Kroatien ca. 850 Badestellen überprüft. Was kam dabei heraus?**
Die Wasserqualität ist an 96,8 Prozent der Stellen „überwiegend sehr gut", an weiteren 3,1 Prozent „überwiegend gut". Damit war die kroatische Adria 2006 der sauberste Teil des Mittelmeers.

**Wie kommen trotz industrieller Abwässer derart erfreuliche Resultate zustande?**
Rund um die Adria wird der Ausbau von Kläranlagen vorangetrieben. Zudem wirken sich etwa Italiens Abwässer dank der Strömungsverhältnisse nicht auf die kroatische Küste aus; relevant sind fast nur die Einleitungen im Gebiet um Opatija und Rijeka.

Großer Tümmler in der Adria

**Vor der Insel Lošinj leben mehr als 150 Delfine – ein Zeichen für besondere Sauberkeit?**
Hier ist die Sichttiefe im Meer tatsächlich besonders groß – und deshalb auch der Artenreichtum, was Delfinen üppige und abwechslungsreiche Mahlzeiten beschert.

**Wo gibt es Infos über die Wasserqualität?**
Beim ADAC-Sommerservice, der ADAC-Mitgliedern im Internet zur Verfügung steht. Die Ergebnisse werden während der Saison wöchentlich aktualisiert.

**Interview: Alexander Bätz**

Das Gespräch ist in voller Länge zu hören unter:
**www.adac.de/reisemagazin**
Zum ADAC-Sommerservice: **www.adac.de**

Fotos: Jochen Tack; U.Kirsch/Wildlife

Tauchfischer Arsen Barić nach der Arbeit

## KORNATEN | Aus dem Wasser gezogen

Arsen Barić steht an der Reling der Yacht Katarina, die zwischen den Inseln der Kornaten kreuzt. Der Matrose steckt in einem tarnfarbenen Ganzkörperanzug und sagt, bevor er ins glasklare Wasser springt: „Ich gehe nur schnell Fische holen." Es vergehen 30, 40 Sekunden – Barić taucht nicht auf. Nach einer Minute werden die Gäste auf der Yacht nervös. Eine weitere Minute später rufen einige aufgeregt, man müsse den Mann retten. Dann schießt Barić mit einem Oktopus in der Hand aus dem Wasser.

Arsen Barić ist Tauchfischer, einer von fünf im Archipel der Kornaten. Er taucht ohne Hilfe von Sauerstoff nach Fischen und erlegt sie mit der Harpune. Dafür hat er eine Sondergenehmigung, denn das Fischen im Nationalpark Kornaten ist ansonsten verboten. Seine Methoden: Mal lässt er sich in einer Tiefe von zehn bis 15 Metern gegen die Strömung treiben, mal duckt er sich im Seichten eng an die Felsen. Er taucht bis zu zwei Stunden am Tag, am besten morgens; durchschnittlich fängt er 20 bis 30 Kilogramm.

Der Job hat seinen Preis: Barić raucht nicht und trinkt keinen Alkohol; selbst kohlensäurehaltige Getränke meidet er, um bloß keinen Auftrieb zu haben. Durch Meditation und Atemübungen vor einem Tauchgang verlangsamt er seinen Puls angeblich bis auf 40 Herzschläge pro Minute. Er weiß: Wenn er den frisch gefangenen Fisch an Restaurants verkauft, etwa in Sali auf Dugi Otok, macht sich seine Disziplin bezahlt. **Robert Kropf**

## 79 JAHRE

beträgt die Lebenserwartung der Frauen, 72 Jahre die der Männer in Kroatien. Laut Statistik verbringen die Kroaten 14 Jahre als Verheiratete. Der Durchschnittsbürger des 4,5-Millionen-Staats verbraucht pro Jahr etwa 3,4 Kilo Kaffee, 32 Liter Mineralwasser, 21 Liter Bier, 15 Liter Fruchtsäfte und 12 Liter Wein.

## DAS PERFEKTE SOUVENIR | Frische Trüffeln

Ein heikles Mitbringsel. Es erinnert an einen Staubfänger im Endstadium. Es stinkt. Es sieht aus, als hätte man es vor langer Zeit vom Kompost geklaubt. Teuer ist es auch noch. Aber diejenigen, die all das nicht stört, lieben eine Trüffel voll und ganz und bis zum letzten Krümel. Wer solche Freunde hat, kann ihnen keine größere Freude machen, als ihnen eine frische, feste Knolle mitzubringen, zumal sie in Kroatien deutlich weniger kostet als in Deutschland.

Weiße Trüffeln – die besten – bekommt man von Oktober bis Ende Dezember auf der Halbinsel Istrien (Seiten 91 und 166), wo sie vor allem in den Eichenwäldern rings um Livade unterirdisch wachsen. Nicht ganz so intensiv schmecken schwarze Trüffeln, die von Mai bis November aus der Erde gebuddelt werden. Womit wir beim nächsten heiklen Punkt wären: der Frische. Allen Beteuerungen von Händlern zum Trotz verlieren die Pilze schnell an Geschmack.

Also: Dieses aromaflüchtige Souvenir am besten auf den letzten Drücker kaufen, zusammen mit einem in Küchenkrepp gewickelten rohen Ei in einem Schraubglas verstauen – und gekühlt ab damit nach Hause. Wenn die eingeladenen Freunde schon am gedeckten Tisch sitzen, muss man die Knolle nur noch schnell mit einer weichen Bürste säubern, ehe man sie über Rührei oder Bandnudeln mit Butter hobelt. Nichts ist in diesem Moment unwichtiger als das, was Trüffel-Verächter dazu sagen. **Doris Ehrhardt**

Fotos: Robert Kropf; Udo Bernhart

Zypern. Eine Insel, die zur Familie gehört.
Herzlichst, Zypern
Ich werde Sie und Ihre Familie an ein besonderes Ziel bringen: auf eine Insel, auf der Sie sich geborgen fühlen. Mit Familienhotels, warmem Mittelmeer und spektakulären Landschaften. Sie werden einfach nicht mehr nach Hause wollen.
Die zypriotische Gastfreundschaft wird Sie begeistern und die Qualität des Urlaubszieles lässt Sie entspannen. Unternehmen Sie doch eine Bootsfahrt auf klarem Wasser, spielen Sie an einem endlosen Strand oder genießen Sie die vielfältigen kulinarischen Köstlichkeiten. Hier gibt es für jeden etwas.
Also, bringen Sie Ihre Familie mit, und treffen Sie mich auf:
www.visitcyprus.com
Die Insel für alle Jahreszeiten
Fremdenverkehrszentrale Zypern, Zeil 127, 60313 Frankfurt/Main.
Tel: 069-25 19 19, E-mail: info@cto-fra.de

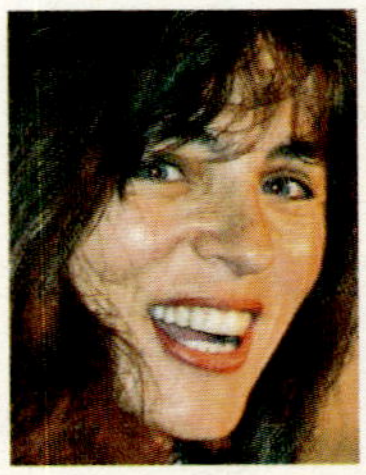

„Gleichgültig, ob wir in einem, fünf oder 50 Staaten leben werden, wir sollten die Menschen nicht vergessen: keinen einzelnen, unabhängig davon, auf welcher Seite er steht“

Mira Furlan, 1955 in Zagreb geborene Schauspielerin, sprach sich 1991 gegen den Krieg in Jugoslawien aus

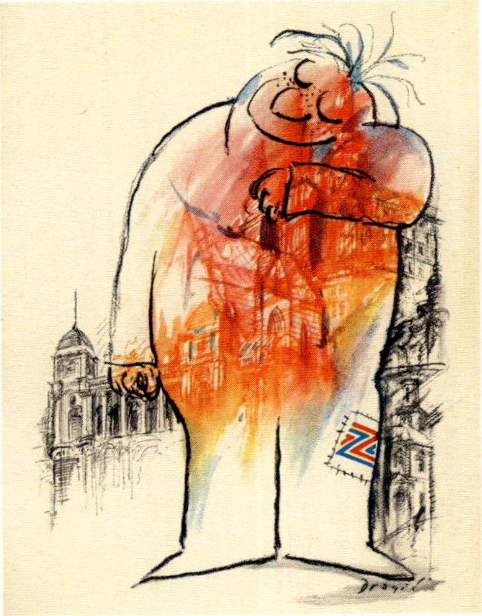

Strichweise zufrieden: Plakat des Animafests

## ZAGREB | Auf nach Hollywood

Der Weg nach Hollywood führt über Zagreb – zumindest für einige Regisseure von Trickfilmen. In Zagreb findet jedes Jahr das Animafest statt. Wird ein Film auf einem renommierten Festival wie diesem gezeigt, hat er gute Chancen, zumindest in die Vorauswahl für die Oscar-Preisverleihung zu kommen.

Das World Festival of Animated Films, kurz Animafest, präsentiert in den Kinos und Vorführsälen Zagrebs an sechs Tagen etwa 150 Produktionen aus gut 60 Ländern. Zu sehen gibt es: Zwei- und Dreidimensionales, Gezeichnetes und Geknetetes neben vollständig am Computer Entworfenem. Traurige und lustige, nachdenkliche und absurde Filme – alles da. Das Animafest ist aber nicht nur eine Plattform für internationale Beiträge. Auch Produktionen aus dem Studio Zagreb Film stellen sich der Konkurrenz. 1962 gewann das Studio sogar einen Oscar für den Zeichentrickfilm „Surogat“. Das Ziel des Studios ist klar: Es will noch so eine Trophäe von Hollywood nach Zagreb holen. **Alexander Bätz**

Einblick in das Animafest gibt ein Trickfilm-Video auf unserer Website: **www.adac.de/reisemagazin**

**ANIMAFEST**

10000 Zagreb, Vlaška 72 a, Tel. (01) 390 70 74. Das Animafest zeigt in geraden Jahren Kurztrickfilme, in ungeraden Trickproduktionen in Spielfilmlänge. Termine und Infos: **www.animafest.hr**

## PFERDE | Edel, kraftvoll und zäh

Ihr Gang ist federnd, ihr Körperbau harmonisch, die Mähne seidig und das Fell meistens weiß wie frisch gewaschen. Das heißt noch lange nicht, dass Lipizzaner verhätschelt werden möchten. Im Gegenteil: Wo die Rasse ihren Ursprung hat, ist die Umgebung rau und karg. Die Bedingungen in Lipica, Slowenien, haben die Pferde widerstandsfähig, zäh und – wie manche Reiter auf hohem Niveau beklagen – ein wenig stur gemacht. Auf dem „K. u. K. Hofgestüt zu Lipizza“ züchtete man sie für den Österreichisch-Ungarischen Kaiserhof.

Um die teuren Warmblüter vor Napoleons Eroberungstruppen zu schützen, wurden sie Ende des 18. Jahrhunderts vorübergehend umgesiedelt. Unter anderem brachte man sie 1805 nach Đakovo in der slawonischen Tiefebene, die ihnen mildere Umstände bot als ihre Heimat.

Von der Klasse der Rasse, die im Laufe der Jahre veredelt wurde, überzeugen sich allein in Đakovo jedes Jahr an die 10 000 Gäste. Kroatische Lipizzaner, wie sie für das Gestüt Đakovo in Pastuharni und Ivandvor gezüchtet werden, setzt man hauptsächlich im Pferdegespannsport ein. Auf Wettkämpfen zeigen sie dann voller Ehrgeiz, dass sie kräftige Zugpferde, keine eitlen Diven sind. **D.E.**

Đakovo liegt westlich von Vukovar. Infos: **www.tz-djakovo.hr**

Volle Kraft voraus: Lipizzaner in Slawonien

Fotos: N. Dragic/Animafest; dpa, Lenz/Okapia/picture-alliance

Agip. Stile italiano.

# Günstiger tanken bei Agip.

- 1 Cent Sofort-Rabatt je Liter!*
- Zusätzlich Punkte für tolle Prämien.

* Nur für ADAC-Mitglieder bei Vorlage einer Mitgliedskarte mit Magnetstreifen. Nur an teilnehmenden Tankstellen.

ROUTEX

Agip akzeptiert alle ROUTEX-Karten.

Agip

Blaue Grotte Modra Špilja

## HÖHLEN | Unterirdische Entdeckungen

Die Aufregung war groß, als man 1992 im Norden des Velebit-Gebirges die Höhle Lukina Jama entdeckte. Einerseits, weil sie die tiefste Höhle Kroatiens ist: Sie reicht 1392 Meter unter die Erde. Andererseits wurde der Karstschlund nicht von kroatischen Forschern ausfindig gemacht. Es war ein slowakisches Team, das als Erstes in den Abgrund stieg. Der Nationalstolz war wieder hergestellt, als ein kroatisches Team fünf Jahre später in der „Nachbar"-Höhle Patkov gušt eine Vertikale von minus 553 Metern entdeckte, die zweitgrößte der Welt.

Kroatien ist ein Land der Höhlen, es zählt mehr als 8500 – auf dem Festland und auf den Inseln, an Flüssen, unter dem Meer und in den Gebirgen. Gut die Hälfte aller Höhlen ist unerforscht, aber einige attraktive Hohlräume sind für Besucher zugänglich, etwa die Jama Baredine bei Novas Vas in Istrien, die Lokvarka bei Lokav in der Kvarner Bucht, die Golubnjača bei den Plitwitzer Seen im Velebit-Gebiet.

Eine Besonderheit ist die Blaue Grotte Modra Špilja auf der Westseite der Insel Biševo. Den Zugang bildet ein niedriges Felsloch im Meer, durch das nur kleine Boote gelangen können. An sonnigen Tagen und bei ruhigem Seegang taucht das Sonnenlicht, das durch die Höhlenöffnung unterhalb des Meeresspiegels eindringt, das Innere der Höhle in einen faszinierenden blauen Farbton. **Robert Kropf**

**Seht alle her!** Sie gehört nicht zu den Blumen, die den Kopf hängen lassen: Die Dalmatinische Glockenblume streckt sich dem Betrachter mit ausgebreiteten Blütenblättern entgegen. Weil ihr das mit monatelangem Durchhaltevermögen und kräftig violett-blauer Blumenkrone gelingt, sieht man sie in unteren Gebirgslagen häufig. Als typische Karstpflanze wächst sie auf Kalksteinklippen, wo sie sich mühelos vermehrt und wie farbiger Schaum den Boden bedeckt.

## AUTOPUT | Straße der Leiden(schaft)

Allein der Name trieb Tausenden Urlaubern den Schweiß auf die Stirn: Autoput. An der österreichischen Grenze zum damaligen Jugoslawien begann der Weg der Leiden, den Tito nach dem Zweiten Weltkrieg als „Straße der Brüderlichkeit und Einheit" hatte bauen lassen. Auf 1180 Kilometern führte der Autoput, der je nach Streckenabschnitt mal eine zweispurige Schnellstraße, mal eine vierspurige Autobahn war, von Ljubljana durchs Hinterland bis zur griechischen Grenze. Er war die wichtigste Transitroute nach Südosteuropa – und für Urlauber auf dem Weg nach Griechenland ein Abenteuer.

Lkw-Fahrer lieferten sich Wettrennen, überladene Autos blieben liegen, Baustellen nervten. Es gab keine Pannenstreifen, keine Werkstatt, dafür kilometerlange Staus bis hin zum Verkehrsstillstand. Weil Vielfahrer riskante Überholmanöver zu ihrem Hobby gemacht hatten, kam es häufig zu Unfällen. Manche Urlauber, die Europas gefährlichste Straße heil überstanden hatten, waren am Ziel derart erleichtert, dass sie ihr Auto am liebsten umarmt hätten.

Seit Sommer 2006 ist der Autoput in Kroatien zweispurig und problemlos befahrbar. Während Eilige zum Beispiel für die Fahrt von Zagreb nach Belgrad gern die neue, vierspurige Autobahn A 3 nehmen, bleiben Nostalgiker lieber auf dem Autoput. Gab es früher nur acht Tankstellen an der gesamten Strecke, muss man sich heute keine Sorgen mehr machen, ob der Sprit bis zur nächsten Zapfsäule noch reicht. Überhaupt fährt man hier unvergleichlich entspannter als einst. Oft brutzeln am Straßenrand Spanferkel am Grill. Das riecht nach Urlaub von Anfang an.

Autoput in alter Zeit

Fotos: Kroatische Zentrale für Tourismus; Cuboimages/mauritius images; IVB-Report

DIESE
VERSTECKTE BUCHT
WURDE ENTDECKT VON
STEFAN UND CLAUDIA
DIE EINWOHNER WAREN GENAUSO
EINZIGARTIG WIE DIE HÄUSER

# Ein Märchen aus Stein

**Sie prunkt mit Palästen und Kirchen, aus schmalen Gassen wispert Geschichte, und alle Welt preist ihre Schönheit – über Sehnsüchte und Geheimnisse der Traumstadt Dubrovnik**

**Text von Stefan Nink,**
**Fotos von Samuel Zuder**

Wehrhafte Perle der Adria – Dubrovniks Altstadt wird von 25 Meter hohen Mauern geschützt

Hier ruhen wir aus – Cafés, Bars und Souvenirshops sind prima Rastplätze in den engen Gassen der Altstadt

Hier gehen wir baden – zum Beispiel am Eastwest Club direkt im Windschatten des historischen Teils von Dubrovnik

Das Terrassencafé Buža 2 klebt an den Klippen am Fuß der Altstadt. Von der Stadtmauer hat man tolle Rundblicke

Urlauber flanieren gern über die Hauptstraße Stradun. Sie ist Dubrovniks ultimative Meile zum Shoppen und Einkehren

Sie kennt das, es passiert ihr öfter. Zweimal die Woche mindestens und meistens mit den Tomaten, und jedes Mal sagt sie sich hinterher, dass sie einfach besser aufpassen muss. Andererseits ist es ja nicht wirklich schlimm. Und für ein paar Lacher sorgen die rollenden Früchte auch immer, wenn sie ihnen hinterherhastet und sie einsammelt. Seltsam, wie weit Tomaten auf einem scheinbar ebenerdigen Marktplatz kullern können! Und seltsam, dass du ständig eine Kiste umwirfst, schimpft Maria mit sich selbst, bloß weil die Turmuhr der Kathedrale mal wieder sechs schlägt!

Die Glocke läutet, donnernd und unvermittelt, und Maria in ihrer Kittelschürze dreht sich ruckartig zu ihr um, eine Kiste in den Händen, die anderen gestapelt hinter ihr, und – zack! – ist sie gegen das Gemüse gestoßen, und – zadonk! – ist eine Kiste verrutscht, und die Tomaten verflüchtigen sich über den Gundulićeva Poljana. Ab morgen passe ich besser auf, nimmt sie sich noch schnell vor, aber dann sind schon die ersten Kunden da, zwei Köche aus dem noblen Pucić Palace Hotel, und Maria wiegt ihre Tomaten ab und verkauft zehn Kilo, und dabei ist es erst zehn nach sechs.

Kroatiens Barockdichter Ivan Gundulić hat über seine Heimatstadt einmal geschrieben, ihr Fleiß und ihr Argwohn hielten sie rund um die Uhr wach, aber das stimmt nicht oder stimmt nicht mehr: Dubrovnik ist heute ein Langschläfer. Außer ein paar Fischern draußen auf der Adria sind die Marktfrauen vom Gundulićeva Poljana und ein paar frühe Kunden die Ersten, die an diesem Spätsommermorgen auf den Beinen sind. Vier oder fünf Nachtschwärmer schleichen noch durch die Gassen und ein japanischer Tourist, geplagt von Jetlag und der Unmöglichkeit, Europa in fünf Urlaubstagen zu entdecken, wo ihn doch diese Stadt allein schon länger in Atem halten würde – ansonsten aber schlummert Dubrovnik, und es schlummert tief und fest.

Über dem Kamm der Berge glimmt es bereits gelbgolden, aber noch ist die Sonne mit der Rückseite des Hügels hinter der Stadt beschäftigt, die in ihrem Mauerring kauert und auf den neuen Tag wartet. Es ist still, es ist sehr still. Beim Gang über die Svetog Dominika, die auf ihrer Seeseite an die Stadtmauer grenzt, ist das Gurren der Tauben das einzige Geräusch, das man vernimmt. Und das leise Glucksen der Wellen, die auf der anderen Seite der Mauer am alten Gestein nagen. Dazu muss man aber schon ganz genau hinhören.

**Dubrovnik hat rund 50 000 Einwohner. Nur ein Bruchteil von ihnen lebt in der Altstadt, die zum Welterbe zählt**

Ach, Dubrovnik. Wenn es das erste Mal zwischen den Felsnasen und Zypressen auf der Fahrt über die Küstenstraße zu sehen ist, dann scheint es, als habe jemand ein Trugbild auf diese kleine Landzunge an der Adria projeziert: eine imaginäre Trutzburg, die Schimäre einer Piratenfeste, eine „Herr der Ringe"-Kulisse von der Computer-Festplatte, verwunschen, unwirklich, fast schon surreal. Man kann sich nicht so recht vorstellen, dass die Stadt innerhalb ihres Festungswalls ebenso märchenhaft daherkommt, aber dann tritt man durch das Ploče-Tor ein und weiß sofort: Doch, kommt sie. Vor allem um diese Uhrzeit, wenn die Steine Dubrovniks im matten Seidengoldglanz der frühen Sonne schimmern.

Und Steine hat es weiß Gott genug! Häuser, Kirchen, Klöster, sogar die Plätze und Straßen, überall die gleichen, sorgsam gefügten Quader in Kroatiens Athen, glatt geschliffen von Millionen und Abermillionen Füßen in mehr als 1000 Jahren. Und deshalb alle so spiegelglänzend wie der Stradun, Dubrovniks Laufsteg der Eitelkeiten und Promenade des Sehen und Gesehenwerdens. In diesen Minuten wird er allerdings lediglich von vier Straßenkehrern bevölkert. Und einer Frau, in sanft fallendem Sommerkleid auf dem Weg von ihrem Geliebten nach Hause oder von dort zu ihrem kleinen Schmuckladen. Wenig später hört man das Klack-Klack der Schuhe überall in den Seitengassen, und oft hört man es Minuten bevor ihre Trägerinnen erscheinen. Dann kann man sich minutenlang ausmalen, wie sie wohl aussehen mögen, und meist ist man überrascht. Von ihrer Schönheit. Von ihrer Eleganz. Von ihrem Lächeln, morgens um kurz vor sieben.

Das alte Dubrovnik ist nicht groß. 1,3 Quadratkilometer autofreie Fläche hinter den Mauern sind die Heimat von knapp 4000 Einwohnern, alles hier hat überschaubare Proportionen und alles seinen Platz. Da, die Stadtmauer, zwei Kilometer lang, 25 Meter hoch, an manchen Stellen sechs Meter dick. Der Rektorenpalast, früher Sitz des Stadtoberhauptes, jetzt populäre Fotoattraktion, ein ungestümer Stil-Wildfang aus Gotik und Renaissance und Barock, prächtig jedenfalls. Der Stradun, früher die Meerenge zwischen der griechischen

Ein feste Burg ist die Erlöserkirche, erbaut im Jahre 1520. Sie überstand sogar das große Erdbeben fast unbeschadet

Siedlung auf einer kleinen Insel und der slawischen auf dem Festland; erst als man die Bucht zugeschüttet hatte, entstand die Stadt: der Sponza-Palast, der Glockenturm, die Kirche des heiligen Blasius (Sveti Vlaho) – und das feinädrige Gewirr der Wohngassen, in denen man unweigerlich nach sechs oder sieben Gehminuten vor der Stadtmauer steht.

Nein, Dubrovnik ist nicht groß – und doch wirkt es an so einem Morgen beinahe erschlagend. Vielleicht, weil man ahnt, dass man hier in wenigen Stunden zwar alles abgelaufen sein mag, aber dennoch nichts gesehen haben muss. Vielleicht auch, weil seine Mauern an einem heißen Spätsommertag mehr Geschichte schwitzen, als man während eines kurzen Besuchs schultern kann.

Als Dubrovnik noch Ragusa hieß, war es das Scharnier im Handelsverkehr zwischen Europas Westen und den Ländern auf dem Balkan – eine Rolle, die es zuerst reich werden ließ und in der Folge auch ziemlich mächtig. Und natürlich weckte das Neider, doch Ragusa lavierte sich mit diplomatischem Geschick und den passenden Goldgeschenken durch die Jahrhunderte. Verschanzte sich hinter einer Stadtmauer, baute eine gewaltige Flotte, entsandte Seeleute mit Kolumbus (und ahnte nicht, dass die Entdeckung der Neuen Welt den Anfang vom Ende seiner alten bedeuten sollte, zumindest wirtschaftlich, aber wer konnte das damals vorhersehen ...).

Mehr als 1000 Jahre währte Ragusas Macht, um gut 70 weitere Jahre Dubrovniks Charme, aber dann schafften die Mörser der Serben und Montenegriner innerhalb weniger Monate beinahe, was weder den Zeitläuften gelungen war noch den Byzantinern oder Sarazenen oder Venezianern oder Osmanen und auch nicht dem verheerenden Erdbeben von 1667: Damals, während der Belagerung 1991/1992, schien Dubrovniks letzte Stunde nahe.

Die Wunden, die der Krieg der Stadt geschlagen hat, liegen zu tief, als dass der flüchtige Besucher sie entdecken würde – Dubrovnik hat sie gut versteckt, in seinen Seelen und Träumen und hinter den Türen der Psychiater-Sprechzimmer. Der Gast sieht sie nicht, er findet nur kleine Macken und Narben, hier einen zerschossenen Fries, dort ein Loch in der Hauswand und von hohen Stadtmauerstellen aus die neuen Schindeln. Bevor die Granaten der Soldateska von den Hügelkämmen hinabjaulten, waren Dubrovniks Dächer eine Sehenswürdigkeit für sich: ein Puzzle aus alten, älteren und uralten Dachziegeln, ein Flickenteppich in subtilen Nuancen zwischen Ocker, Braun und Sienna, bearbeitet von Sonne und Flechten, dem Salzwind vom Meer und der Zeit. Jetzt leuchtet Dubrovnik tomatenrot. Die neuen Ziegel kommen aus Slowenien, ausgerechnet. Und ihr Tomatenrot ist überall, beinahe auf jedem Haus, und auf jedem Haus verdeckt es, wie es im Innern aussieht.

Kurz vor zwölf, und die Stadt ist eine andere. Die Sonne schneidet in Gänge und Gassen, die hellen Mauern schleudern das Licht zurück, und man ahnt, warum die dunkle Sonnenbrille zur Grundausstattung eines jeden Altstadtbewohners gehört. Und voll ist es geworden! Die Urlauber sind da, vor den Stadttoren stecken ihre Mietwagen im Stau, Parkplätze gibt es längst keine mehr, ein eingekeilter Reisebus hupt genervt. Von der Stadtmauer aus kann man sehen, wie kleine Boote emsig zwischen den beiden großen Kreuzfahrtschiffen im Hafen und den Piers pendeln.

Und mit den Reisenden kommen die Geschäftemacher, die Souvenirverkäufer und selbst ernannten Stadtführer, die Taschendiebe und Straßenmusiker, die Frauen mit den geklöppelten Tischdecken, die Gaukler, die Laufjungen in historischer Uniform, Schilder mit „Pizza: 10 €!“ um den Hals, das ganze große levantinische Theater. Vor den Tischen der Cafés und Restaurants lauern hungrige Tagesausflügler auf jene Bewegungen, die das baldige Freiwerden von Stühlen ankündigen. Ein hektischer Kellner lässt einen Stapel Teller zerschellen. Zwölf Uhr mittags. Das Geläut der Kloster- und Kirchenglocken scheucht gewaltige Taubenschwärme auf, die nun in wirren Mustern über die Stadt fliegen. Es ist hektisch, es ist laut, vor allem aber ist es furchtbar heiß.

Jetzt, wenn Dubrovniks Plätze unter der Hitze schmachten und seine Besucher in die kühle Kathedrale und das Franziskaner-Kloster fliehen, sind die abgeschiedenen Gassen ein guter Ort, wo man mit sich und der Stadt allein sein kann.

Labsal für Leib und Seele: links Dubrovniks Markt, rechts die Kathedrale Mariä Himmelfahrt aus dem 18. Jahrhundert

Augen-Blicke: links der Onofrio-Brunnen von 1438, rechts die leuchtende Altstadt vom Excelsior-Hotel aus gesehen

Dort, wo die Blumen in leeren Olivenölkanistern stehen und die Wäsche trocken ist, kaum dass sie aufgehängt wurde, dort tändelt an solchen Sommernachmittagen die Zeit. Trödelt herum, weiß nichts Rechtes mit sich anzufangen, vergisst sich irgendwann selbst. Fließt scheinbar unendlich zäh und rinnt einem doch durch die Finger.

Man spürt das Meer hinter diesen Mauern, spürt es ständig, sein begieriges Harren, leise klagend, als habe es einst in die Stadt hineingewollt, habe aber schon vor langer Zeit aufgegeben und begnüge sich nun mit beleidigtem Genage an den Mauern. Und damit, seinen salzigen Atem durch die Schießscharten zu schicken. Während der serbischen Belagerung haben die Nonnen Weihwasser von den Mauern gegossen, um die See der Stadt zur Verbündeten zu machen, und vielleicht hat es ja geholfen. Oder etwas anderes. Wenn man den Kopf hebt und nach oben schaut, sieht man St. Blasius, den Schutzheiligen, gemeißelt in Wände und Mauern. Fast immer hält er eine Miniaturversion der Märchenstadt in seinen Händen. Schützend, als wolle er alles Übel der Welt von ihr abhalten.

Irgendwann wird es kühler, endlich, die Schatten recken und strecken sich, tanzen quer über den Platz, Tauben werden zu Drachen, und der Onofrio-Brunnen wird zum mächtigen Kuppeldom. Spätestens gegen neun kann Dubrovnik durchatmen. Die Kreuzfahrer sind wieder auf ihren Schiffen, das macht innerhalb der Stadtmauern zwei- oder auch viertausend Menschen weniger, und das macht sich bemerkbar.

Plötzlich gibt es Parkplätze, Luft zum Atmen und einen freien Korbstuhl im GradsKavana, diesem altehrwürdigen Kaffeehaus, wo sich die Dubrovniker gerne bis Ende März treffen und dann wieder ab November und in den Monaten zwischendrin ausschließlich abends, wenn die Fremden fort sind. Die Dämmerung sickert grau durch die Stadttore, die Katzen begeben sich auf erste Erkundungsgänge. Der Ober im Lokanda Peskarija unten an der Mole serviert, was die Fischer Dubrovniks fangen, seit der Tunfisch verschwunden ist aus der Adria: Sardinen im Salzmantel, eine gewaltige Portion, dazu eine Untertasse mit Zitronen sowie Brot und Wein. Den schönsten Platz für die Nacht in Dubrovnik findet nur, wer den Weg kennt: von der Längsseite der Kathedrale aus in die Ilije Sarake, bis zum Ende der Gasse, dann links und gebückt durch einen niedrigen Durchschlupf in der Stadtmauer. Dann steht man am Fuß der Befestigungsanlage, dort, wo Dubrovniks Mauern auf dem Gestein der Insel ruhen, unmittelbar über der Brandung. Das Buža 2 mit seiner Handvoll in Felsnischen geklemmten Tischen dürfte sich eigentlich nicht Bar nennen, ist aber dennoch eine – und viel mehr dazu: ein Ort, von dem man stundenlang in die adriatische Ewigkeit hinausschauen kann, die See vor sich, die noch warmen Mauern Dubrovniks im Rücken, ein Glas Rotwein in der Hand.

Es ist spät, oder früh, je nachdem. Ein melancholisches Gefühl scheint über der Stadt zu schweben, als ob irgendeine fröhliche Melodie, die letzte der Saison, gerade in der Luft verklungen sei. Oben auf den Mauern beichten die Katzen dem falben Mond ihre Triebe. Im Osten, hinter den kantigen Schatten der Berge, legt sich eine dunkelrote Folie über den Himmel. Es ist kühl geworden. Ein Schauer läuft über den Rücken wie ein grauer Wind, der übers Wasser streicht.

Wenn man jetzt die Treppenstufen hinaufsteigt und durch die Öffnung in der Stadtmauer und dann durch die engen Gassen hinüber zur Statue von Ivan Gundulić geht, diesem berühmten Dichtersohn der Stadt, wenn man sich dann auf die erkühlten Treppenstufen setzt und ein bisschen wartet: Dann schlägt irgendwann die Turmuhr der Kathedrale. Sechsmal schlägt sie, und kurz darauf kommt eine Tomate vom Gundulićeva Poljana herangekullert. Es sei denn, Maria passt heute mal besser auf. ■

**Info und Karte ab Seite 48**

**STEFAN NINK** reiste im heißesten Sommer der letzten Jahre nach Dubrovnik und schätzte die Stadt nicht nur deswegen vor allem frühmorgens und spätabends. Zum Glück war das Rafting auf der Cetina (Seite 66) dann eher erfrischend. Der Autor und Rundfunkredakteur, geboren 1965, lebt in Mainz.

Der Fotograf **SAMUEL ZUDER** wird im Editorial auf Seite 3 vorgestellt.

# INFO DUBROVNIK

Die Stadt an Kroatiens Südzipfel zählt zu den wichtigsten touristischen Zentren des Landes. Sie liegt **direkt am Meer** und gliedert sich in zwei Teile. So gut wie alle Sehenswürdigkeiten befinden sich innerhalb des **Altstadtmauerrings,** beinahe alle Hotels liegen außerhalb im Viertel **Lapad.** Von den 48 000 Einwohnern Dubrovniks lebt nur etwa ein Zwölftel im historischen Zentrum. Kein Wunder, dass **lange Autoschlangen** zwischen den Vierteln vor allem im Sommer zum Stadtbild gehören.
In Sachen Politik dürfen sich die Menschen von Dubrovnik glücklich schätzen: Bei der Online-Wahl „World Mayer Award 2006" wurde ihre **Bürgermeisterin Dubravka Šuica** zur achtbesten Bürgermeisterin der Welt gekürt.

**www.adac.de/reisemagazin**

Impressionen aus Dubrovnik zeigt ein siebenminütiger Film, der auf unserer Website zu sehen ist

**Tel.-Vorwahl aus Deutschland: 00385-20, innerhalb Kroatiens: 020**

**Umrechnen in Euro: Kuna-Betrag durch 7,4 teilen**

**Stadt am Meer: In Dubrovnik kann man abtauchen, durch die Altstadt bummeln und Kultur genießen**

## ÜBERNACHTEN

**1 KOMPAS**
Ein Strand- und Urlaubshotel wie die meisten Unterkünfte in Dubrovnik – und deswegen im Sommer proppenvoll. Abends singen Männerchöre auf der Terrasse. Schöne Zimmer, gutes Restaurant, zuvorkommendes Management, aber nur eine Hand voll Parkplätze. Tipp: Verlangen Sie ein Zimmer mit Meerblick. Weil das Hotel an einen Steilhang gebaut ist, hat man sonst nur Sicht auf das Gebüsch unmittelbar vor der Fensterscheibe.
■ 20000 Dubrovnik,
Šetalište kralja Zvonimira 56,
Tel. 35 20 00,
Fax: 35 21 46.
DZ 610–1320 KN.
**www.hotel-kompas.hr**

**2 STARI GRAD**
Neben dem Pucić Palace das einzige Hotel innerhalb der Altstadtmauern. Es hat nur acht Zimmer, leider ohne großartigen Ausblick – die Nachbarhäuser stehen zu nah. Dafür wird das Frühstück auf der Dachterrasse im fünften Stock serviert.
■ 20000 Dubrovnik,
Od Sigurate 4,
Tel. 32 22 44,
Fax: 32 12 56.
DZ 850–1405 KN.
**www.hotelstarigrad.com**

**3 LAPAD**
194 Zimmer in einem alten, herrschaftlichen Kalksteingebäude, etwas zurückgesetzt an der Bucht in Lapad; Pool und Garten. Die Zimmer der höheren Preisklassen sind mit Klimaanlage ausgestattet. An heißen Sommerabenden wird es etwas lauter. Dann flanieren Tausende Touristen direkt hinter dem Gebäude vorbei.
■ 20 000 Dubrovnik,
Lapadska Obala 37,
Tel. 41 24 36,
Fax: 41 72 30.
DZ 505–2030 KN.
**www.hotel-lapad.hr**

**4 ZAGREB**
Das Zwei-Sterne-Hotel in einem Palazzo auf der Halbinsel Lapad besticht durch seinen reizvollen Garten mit Terrasse nahe dem Sandstrand. Wem es hier zu beschaulich wird, der nutzt eine der guten und häufigen Busverbindungen zur Altstadt.
■ 20000 Dubrovnik,
Šetalište kralja Zvonimira 33,
Tel. 43 61 46,
Fax: 43 60 06.
22 Zimmer: DZ 735–1190 KN.

**5 PUCIĆ PALACE**
Ein wunderbares Beispiel dafür, wie man einen mittelalterlichen Prachtbau in ein spektakuläres Fünf-Sterne-Hotel verwandeln kann, ohne die Zeichen der Vergangenheit auszulöschen. Im Pucić Palace mitten in der Altstadt stimmt so ziemlich alles: die DVD-Auswahl im Zimmer, die Möglichkeit, sich Bettwäsche in seiner Lieblingsfarbe auszusuchen, und auch das Gefühl, mit bloßen Füßen auf jahrhundertealten Bohlen zu wandeln.
■ 20000 Dubrovnik,
Od Puča 1,
Tel. 32 48 26,
Fax: 32 62 23.
19 Zimmer und Suiten:
DZ 2020–4310 KN.
**www.thepucicpalace.com**

**6 EXCELSIOR**
1913 gebaut, 1998 komplett renoviert: Die Zimmer dieses eleganten Luxushotels nahe der Altstadt sind wunderschön einge-

Foto: Samuel Zuder

richtet und mit Gemälden lokaler Künstler geschmückt. Von den Balkonen aus genießen die Gäste eine großartige Sicht aufs Meer. Gut zum Entspannen: Jede Suite hat ihr eigenes Jacuzzi.
■ 20000 Dubrovnik,
Frana Supila 12,
Tel. 35 33 53,
Fax: 35 35 55.
146 Zimmer und 18 Suiten:
DZ 2664 KN.
**www.hotel-excelsior.hr**

## RESTAURANTS

### 1 LOKANDA PESKARIJA

In idealer Lage direkt am alten Hafen und dabei nach wie vor herrlich authentisch und untouristisch: Es werden einfache, rustikal angehauchte Fischgerichte zubereitet, die ohne irgendwelchen Beilagen-Firlefanz in schwarzen Töpfen auf den Tisch kommen. Auch die Auswahl guter Hausweine überzeugt.
■ Altstadt,
Ribarnica 2,
Tel. 32 47 50.
Geöffnet tgl. 8–24 Uhr.
Keine Kreditkarten.

### 2 LABIRINT

Dieses Lokal gehört zu jener Sorte Restaurants, in denen man auch oder vielleicht sogar vor allem für das Ambiente bezahlt: Gäste sitzen entweder in den wunderbar restaurierten Gewölben des alten Klosters oder unter freiem Sternenhimmel auf der Terrasse. Fisch- und Fleischgerichte, Pasta.
■ Altstadt,
Sv. Dominika,
Tel. 32 22 22.
Geöffnet tgl. 12–24 Uhr.

### 3 POKLISAR

Wenn die Kreuzfahrt-Tagestouristen zurück auf ihren Schiffen sind, wird es im größten Restaurant am Hafen etwas ruhiger. Dann kann man hier nett sitzen und gut essen: den „Fang des Tages" zum Beispiel (240 Kuna für zwei Personen) oder sehr leckere Gnocchi (Njoki) in Safransauce. Wer früh kommt, hört das Plätschern der Wellen am Kai – wer spät dran ist, die eher gewöhnungsbedürftige Live-Musik der Hausband.
■ Altstadt,
Ribarnica 1,
Tel. 32 21 76.
Geöffnet tgl. 8–24 Uhr.

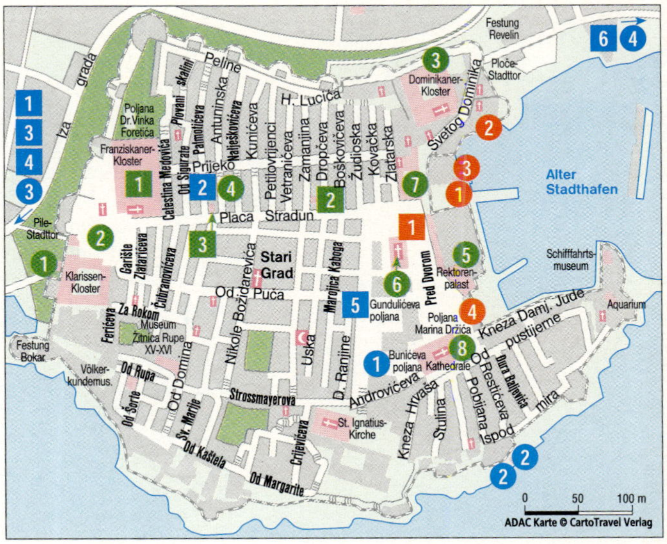


### 4 GRADSKA KAVANA

Dubrovniks schönstes Kaffeehaus hat eine Vergangenheit, die bis in die Zeit der Habsburger zurückreicht, und würde auch in Wien oder Budapest eine gute Figur machen. Vor zwei Jahren wurde renoviert. Jetzt ist die Einrichtung modern, und es gibt Cocktails – der alte Charme ist aber zum Glück erhalten geblieben.
■ Altstadt, Luža 2,
Tel. 32 14 14.
Geöffnet im Sommer tgl. 8–2, im Winter 8–23 Uhr.

# INFO DUBROVNIK

## MEIN TIPP

**STIPE ERCEG** „Für den Dalmatiner beginnt Kroatien südlich von Zadar. Eine der schönsten mittelalterlichen Städte ist Dubrovnik, wo fast jedes Restaurant guten Fisch serviert. Wer es urbaner mag, dem lege ich Split ans Herz, etwa den quirligen Fischmarkt. Von Split fahren Fähren zu den schönsten Inseln: Brač, Vis, Hvar, Šolta. Ein besonderer Tipp ist das Restaurant Konoba Fenks auf dem Festland zwischen Makarska und Vrgorac."

■ Geboren 1974 in Split, studierte Stipe Erceg am Europäischen Theaterinstitut Berlin. Für seine Rolle in „Yugotrip" (2003) wurde er mit dem Max-Ophüls-Preis als bester Nachwuchsdarsteller ausgezeichnet; in jüngerer Zeit überzeugte er im Kinofilm „Nichts als Gespenster".

## AUSGEHEN

### 1 TROUBADOUR

Dubrovniks berühmteste Kneipe und eine Institution an der dalmatinischen Küste: Besitzer Marko kennt jeden in der kroatischen Musik- und Kunstszene, und jeder schaut hier zwangsläufig irgendwann vorbei. Im Sommer fast allabendlich Live-Jazz.

■ Altstadt, Bunićeva poljana 2, Tel. 32 34 76.
Geöffnet im Sommer 9–3, im Winter 17–23 Uhr.

### 2 BUŽA 1 & 2

Die beiden einfachen, schönen Bars kleben an den Felsen unterhalb der Stadtmauer. Es gibt Drinks, Knabbereien und einen atemberaubenden Blick. Buža 2 ist ein wenig größer und geordneter. So kommen Sie zu Buža 1: von der Längsseite der Kathedrale aus in die Ilije Sarake, bis zum Ende der Gasse, dann links und gebückt durch einen niedrigen Durchschlupf in der Stadtmauer. Und so zu Buža 2: von Buža 1 links parallel zur Stadtmauer, nach 150 Metern dem Schild „Cold Drinks" folgen.

### 3 SUNSET LOUNGE

Ein toller Ort für den Sonnenuntergang: Die Sunset Lounge ist zum Meer hin komplett verglast. Drinks kosten etwa 50 Kuna, die Musik ist nett und unaufdringlich. Später am Abend kommt ein Pianospieler. Happy Hour 16 bis 18 Uhr, Kleiderordnung: keine Shorts, keine Flipflops.

■ Lapad, im Dubrovnik Palace Hotel, Masarykov put 20, Tel. 43 00 00.
Geöffnet tgl. 12–1 Uhr.

### 4 EASTWEST

Tagsüber ein schönes Strandcafé, abends Dubrovniks einziger ernst zu nehmender Nachtclub. Drinks kosten nicht mehr als anderswo (etwa 50 Kuna). Junges, gestyltes Publikum und angenehme Atmosphäre.

■ Frana Supila, Banje Beach, außerhalb der Altstadtmauern vor dem Ploče-Tor (3 Minuten Fußweg), Tel. 41 22 20.
Geöffnet im Sommer 17–3 Uhr.

**Coolster Ort für einen lässigen Drink: das Eastwest**

**Gut essen vor dem Treppensteigen: Unterhalb der Jesuitenkirche locken gemütliche Restaurants**

## ANSCHAUEN

### 1 STADTMAUER

Auch wenn man nur ein paar Stunden Zeit für Dubrovnik hat, ein Gang auf der Stadtmauer sollte drin sein: Nirgendwo sonst kann man so gut in Seele und Geschichte der Stadt blicken wie hier. Und nirgendwo sonst sieht das Meer schöner aus.

■ Aufgang zum Beispiel vom Stradun in der Nähe des Pile-Tors tgl. 9–18.30 Uhr.

### 2 ONOFRIO-BRUNNEN

Ihn gibt es gleich in zweifacher Ausführung: Der große steht direkt hinter dem Pile-Tor, wo das mehr als zehn Kilometer lange, 1436 bis 1443 erbaute Aquädukt endete; der kleine Onofrio-Brunnen am Ploče-Tor war einst mit dem großen verbunden. Aus beiden schöpften die Bürger der Stadt über Jahrhunderte hinweg ihr Trink- und Nutzwasser.

### 3 DOMINIKANER-KLOSTER

Die Stadtverwaltung erlaubte dem Orden, sich im 14. Jahrhundert innerhalb der Stadtmauern anzusiedeln – als Gegenleistung mussten die Dominikaner einen Teil der Stadtverteidigung übernehmen. Das heutige Kloster ist ein Nachbau, denn das Original wurde beim Erdbeben von 1667 zerstört. Sehenswert ist vor allem die Gemäldesammlung.

■ Svetog Dominika 4, Tel. 32 14 23.
Geöffnet tgl. 9–16 Uhr.

### 4 WAR PHOTO LIMITED

Früher war der Australier Wade Goddard Agentur-Fotograf im Balkankrieg – jetzt nutzt er seine Kontakte zu noch aktiven Kollegen, um in seiner zweistöckigen Galerie Fotos aus den Konfliktregionen der Welt auszustellen. Erschütternd, unvergesslich.

■ Antuninska 6, Tel. 32 21 66.
Geöffnet Juni–Sept. tgl. 9–21, Mai, Okt. Di.–Sa. 10–16, So. 10–14 Uhr.
**www.warphotoltd.com**

### 5 REKTORENPALAST

Dass Dubrovniks berühmtestes Gebäude überhaupt noch zu besichtigen ist, kann als mittleres Wunder bezeichnet werden: Erdbeben, Feuersbrünste und Explo-

Fotos: Samuel Zuder (3); dpa/picture-alliance

sionen haben den Amtssitz der Rektoren (einst für jeweils einen Monat gewählte Regenten) zweimal komplett zerstört und mehrere Male stark beschädigt. Weil jeder Rektor seinen persönlichen Hausrat offensichtlich nur hinein- und nicht mehr hinausschaffte, birgt der Palast heute einen großen Fundus an historischen Alltagsgegenständen, Möbeln und Kunstwerken.
■ Pred Dvorom 3,
Tel. 32 14 97.
Geöffnet tgl. 9–18 Uhr.

**6 ST.-BLASIUS-KIRCHE**
Auf der Südseite der zentralen Placa Luža führt eine breite Freitreppe hinauf zur Barockfassade von Sveti Vlaho (St. Blasius). Die Kirche zu Ehren des Stadtpatrons wurde im 18. Jahrhundert wieder errichtet. Ins Innere lockt eine vergoldete Statue aus dem 15. Jahrhundert.

**7 SPONZA-PALAST**
Große Architektur am Nordende der Placa Luža: Der zwischen 1522 und 1552 entstandene Bau vereint auf harmonische Weise Elemente der Spätgotik und der Renaissance. Ursprünglich war der Palast als Münz- und Warenlager vorgesehen, später wurde er als Gefängnis und Zollamt genutzt. Besonders schön sind die kunstvoll verzierte, offene Arkadenhalle und die filigranen Maßwerkfenster.

**Renaissance trifft Gotik: prächtiger Stadtpalast Sponza**

**8 KATHEDRALE SVETI GOSPA**
Der Legende nach soll Richard Löwenherz den Sakralbau schräg gegenüber dem Rektorenpalast gestiftet haben – aus Dankbarkeit für seine Rettung nach einem Schiffbruch. Nachdem die Kathedrale durch das Erdbeben im Jahr 1667 zerstört worden war, baute man sie auf kreuzförmigem Grundriss und kuppelbekrönt wieder auf. Zu den bedeutendsten Kunstschätzen im Innern gehören ein Gemälde von Tizian und die Reliquiensammlung in der Schatzkammer.
■ Die Kathedrale ist geöffnet Mo.–Sa. 9–12 u. 15–19, die Schatzkammer nur bis 18 Uhr.

## EINKAUFEN

**1 APOTHEKE DES FRANZISKANER-KLOSTERS**
Da kann kein Lifestyle-Kosmetikkonzern mithalten: Die Salben, Tinkturen und Cremes der Franziskaner-Mönche bekämpfen Falten, Pickel, Kopfschmerzen und Schlaflosigkeit – und das schon seit dem frühen 14. Jahrhundert. Bis heute werden sie nach Originalrezepten und ohne chemische Zusatzstoffe hergestellt.
■ Mala Braća, Placa 30,
Tel. 32 14 11.
Geöffnet Mo.–Fr. 7–20,
Sa. 7.30–15 Uhr.

**2 KRAŠ**
Wer sich nach dem Sightseeing mit etwas Süßem belohnen will, sollte unbedingt die Schokoladen-Spezialitäten von Kraš probieren. Leider muss man sie im Sommer ganz schnell aufessen – wegen der Schmelzgefahr.
■ Zamanjina 2,
Tel. 32 10 49.
Geöffnet Mo.–Fr. 9–19 Uhr.

**3 VINOTEKA DUBROVNIK**
Lokale und regionale Weine sowie Liköre. Große Auswahl, vernünftige Preise, gute Beratung. Die Angestellten sprechen Englisch.
■ Placa bb,
Tel. 32 17 77.
Geöffnet tgl. 10–20 Uhr.

## INFOS

**1 INFORMATION STADT & REGION DUBROVNIK**
Prospekte, Tipps u.v.m.
■ Cvijete Zuzoric 1/II,
Tel. 32 38 87 (Stadt) bzw.
32 42 22 (Region),
Fax: 32 37 25 (Stadt) bzw.
32 42 24 (Region).
**http://web.tzdubrovnik.hr** **S.N.**

# Träumen Sie noch …

**… oder haben Sie schon Ihr ganz persönliches Paradies in der Adria gefunden? Eine genussvolle Reise per Fährschiff von Insel zu Insel vor der süddalmatinischen Küste**

Text von Bernhard Lill, Fotos von Ralf Kreuels

Blaue Fluten: Strand auf Brač beim Ort Bol

**Brač** ist das größte Eiland Dalmatiens, rund 14 000 Menschen leben hier in absoluter Top-Lage

Der Hafen von **Hvar** auf der gleichnamigen Insel dient als Knotenpunkt für den Schiffsverkehr

Blaue Stunde: Flirt an der Mole vor Hvars Hafencafés

Zwischen **Brač** und **Hvar** wimmelt es besonders im Sommer von Inselfähren und Ausflugsbooten

Schiff ahoi: reger Verkehr im Hvarski kanal

Heute Morgen sind Ralf und ich von Split, Kroatiens zweitgrößter Stadt mit wichtigem Fährhafen, zu einer Rucksacktour aufgebrochen. Sie wird uns zu einigen der schönsten Adria-Inseln führen. Wir haben keine exakte Route festgelegt, wollen einfach den Fahrplänen der Schiffe folgen und den Tipps von Einheimischen und Freunden. Erstes Ziel unserer Reise ist die Insel Brač, von Split per Fähre in 50 Minuten problemlos zu erreichen und mit dem berühmtesten Strand Kroatiens gesegnet, bekannt aus unzähligen Werbeprospekten: dem Goldenen Horn, einer Landzunge aus feinstem Kies, die 400 Meter ins Meer ragt. Dort wollen wir baden.

## Insel Brač: ganz entspannt am Strand

Der Busfahrer sieht aus wie Elton John und hat auch eine ähnliche Wischmopp-Frisur. Allerdings bevorzugt er dalmatinische Mönchsgesänge. Überlaut schallen sie aus den Boxen. Die Zigarette lässig im Mundwinkel, hetzt er den Bus die Serpentinen hinauf, als habe er zu viele Verfolgungsjagden im Kino gesehen. Am Fenster wischt die Landschaft vorbei: Weingärten und Olivenhaine, Pinien und Zypressen. Ab und zu Dörfer mit Steinhäusern, Feigen- und Aprikosenbäumen und Ortsnamen, die nur schwer über die Zunge kommen: Ložišća, Nerežišća. Zwischendurch immer wieder die tiefblaue Adria, in der sich schillernd die Sonnenstrahlen brechen. Und über allem: der weite, wolkenlose Himmel. Ein Panorama, das Glückshormone freisetzt.

Endstation. Kurz noch „Do viđenja", Auf Wiedersehen, zu Elton John gesagt, dann die Rucksäcke geschultert und auf zur Zimmersuche. Im oberen Teil des Orts liegt eine Pension, die uns sofort gefällt: grüne Fensterläden, große Balkone. An der Wand ranken violette Bougainvilleen empor. Das Schild „Apartmani", Apartments, weist durch einen Garten mit Orangen, Limetten und Granatäpfeln. Die Besitzerin wirft einen kritischen Blick auf unsere staubigen Rucksäcke und verschwitzten Hemden. Wir lächeln besonders freundlich zurück und bekommen zwei Zimmer – mit Meerblick!

Der schönste Strand Kroatiens muss eine Erfindung der Tourismusindustrie sein. Wir haben die Badesachen gepackt und sind der mit Kiefern gesäumten Promenade gefolgt, zum Goldenen Horn. Von wegen golden! Der Kies ist grau, ein heftiger Wind fegt ins Gesicht. Doch schon wenige hundert Meter westlich liegt eine kleine, geschützte Bucht, die wunderbar einsam ist. Nur ab und an gleitet ein Surfer vorbei, rüttelt der Wind an der Takelage eines Segelschiffs. Zum Abkühlen lockt das glasklare Wasser der Adria, das selbst im Herbst noch über 20 Grad warm ist.

Abends kaufen Ralf und ich im Supermarkt ein Backpacker-Dinner: Maisbrötchen, kroatische Salami, Schafskäse – eine Spezialität der Insel –, Tomaten und den lokalen Rotwein, einen Plavac Mali. Wir setzen uns auf den Balkon, schauen zu, wie im Westen die Sonne ins Meer plumpst. Die Wurst schmeckt würzig, der Rotwein ist leicht und trocken. Beim zweiten Glas denke ich: Kann es denn auf den anderen Inseln überhaupt noch schöner sein?

## Auf See: Matrose ahoi!

Zwei Tage später brechen wir auf zur Nachbarinsel Hvar; von dort aus wollen wir zum Eiland Sveti Klement überset-

Die Inseln Brač, Hvar, Sveti Klement und Korčula sind die Stationen unserer Rundreise per Fährschiff und Motorboot

Links: gut in Schuss – Stadtmauer von Korčula. Unten: guter Freund – am Marktplatz in Hvar

zen. „Da findet ihr vollkommene Ruhe", hat eine kroatische Bekannte in Deutschland versprochen und gleich die Adresse des Fischers Tonci Matijević und seiner Frau Lisa überreicht. Da morgens keine Fähre von Bol nach Hvar geht, entscheiden wir uns für ein Ausflugsboot, das um neun Uhr zur gleichnamigen Inselhauptstadt abfährt.

Kaum hat das Boot den Hafen verlassen, ernennt mich Kapitän Branco Karmelić recht formlos zum Steuermann. „Übernimm du mal", sagt er, „ich muss jetzt erst mal das Fahrgeld einsammeln." Und dann ist er weg. Meine Finger krampfen sich ums Steuerrad der Veli. Was soll ich jetzt machen? Am besten gar nichts, einfach den Kurs halten. Blöd nur, dass da eine Yacht direkt auf uns zusegelt. Ich drehe das Steuerrad vorsichtig nach rechts. Nichts. Weiter nach rechts. Endlich ändert die Veli behäbig den Kurs. Wenig später schippern wir an der Yacht vorbei. Macht eigentlich Spaß, so ein Schiff zu fahren.

Käpt'n Karmelić ist wieder da, klopft mir auf die Schulter. „Kannst bei mir anheuern", sagt er und erzählt dann, dass er hauptberuflich Wirtschaftsprofessor an der Fachhochschule von Bol sei. Allerdings bringe das Ausflugsboot mehr Geld. „Heute muss man in Kroatien mehrere Jobs haben, um über die Runden zu kommen", sagt er. Aber schließlich sei das auch keine schlechte Kombination: im Sommer übers Meer zu fahren und im Winter im Klassenraum zu unterrichten, wenn der eiskalte Bora-Wind um die Häuser heule (Seite 177). Den Rest der Überfahrt wechseln Ralf und ich uns am Steuerrad ab. Gegen Mittag taucht der Hafen von Hvar-Stadt auf. Wir

Guter Mond: hier überm Hafen von Hvar, wo tagsüber die Sonne an 2700 Stunden im Jahr scheint

wollen die Überfahrt bezahlen, doch Karmelić winkt ab: „Ihr habt für eure Passage redlich gearbeitet."

Vom Kai aus rufen wir Lisa Matijević, die Frau des Fischers, mit dem Handy an. „Kein Problem", sagt sie, „mein Schwiegersohn Ivica holt euch mit dem Schnellboot ab." 20 Minuten später rasen wir der kleinen Insel entgegen.

## Insel Sveti Klement: grüner Felsen im Meer

„Die Urlauber sagen immer: ‚Sie wohnen ja im Paradies.' Aber so ein Paradies muss man sich ganz schön schwer erarbeiten", sagt Lisa Matijević. Mittagessen auf der Veranda. Es gibt gegrillte Rotbarben, die ihr Mann Tonci am Morgen gefangen hat, dazu geröstetes Weißbrot und selbst gemachten Weißwein. Lisa kommt aus Deutschland, ist freundlich, kräftig, resolut. Vor 30 Jahren hat sie als Touristin die Insel besucht, sich in den Fischer Tonci verliebt und ist einfach geblieben – auf einem Stück karstigem Felsen in der Adria, gerade mal sechs Kilometer lang und anderthalb breit. „Das war ganz schön hart", erzählt sie. „Wir hatten keinen Strom, geheizt haben wir mit Holz. Und die Frauen hier haben mich auch nicht gleich akzeptiert." Heute haben die beiden ein schmuckes Haus und vermieten einfache Gästezimmer. Tochter Perina, die in Passau eine Ausbildung zur Hotelfachfrau gemacht hat, ist schon vor Jahren wieder zurück auf die Insel gekommen. Jetzt erwartet sie ihr zweites Kind. Schwiegersohn Ivica hilft in der Pension und kocht. Im Garten wachsen Bohnen, Artischocken, Kartoffeln, Tomaten. Sie bauen Wein an, und Tonci fischt — hauptsächlich für den eigenen Bedarf. „Schaut euch mal auf der Insel um", sagt er. „Und nachher fahren wir zusammen raus, um die Netze auszulegen."

Föhren, Pinien und Palmen recken sich dem Himmel entgegen. Wie ein grüner Teppich breitet sich die Macchia über den Felsboden aus, ein grünes Gestrüpp aus Ginster, Rosmarin, Thymian und verschiedenen Erika-Arten. Es ist unglaublich ruhig und friedlich. Am frühen Abend tuckern wir mit dem Motorboot aufs Meer hinaus. Der Fahrtwind zerzaust Toncis weißes Haar. Er ist Mitte sechzig, kennt diese Fischgründe seit seiner Kindheit. Weiß, wo man am besten Makrelen fängt, Brassen, Kabeljau, Hummer und Langusten. Wir fahren an grün bewachsenen Inselchen vorbei, Schafe stehen darauf, schauen uns nach, blöken. „Die haben die Besitzer dort ausgesetzt", erklärt Tonci. „So können die Tiere nicht weglaufen." Schließlich lässt er ein 100 Meter langes Netz ins Meer gleiten. Zwei weiße Plastikkanister hüpfen als Bojen auf dem tintenblauen Wasser; so findet er es morgen wieder. Auf der Rückfahrt steht Tonci gedankenverloren am Ruder, den Blick auf unendlich gestellt. Hinter uns geht die Sonne unter. Tonci bewegt leise die Lippen. Ob er betet? Die Szene hat etwas Archaisches. So könnte es vor 100 oder gar 1000 Jahren gewesen sein. Ein Fischer kehrt zurück von der Arbeit des Tages.

## Insel Hvar: Miniröcke und ein Heiliger

Mein erster Gedanke, als Ivica mit dem Schnellboot in den Hafen von Hvar-Stadt prescht: Das sieht ja richtig mondän aus. Ein paar Luxusyachten; eine Uferpromenade mit Palmen, Bars und Cafés – Flaniermeile für Frauen mit hochhackigen Schuhen und knappem Rock. Vielleicht liegt's auch an der völligen Abgeschiedenheit von Sveti Klement, dass mir Hvar-Stadt nun vorkommt wie Cannes im Miniaturformat. Ivica verabschiedet sich an der Mole, empfiehlt uns noch ein paar Kneipen und Clubs und deutet in Richtung Oberstadt. Dort gebe es viele Pensionen. Wir kommen bei einem freundlichen,

Guter Standort: Hvar gibt sich mit Flaniermeile und Yachten auch gern mal ein bisschen mondän

älteren Ehepaar unter: in einem Haus aus dem 16. Jahrhundert, mit vergilbten Familienfotos, abgetretenen Teppichen und einem etwas schmuddeligen Bad. Doch der Blick von unseren Zimmern auf den Hafen entschädigt für alles.

Nachmittags bummeln wir durch die Altstadt. Bestaunen die Kathedrale Sveti Stjepan, einen Renaissancebau aus

Guter Blick: Aussicht aufs Goldene Horn auf der Insel Brač

dem 16. Jahrhundert, den großen Marktplatz, der mit weißen Marmorplatten gepflastert ist. In den verwinkelten Gassen verlieren wir irgendwann die Orientierung. Vielleicht vernebelt uns auch der allgegenwärtige Geruch gärender Trauben den Verstand, der aus Kellern und Hinterhöfen strömt. Jetzt im Herbst stellen viele Inselbewohner ihren eigenen Wein her. Wohin also? Aus Übermut ernennen wir die nächstbeste Katze, die unseren Weg kreuzt, zur Fremdenführerin. Tatsächlich bringt sie uns zum Marktplatz zurück – wo sie flugs in einem Fischrestaurant verschwindet.

Abends hat sich vor dem Hotel Palace eine Menschentraube gebildet. Auf einer Holzbühne führen junge Mädchen einen Jazztanz auf; anschließend singt ein kroatischer Männerchor völlig ergriffen Volkslieder. „Wir feiern in den morgigen Tag rein", sagt ein junger Mann. „Dann begehen wir das Fest unseres Stadtheiligen." Wir schauen eine Weile zu. Doch als eine Knaben-Combo begeistert „It's raining men" intoniert, sehen wir uns nach einer Alternative um. Ein paar Gassen weiter lockt die schummerige Jazz Bar, ein Tipp von Ivica, wo der Abend mit kroatischem Karlovačko-Bier und Trompetenmusik von Miles Davis endet.

Am nächsten Vormittag auf dem Marktplatz. Die alte Dame neben uns schaut völlig verzückt auf die Prozession. Jede Menge Weihrauch. Messdiener in weißblauem Talar, die riesige Kerzen und bestickte Fahnen vor sich hertragen, gefolgt von 14 Priestern und acht Bischöfen, die in die Kathedrale einziehen. „Schön, nicht?!", seufzt die alte Dame. Wer denn der Stadtpatron ist? „Der heilige Stjepan natürlich", sagt sie und erzählt, dass der eigentlich am 2. August Namenstag habe. Doch in der Hochsaison liefen ja jeden Tag an die 20 000 Touristen durch die Stadt und von den Frauen seien viele „völlig nackt" (sprich: im Bikini). Da habe der Bischof die Erlaubnis vom Vatikan eingeholt, den Patronatstag in den Oktober zu verlegen. „Jetzt können wir wieder würdig feiern", sagt die alte Dame zufrieden und geht schnurstracks in die Kirche.

In der kleinen Reiseagentur Pelegrini am Hafen kaufen wir tags darauf eine Fahrkarte für den Krilo-Katamaran, der uns in zwei Stunden zur Insel Korčula und deren gleichnamiger Hauptstadt bringt.

## Insel Korčula: Zeitreise ins Mittelalter

Trutzige Wehrtürme, Renaissance-Fassaden, kunstvoll verzierte Portale, Giebel und Erker, fünf Kapellen, eine Kathedrale – alles bestens erhalten. Die Altstadt von Korčula sieht aus wie die Kulisse eines opulenten Historienfilms. Das lockt bis in den Herbst noch viele Besucher an. Allein an diesem Abend ankern drei ausgewachsene Kreuzfahrtschiffe vor der Halbinsel. In den engen Gassen der Altstadt schieben sich Hunderte Franzosen, Italiener, Engländer, Deutsche und Holländer mit ihren Reiseleitern aneinander vorbei, als sei gerade Sommerschlussverkauf.

Bei einer Stadtführung erfährt man viel über die Geschichte Korčulas. Unter anderem, dass die Gassen im Fischgräten-Muster angelegt sind, damit der Wind immer hindurchwehen kann, eine Art frühe Klimaanlage aus dem 13. Jahrhundert. Dass die Stadt zu ihrer Blütezeit im 16. Jahrhundert 6000 Einwohner zählte; heute sind es noch etwa halb so viele. Dass das reich verzierte Südtor der dreischiffigen Markus-Kathedrale (Sveti Marko) von einem Steinmetzmeister aus Mailand geschaffen wurde. Und dass der berühmte Weltreisende Marco Polo hier in der Stadt geboren worden sein soll – ein Anspruch, den die italienischen Touristen vollkommen absurd finden.

Morgens, um kurz nach acht. Die Kreuzfahrtschiffe sind längst weitergefahren, und wir haben die ganze Altstadt für uns allein. Wir sitzen auf der Wehrmauer, trinken Kaffee und essen Lisnato s Višnjom, Kirschtaschen, aus einer nahen Bäckerei. Ich fange an zu tagträumen. Wenn ich nun einfach hierbliebe, so wie Lisa Matijević. Ich könnte mit Tonci Fische fangen und mit Branco Karmelić auf der Veli Touristen zwischen den Inseln hin- und herschippern. Oder mich in Korčula zum Stadtführer ausbilden lassen. Und jedes Jahr würde es bis in den November hinein warm sein – bei schönstem Sonnenwetter. Ein vorzüglicher Gedanke! ■

**Info Seite 64**

**RALF KREUELS** (44) fühlte sich an frühere Backpacker-Abenteuer erinnert. Allerdings hatte er vergessen, wie schwer so ein Rucksack sein kann. Machte aber nichts, er legte einfach ein paar Pausen mehr ein – bei einem Glas Wein oder leckerem Kuchen. Kreuels, seit 1994 freier Fotograf, lebt in Kempen bei Krefeld. Zu Autor **BERNHARD LILL** siehe Seite 3.

**www.adac.de/reisemagazin**

Mehr Bilder zum Thema Inselhüpfen veröffentlichen wir in der Foto-Show unserer Online-Ausgabe Kroatien.

# INFO
# INSEL-HÜPFEN

Zur **Lavendelblüte** über die Insel Hvar wandern, abhängen am schönsten Strand von Brač, dem **Goldenen Horn,** oder eine Zeitreise ins Mittelalter machen in den **Altstadtgassen von Korčula**: Die dalmatinischen Inseln haben wirklich jede Menge zu bieten. Gerade in der **Vor- und Nachsaison** sind sie wenig besucht. Beste Reisezeit für **Backpacker** sind die milden Monate Mai/Juni und September/Oktober. Man braucht dann keine Unterkünfte vorab zu buchen und kann die kleinen, im Hochsommer oft überlaufenen Inselstädte ohne Trubel genießen. Hier Infos zu einigen der schönsten Eilande der Region.

**Tel.-Vorwahl aus Deutschland: 00385, dann die 0 der Ortsvorwahl weglassen**

**Umrechnen in Euro: Kuna-Betrag durch 7,4 teilen**

Schiffe zählen kann man vor den Restaurants am Hafen von Bol

## BRAČ

Dalmatiens größte Insel (14 000 Einwohner) ist für ihren marmorähnlichen Kalkstein berühmt. Kulinarische Hits: Schafskäse und Lamm vom Holzkohlegrill. Touristisches Zentrum im Norden ist Supetar, im Süden Bol.

**BOL**
Das Touristenstädtchen mit 1500 Einwohnern liegt am Fuße des schroffen Vidova-Gora-Bergs. In der Hauptsaison ist Bol überlaufen, dann wollen alle an Kroatiens bekanntestem Strand baden und surfen – am Goldenen Horn, das 400 Meter in die Adria ragt.

AN-/ABREISE
Von Split fährt ein Katamaran einmal täglich nach Bol. Mehrmals täglich geht die Fähre nach Supetar; dort starten Busse nach Bol (ca. 1 Stunde). Von Bol steuert der Dubravka-Katamaran einmal täglich Split und Jelsa auf Hvar an. Ausflugsboote verkehren mehrmals in der Woche zwischen Bol und der Insel Hvar.

ÜBERNACHTEN
**APARTMANI PETRIĆ**
Einfache, saubere Apartments in Hafennähe, einige mit Balkon und Meerblick.
■ Ruđera Boškovića 18,
Tel. (021) 63 52 23.
Ap. für 4 Pers. ab 670 KN pro Tag; DZ ab 260 KN.

**VILLA GIARDINO**
Durch eine schmiedeeiserne Pforte gelangt man zum Herrenhaus, das die Inhaber Christine und Vinko Gratelli liebevoll restauriert und teilweise mit antiken Möbeln ausgestattet haben.
■ Novi put 2,
Tel. (021) 63 59 00.
DZ ab 600 KN, inkl. Frühstück.
**www.dalmacija.net/bol/villagiardino**

ESSEN & TRINKEN
**TAVERNA MALI RAJ**
Unweit des Goldenen Horns werden auf der Terrasse gute Fisch- und Fleischgerichte serviert. Zum Digestif reicht Saša, der Sohn des Besitzers, einen Travarica, selbst gebrauten Kräuterschnaps.
■ Put Zlatnog rata bb,
Mobil 915 44 59 33.
Hauptgerichte um 75 Kuna.
Geöff. tgl. mittags und abends.

**COCKTAILBAR VARADERO**
Tagsüber kann man sich in Korbsessel fläzen und unter Sonnenschirmen Kaffee trinken. Nachts gibt es Cocktails und heiße Tanzrhythmen. Direkt am Hafen.
■ Riva, Tel. (021) 63 59 96.

ANSCHAUEN
**STRÄNDE**
Westlich des Goldenen Horns liegen viele kleine, windgeschützte Badebuchten (s.a. S. 94).

**DOMINIKANERKLOSTER**
Im kleinen Klostermuseum sind Amphoren, Münzen, Messbücher und venezianische Barockgemälde zu sehen; das Altarbild in der Kirche ist von Tintoretto.
■ Šetalište A. Rabadana 4.
Geöff. tgl. 9–12 u. 17–19 Uhr.
Eintritt 10 KN.

**INFORMATION**
Das Tourismusbüro liegt am östlichen Ende des Hafenbeckens.
■ Tel. (021) 63 56 38.
**www.bol.hr**

## SVETI KLEMENT

Dieses Eiland gehört zum Archipel der Pakleni Otoci, der Hölleninseln, ist sechs Kilometer lang, anderthalb breit und hat viele Badebuchten. Im Hauptort Vlaka gibt es außer ein paar Steinhäusern nur wunderbare Ruhe.

ÜBERNACHTEN
**PENSION MATIJEVIĆ**
Tonci Matijević ist Fischer und vermietet mit seiner Frau Lisa einfache, adrette Gästezimmer. Abends kann man mit Tonci aufs Meer fahren, die Netze auslegen und anderntags wieder einholen.
■ Tel./Fax: (021) 74 12 44.
Vollpension 400 KN/Pers. Gäste können per Boot in Hvar-Stadt abgeholt werden. Reservieren.
**www.svetiklement.hr**

## HVAR

Lavendelinsel oder sonnigste Insel des Mittelmeers wird Hvar oft genannt. Tatsächlich ist das Klima sehr mild: Im Winter fällt die Temperatur selten unter den Gefrierpunkt. Die Sonne scheint hier jährlich mehr als 2700 Stunden; im Juni blüht der Lavendel.

**HVAR-STADT**
Die Inselhauptstadt gehört mit ihrem Gassengewirr, der Kathedrale, dem prächtigen Marktplatz und mittelalterlich anmutenden Steinhäusern zu den schönsten Adria-Orten. Mondän: Palmenpromenade und Cafés am Hafen.

AN-/ABREISE
Von Split geht es in 50 Minuten mit dem Katamaran nach Hvar-Stadt (30 Kuna). Von dort fährt der Adriana-Katamaran nach Vela Luka auf der Insel Korčula

Rucksack schultern, und los geht's – per Boot zum nächsten Hafen

Fotos: Ralf Kreuels (2)

und der Krilo-Katamaran nach Korčula-Stadt (Tickets: Peligrini Tours im Hafen). In Stari Grad im Inselnorden startet mehrmals pro Woche eine Autofähre über Korčula-Stadt nach Dubrovnik.

ÜBERNACHTEN

**APARTMANI NOVAK**

Apartments in der nördlichen Altstadt, das schönste mit Balkon. ■ Groda bb, Tel. (021) 74 29 74. Ap. 185 KN/Pers., mit Balkon 445 KN fürs ganze Apartment.

ESSEN & TRINKEN

**BISTRO MARINERO**

Preiswerte Fischgerichte am nördlichen Hafenrand. Schön sitzt man abends auch in der rückseitigen Gasse mit Blick auf die angestrahlte Kirche Sveti Marko. ■ Banket bb. Gerichte um 50 KN. Geöffnet tgl. 11–1 Uhr.

**CARPE DIEM**

Promi-Club an der Hafenpromenade: Der russische Milliardär Roman Abramowitsch parkt seine Yacht im Sommer direkt davor. Gérard Depardieu, Bill Gates und Gwynneth Paltrow sollen auch schon da gewesen sein. ■ Obala Oslobođenja. Geöff. Juni bis Ende Sept. tgl. 12–3 Uhr. **www.carpe-diem-hvar.com**

ANSCHAUEN

Die beste Aussicht über Stadt, Hafen und vorgelagerte Inseln bietet die Spanische Festung (Eintritt 10 Kuna). Sehenswert auch die Kathedrale Sveti Stjepan (hl. Stephan) mit Barockaltären und Glockenturm. Vom Hafen fahren Ausflugs-/Taxiboote zu den Badebuchten der Hölleninseln.

**INFORMATION**

■ Trg Svetog Stjepana, Tel. (021) 74 10 59. **www.tzhvar.hr**

## KORČULA

Pinien und Zypressen, Weingärten und Olivenhaine: Die ersten Griechen, die Fuß auf die Insel setzten, waren begeistert – und blieben. Heute hat die Insel 17 000 Einwohner.

**KORČULA-STADT**

Zwischen 1420 und 1797 herrschte hier Venedig. Davon zeugen Wehrtürme und Herrenhäuser mit dem geflügelten Markuslöwen.

AN-/ABREISE

Von Split fährt im Sommer drei- bis fünfmal wöchentlich ein Katamaran nach Korčula-Stadt (2 Stunden, 60 Kuna). Per Fähre und Bus geht's zurück, z.B. nach Dubrovnik (3 Std., 80 Kuna).

ÜBERNACHTEN

Die meisten Hotels verlangen saftige Aufschläge bei Kurzaufenthalten. Private Unterkünfte: ■ **www.korcula.net/firme/p_index.htm**

**PANSION MARINKA**

Frano Milina Bire hat mit seinen Weinen schon viele Preise gewonnen. Nebenbei stellt er Orangenlikör her, räuchert Schinken, macht Käse und betreibt Agrotourismus. Seine Pension liegt im Nachbarort Lumbarda, ca. 15 Bus-Minuten von Korčula-Stadt. ■ Tel. (020) 71 20 07. Übernachtung 220 KN/Pers. **www.korcula.net/firme/private/lumbarda/bire_marinka.htm**

ESSEN & TRINKEN

**ADIO MARE**

In einem alten Turm kann man die Köche dabei beobachten, wie sie z.B. Pašticada zubereiten, in Sherry geschmortes Rindfleisch. ■ Ulica Svetog Roka, Tel. (020) 71 12 53. Hauptgerichte 60–100 KN. Geöffnet Mitte April bis Mitte Oktober 18–23 Uhr.

**HOTEL KORČULA**

Bei einem Kaffee oder Cocktail auf der Palmenterrasse genießt man den Blick aufs Meer. ■ Obala Franje Tuđmana 5. Geöffnet tgl. 8–23 Uhr.

ANSCHAUEN

**KATHEDRALE SVETI MARKO**

Drei Jahrhunderte ist an diesem Wunder venezianisch-kroatischer Architektur gebaut worden. Drinnen zwei Werke von Tintoretto. ■ Geöff. tgl. 8–21 (Sommer), 8–12 u. 16–18.30 Uhr (Winter).

## MLJET

Ein Drittel der Insel ist Nationalpark (S. 141). Marko Polo Tours in Korčula-Stadt bietet mehrtägige Ausflüge in das Seengebiet an. Der Inhaber spricht Deutsch. ■ Biline 5, Tel. (020) 71 54 00.

**Karte Seite 58** **B.L.**

Klares Wasser, hier mal ganz still – für Rafter ist es die Ruhe vorm Sturm

# Haltet euch gleich bitte gut fest!

Es geht nämlich mit dem Schlauchboot den Fluss Cetina hinunter – und der sieht nur anfangs so aus, als könne er kein Wässerchen trüben. Über abenteuerliche Erfahrungen in Kroatiens wildester Rafting-Region

Text von Stefan Nink,
Fotos von Ralf Kreuels

Fußangeln, ja bitte: Bevor das Raft ablegt, wird der kühnen Crew die Benutzung der Halteleinen erklärt

Wasserscheu, nein danke: Unterwegs tauscht man schon mal feucht-fröhliche Grüße von Boot zu Boot

Als der Wirt noch eine Runde Wodka an den Tisch bringen möchte, winken wir gedankenverloren ab. Und schauen etwas ungläubig dem dunkelgrauen Bentley mit den getönten Scheiben hinterher, wie er vom Parkplatz gleitet, sich in den fließenden Verkehr einfügt und kurz darauf verschwindet – drüben, wo die Küstenstraße abknickt und die Luftballon-Verkäufer die Badegäste abpassen, die vom Strand zurück ins Hotel wollen. Bruno legt die Stirn in Falten. Er nippt an seinem Kaffee und schaut hinüber zur Brücke, unter der die Cetina hindurchmuss, bevor sie in die Adria fließen kann. Bruno schweigt. Irgendwie hat man den Eindruck, dass er froh ist über das nahende Ende des Tages.

**Hat ja auch lange genug gedauert.** War ja auch anstrengend. Und ziemlich an den Nerven gerüttelt und gezerrt hat er auch, der Tag, zumindest an Brunos. Schließlich trug er die Verantwortung: für Leib und Leben seiner Passagiere, das sowieso, vor allem aber dafür, dass sie Spaß haben. „Unser Abenteuer dauert ein paar Stunden, aber Sie werden noch Jahre später davon schwärmen!“ – wer mit solch einem Broschüren-Slogan wirbt, muss schon ein bisschen was vorweisen können. In diesem Fall eine Raftingtour auf der Cetina, Dalmatiens beliebtestem Freizeitfluss. Der entspringt in den Dinarischen Alpen, fließt eine Zeit lang eher unentschlossen vor sich hin, nimmt aber irgendwann Fahrt auf und rauscht durch einen selbst gefrästen Canyon schäumend Richtung Adria. Die erreicht er bei Omiš. Und Omiš, kurz vor beziehungsweise kurz hinter Split, hat sich – Cetina sei Dank – zum Zentrum der kroatischen Rafting-Szene gemausert.

**Dem Wasser waren die Leute von Omiš schon immer verbunden.** Früher waren sie Piraten, dann waren sie Fischer, heute sind sie Rafter. Seit wer auch immer entdeckt hat, dass sich die 105 Kilometer lange Cetina vortrefflich für die Fahrt in den Schlauchbooten eignet (der Wasserstand wird durch eine Hand voll Dämme im Oberlauf geregelt, auch in heißen Sommern ist genügend Wasser im Fluss), boomt das Geschäft, und etwa 30 Agenturen bieten Raftingtrips an.

**Es gibt klare Paddelbefehle: All forward – alle nach vorn! Left side back – linke Seite rückwärts!**

Wobei man den Begriff „Agenturen“ mit Vorsicht genießen muss. Wer rund um Omiš irgendwie an ein Schlauchboot kommen kann, stellt ein Schild mit „Rafting“-Aufschrift vor die Tür und ist im Geschäft. Etwa die Hälfte aller Unternehmen hier tut dies ohne Lizenz, kontrolliert wird nie, und wenn doch, ist es zuvor so lange Gesprächsthema im Ort, dass jeder genügend Zeit hat, sein Schild in der Scheune zu verstauen. Was alles zusammengenommen wahrscheinlich erklärt, warum in den letzten Jahren elf Rafter auf der Cetina ums Leben gekommen sind. Alle an der gleichen, engen Passage namens Oblacnik, an der eine Strömung Unvorsichtige nach unten zieht, wenn sie den Fehler machen, aus dem klemmenden Boot zu klettern. Davon steht in den Broschüren natürlich nichts.

**Bevor es zu Wasser geht, geht es erst einmal in einen Bus.** Der wartet auf einem staubigen Parkplatz bei Omiš, und in ihm wartet Bruno, der Guide. Bruno ist so groß, dass er nur auf die leicht versenkten Sitze vorne passt – weiter hinten im Bus würde sein kahler Quadratschädel bei jedem Hoppler gegen die Decke knallen. Der Bus schlingert über schlimme Serpentinen ins Gebirge und dort durch namenlose Orte mit vielen „Rafting“-Schildern und ebenso vielen Plakaten, auf denen der Kriegsverbrecher Ante Gotovina gepriesen wird. Dann knirschen die Reifen, und alle steigen aus. Jedes Boot hat eine Bordfotografin dabei, die in den nächsten Stunden im Bug des Schlauchboots kauern, die Sicht versperren und mit einer Winzkamera etwa 170 unscharfe Fotos schießen wird. Nachdem jetzt alle Helm und Weste angezogen haben, dirigiert sie die Mannschaft zu einem Crew-Foto.

**Und da sind wir also, Raft Nummer 4,** ein Boot voll Globalisierung kurz vor dem Zu-Wasser-Lassen: Bruno aus Kroatien, eine ungarische Familie, ein französisches Pärchen, zwei Russinnen und eigentlich auch zwei Amerikanerinnen, aber von denen ist einer so speiübel von den Serpentinen, dass

Die Quelle der Cetina liegt in den Dinarischen Alpen – bevor er ins Meer mündet, zwängt sich der Fluss durch einen selbst gefrästen Canyon hindurch

sie unmöglich in ein Schlauchboot klettern kann, oh my God, bitte nicht. Also nicht, also in den Bus, also zurück zum Parkplatz, die Freundin fährt gleich mit. Bruno runzelt zum ersten Mal an diesem Tag die Stirn. Vor uns fließt die Cetina, als könne sie kein Wässerchen trüben. Dann sitzt jeder richtig, und Bruno erklärt seine Paddelbefehle: All forward – alle nach vorn! Left side back – linke Seite rückwärts! Right side forward – rechte Seite nach vorn! Ist nicht schwer, oder? Bruno schaut zuversichtlich.

**Wir paddeln los.** Am oberen Ende der Strecke ist die Cetina alles andere als ein reißender Strom, Schwierigkeitsgrad 2, behauptet der Prospekt, aber selbst das ist ein bisschen geschummelt. Was Bruno ganz recht sein dürfte an diesem Morgen, denn offensichtlich hat ihm seine Crew nicht zugehört. Statt brav und kräftig geradeaus zu paddeln, kümmern sich die Ungarn um ihre Kinder und die Russinnen um ihre Fingernägel, was die komplette rechte Seite ausfallen lässt, weswegen Raft Nummer 4 nun wie eine betrunkene Hummel in kreiselnden Bewegungen in die erstbeste Stromschnellenfolge trudelt und dabei mehr Wasser sammelt als die Titanic in den ersten zehn Minuten nach dem Eisberg. Schon gefühlte 20 Paddelschläge nach dem Start kann man froh darüber sein, diese Raftingtour an einem Augusttag mit 33 Grad Außentemperatur zu unternehmen. Und die Ungarn und die Franzosen außerdem darüber, auf die Cetina nur ganz preiswerte Einwegkameras mitgenommen zu haben.

**Nachdem er sich das Wasser aus den Augen gewischt hat,** sitzt Bruno sprachlos im Heck: Offensichtlich ist er entsetzt über diese erste Leistungsprobe seiner Crew. Weil sich der Fluss gerade wieder etwas beruhigt hat, wiederholt er seine Erklärungen noch einmal für die Vereinten Nationen in Raft Nummer 4. Nur um zu merken, dass er seine Kommandos von eben auch in Suaheli hätte aufsagen können: Die Ungarn verstehen leider kein Englisch, die Franzosen ebenfalls nicht oder tun zumindest so, und die beiden Russinnen scheinen taubstumm zu sein, jedenfalls betrachten sie weiterhin gelangweilt ihre Fingernägel. „Do you understand?“, fragt Bruno am Ende seiner Kommando-Einweisung. Seine Crew schaut ihn schweigend an. Der Franzose fragt auf Französisch, ob er ihnen bitteschön jetzt erst einmal erklären könne, wie sie rudern sollten, es gebe da doch spezielle Paddelkommandos. Bruno schaut zum ersten Mal an diesem Tag verzweifelt.

**Es quietscht und knirscht ganz fürchterlich, eine Gummiboot-Seite schiebt sich nach oben**

**Und also geht es weiter,** und also dirigiert Bruno seine Crew von hinten im Boot vergeblich, und also schwappt jede mögliche Stromschnellenwelle mitten hinein in Raft Nummer 4. In den nächsten 20 Minuten gleiten etwa 17 Schlauchboote der regionalen Mitbewerber an uns vorbei, deren Insassen alle sehr trocken aussehen – wir überholen niemanden, schauen aber aus, als seien wir zweimal ertrunken und zweimal wiederbelebt worden. Übrigens ist Rafting auf der Cetina kein Erlebnis für Sportfreunde, die Stille suchen: Bis zu 2000 Menschen täglich paddeln in der Hauptsaison den Fluss hinunter, dann geht es auf der Cetina mitunter ähnlich zu wie auf der A 9 zwischen Nürnberg und München an jenem Freitagnachmittag, an dem in NRW und Holland die Sommerferien beginnen. An den Stellen, an denen eine gut gelaunte Natur den Fluss zu kristallklaren Teichen gestaut hat, wird es an solchen Tagen besonders eng, aber Bruno rettet das jetzt: Der Mann benötigt dringend eine Beruhigungspause. Und die ungarischen Kinder müssen schnell ins Gebüsch. Die beiden Russinnen gleiten ins Wasser und schwimmen grazil um eine Felsnase herum.

Der 6000-Seelen-Ort Omiš klemmt zwischen hohen Kalksteinfelsen an der Mündung der Cetina in die Adria und ist das Zentrum der kroatischen Rafting-Szene

**Eine halbe Stunde später** müssen wir sie wecken: Sie liegen in sehr knappem, strassbesetztem Bikini auf einem Felsen in der Sonne und schlafen tief und fest. Immerhin lächeln sie jetzt, wenn auch etwas maliziös. Bruno besteht darauf, dass sie die Schwimmweste über ihr Bikini-Oberteil ziehen, was die beiden natürlich nicht verstehen, und weil der kroatisch-englisch-russische Sprachwirr-

Zur Abkühlung: Gegen Ende der Tour können mutige Mitfahrer aus fünf Meter Höhe in die blaue Cetina springen

Zur Sicherheit: Die Schwimmweste ist Pflicht, trotzdem haben in den letzten Jahren elf Rafter ihr Leben verloren

Huch, ist das kalt: Hier rauscht das Boot unter einem kleinen Wasserfall hindurch

Mann, ist das steil: eine gemeine Stromschnelle der Cetina aus der Frosch-Perspektive

warr einen Tick zu lange dauert, kann Bruno zwar noch „All backwards!“ rufen, ist dann aber doch zu spät dran: Einer der 1017 Strudel hat das Boot gepackt und schiebt es im leinwandfüllenden Querformat auf eine Enge zwischen zwei Felsen im Fluss zu, durch die es auch im Vorwärtsgang nur bei genauester Steuerung gepasst hätte.

**Dann quietscht und knirscht es ganz fürchterlich,** eine Gummiboot-Seite schiebt sich nach oben, die Ungarn greifen nach ihren Kindern, jemand schreit, sieben Badewannen kaltes Wasser krachen ins Boot, und die rettungswestenlosen Russinnen verschwinden in den Schaumkronen, na prima. Das Wasser kann nicht sehr tief sein, aber sie schreien augenblicklich, als ob ihnen an jedem Fuß ein bissiger Hecht hinge. Bruno legt sich in die Riemen, was das Zeug hält, das Boot schiebt sich heran; kurz darauf sind die beiden auch schon wieder an Bord gezogen. Jetzt blicken sie sehr finster drein. Die eine untersucht ihre Fingernägel, die andere spricht mit, oder besser, zu Bruno. In einem kalten, sirupartigen Tonfall, der irgendwie aus ihr herauszutröpfeln scheint. Es klingt bedrohlich.

Wow, ist das schön: Die Nachmittagstour endet pünktlich zum Sonnenuntergang

**Zum Glück ist die Tour** voll landschaftlicher Höhepunkte. Eben zum Beispiel ging es an einer langen Wand aus Bäumen vorbei, die so eng nebeneinanderstehen, dass sie wie eine grün gestrichene Mauer wirkten. Kurz darauf öffnete sich das Ufer wieder etwas, die Felswände traten an den Fluss heran, ein Wasserfall prasselte, als ob Millionen kleiner Steine in einer riesigen Blechdose hin und her geschüttelt würden, und das Boot ritt auf einer feinen Welle unter ausladenden Baumkronen vorbei.

**Leider geht von dieser eigentlich bezaubernden Vegetation** aber auch Gefahr für Raft Nummer 4 aus. Wenn sich das Flussbett der Cetina nämlich verengt und die Ufer rechts und links plötzlich näher rücken, kommen der Crew Äste und Zweige und Dorngebüsch in Kopfhöhe entgegengeflogen. Wer auf der betroffenen Bootsseite sitzt, muss sich dann ducken und stellt in diesen Sekunden natürlich jedwedes Paddeln ein, worauf Raft Nummer 4 augenblicklich vom Kurs abkommt und drei Sekunden später in die Äste und Zweige am gegenüberliegenden Ufer fährt, wo sich dann wiederum alles duckt, und so dotzen wir wie eine Flipperkugel von einem Ufer zum anderen und zurück. Bruno hockt stoisch im Heck, denkt wahrscheinlich an seinen Urlaub, der nach der Saison ansteht, was hoffentlich ganz, ganz bald sein wird. Könnte auch sein, dass er innerlich die restlichen Flusskehren bis zum Parkplatz zählt, an dem wir an Land gehen.

**Später sitzen wir alle in einem Straßencafé in Omiš.** Bruno brennt für jedes Mitglied seiner Crew eine CD mit den unscharfen Aufnahmen der Fotografin, während die beiden Russinnen tatsächlich eine Runde Wodka für alle bestellen. Das französische Pärchen streitet, die Ungarn schreiben Postkarten, auf denen Raftingboote zu sehen sind, deren Passagiere wild rudern. Von irgendwoher kommen die beiden Amerikanerinnen angelaufen, die in lautes „Oh my God!“-Gerufe ausbrechen, als sie auf Brunos Laptop die Bilder vom verpassten Trip sehen. Und dann fährt der Bentley vor, mit leise summendem Motor und verdunkelten Scheiben. Die beiden Russinnen stehen auf und zupfen die Bikini-Oberteile gerade, gehen zu Bruno und küssen ihn zärtlich auf die Stirn. Dann laufen sie hinüber, in Stöckelschuh-Schritten, steigen ein und fahren davon. Und Bruno sieht noch ein bisschen erleichterter aus. ■

**Info Seite 74**

Der Autor **STEFAN NINK** wird auf Seite 46 und der Fotograf **RALF KREUELS** auf Seite 62 vorgestellt.

## INFOS

Unser Autor hat die Tour auf der Cetina mit folgendem Unternehmen gemacht:

**RAFTING NA CETINI**
Touren starten während der Saison (1. April bis 1. Oktober) täglich um 9 und um 14 Uhr ab Omiš. Die Fahrt auf der Cetina dauert zwischen drei und vier Stunden, dazu kommen An- und Abfahrt. Preis: 200 Kuna bzw. 27 Euro. Laut Veranstalter sind die Fahrten für Menschen zwischen 7 und 77 Jahren geeignet. Man braucht keine Vorkenntnisse, mitbringen muss man Sportschuhe oder -sandalen, Badesachen, Handtuch, einen Satz trockene Kleidung und Sonnenschutz. Nicht mitbringen: Kameras und alles, was nicht nass werden soll. Helme und Rettungswesten werden vom Veranstalter gestellt.
■ 21310 Omiš,
Marka Marulića 4,
Tel. (091) 590 63 86.
**www.raft.hr**

**Mehr zum Thema Rafting finden Sie im großen Sport-Infoteil (Seite 74).**

# INFO SPORT

Neben den traditionell beliebten, klassischen **Wassersportarten** – Segeln, Windsurfen, Tauchen, Kajak- und Kanufahren – gewinnen in Kroatien seit einigen Jahren auch Fun- und Landsport-Angebote an Popularität: etwa Paragliding im Učka-Gebirge und Reiten im einsamen Naturpark Žumberak, Klettern im Paklenica-Gebirge und Rafting auf der Cetina. Auch Anhänger von **Breitensportarten** wie Wandern und Radfahren haben hier Top-Bedingungen.

Sind alle Kroaten Sportfans?

**Gedanken zum Thema finden Sie auf Seite 196**

**Nur für Schwindelfreie: Klettern im Nationalpark Paklenica**

## RAFTING

Auf nahezu allen Flüssen werden Rafts angeboten. Die Kupa führt nur im Frühling und nach starken Regenfällen genug Wasser; auf der Dobra ist Rafting immer erstklassig. Während die Mrežnica nicht mit Wasserfällen geizt und Rafting im oberen Flussteil auch Canyoning mit einschließt, bietet die Korana nach starken Regenfällen eine interessante Teilstrecke unterhalb des Rastoka. Die Una, Grenzfluss zwischen Kroatien und Bosnien-Herzegowina, ermöglicht ausgezeichnetes Rafting ab dem 20 Meter hohen Strbački buk – aber nur bei hohem Wasserstand. Und die Zrmanja führt im Frühling sehr viel Wasser, im Sommer ist sie aber eher für Kajaks und Kanus geeignet.

## KLETTERN

Aufstiege für Anfänger und Profis bieten Paklenica, Velebit, Učka, Dinara, Mosor und Biokovo sowie die Inseln Brač, Vis und Mljet. Im Landesinnern heißen die bekanntesten Kletter-Destinationen Klek, Samarske, Bijele stijene, Kalnik und Papuk. Herausragend ist der 712 Meter hohe Anića kuk im Nationalpark Paklenica: Etliche der rund 400 Kletterrouten hier gehören zu den anspruchsvollsten Europas; oft finden Wettkämpfe, Kurse und Camps statt. Abwechslungsreiche Gebiete findet man auch in der Cetina-Schlucht bei Omiš und in den Gebirgen Mitteldalmatiens.

## RADFAHREN

In fast allen National- und Naturparks sind Radrundwege markiert. Das Festland lockt mit abwechslungsreichen Landschaften – den Bergen und Tälern Istriens, den Wäldern am Gorski kotar, den grünen Hügeln des Hrvatsko zagorje und den Ebenen Slawoniens. Für eine Kombination von Kreuzfahrt und Inselerkundung per Rad eignen sich die Inselnationalparks Mljet und Brijuni sowie alle größeren Inseln.

**MOUNTAINBIKEN**
Mountainbiker zieht es auf den Učka, die Berge des Gorski kotar, den Žumberak, den Velika kapela (von Vinodol aus), den Velebit (von Lika aus) und in die Bergregionen zwischen den dalmatinischen Flüssen und auf der Landseite des Biokovo. An der weit gewundenen, flach ansteigenden West- und Südküste von Istrien trifft sich jedes Jahr im Frühjahr und Herbst die internationale Sportprominenz. (National-) Teams aus allen Ländern halten dann hier ihre Trainingscamps ab. Die Hotels bieten Spezial-Arrangements auch für Hobbysportler.

**Im Naturpark Kap Kamenjak**

**LEIHRÄDER/RADTOUREN**
In größeren Städten und entlang der Küste kann man Räder mieten. Radtouren verschiedener Schwierigkeitsgrade organisieren Barbara und Stefan Tesar vom Radsportzentrum Istria-Bike beim Hotel Pical in Poreč. Zum Saisonstart Mitte März steht hier eine große Flotte an Mietrennrädern bereit. Infos und Buchung: **www.istriabike.com**

**INFOMATERIAL**
Die Regionen Kvarner, Zadar und Split in Dalmatien sowie die Regionen um Karlovac und Zagreb haben Tourenvorschläge erarbeitet. In der Broschüre „Mit dem Fahrrad durch den Kvarner" werden etwa 19 Radwege vorgestellt (Bestellung: www.kvarner.hr). Touren in Istrien präsentiert Istra Bike unter http://istra.com/zupan/nem/bike.html. Und beim Tourismusverband Istrien gibt es Gratis-Karten für rund 1200 Kilometer Radwege (www.istra.hr).

## WINDSURFEN

Dalmatiens Küste bietet beste Bedingungen für Windsurfer – vor allem auf der Insel Brač und der Halbinsel Pelješac. Für kräftige Winde bekannt sind das Goldene Horn (Zlatni rat) bei Bol auf Brač und der Kanal zwischen Korčula und Pelješac. Viele Hotels und Campingplätze verleihen Surf-

DEUTSCHER GOLF VERBAND
100 Jahre
1907-2007
Der Deutsche Golf Verband e.V. wird 100!
Erleben Sie vom 23. bis 26. Mai 2007 die Faszination des Golfsports in unserem Golferlebnispark am Hamburger Jungfernstieg und schlagen Sie Golfbälle auf schwimmende Ziele auf der Binnenalster.
Kommen Sie und feiern Sie mit uns das Golf-Jubiläum!
1
100 Jahre Golf in Deutschland
Alle Informationen unter: www.golf.de/100jahredgv

# INFO SPORT

bretter und bieten Kurse an. Gute Surfschulen sind etwa:

**WINDSURF-CENTER BIG BLUE**
■ 21420 Bol, Podan Glavice 2, Tel./Fax: (021) 63 56 14.
**www.big-blue-sport.hr**

**JOHNNY'S WINDY WAY**
■ 20267 Viganj, Ivica Dolenc, (021) 63 59 46.
**www.johnnywindsurfing.com**

## WANDERN

Zwischen dem Meer und dem höchsten Gipfel des Dinara-Gebirges auf 1831 Metern tun sich wunderbare Wanderreviere auf – vor allem in den Nationalparks (S. 138). Ein großes Netz beschilderter Wanderwege und viele Unterkunftsmöglichkeiten gibt es im Velebit-Gebirge und in den Regionen Gorski kotar und Kapela. Als schönster Bergrückenpfad gilt der 50 Kilometer lange Weitwanderweg Premužićeva staza, der durch den nördlichen und mittleren Velebit führt. Für erfahrene Wanderer ist der Mala Paklenica im südlichen Velebit ideal, ein wildes Karstgebiet mit vielen endemischen Tier- und Pflanzenarten. Wer Einsamkeit sucht, wird das unwegsame Gelände des Bjelolasica mögen – mit Sicht auf schier endlose Wälder. Auch Istrien und die Inseln wurden zuletzt als Wandergebiete entdeckt. Das 1400 Meter hohe Bergmassiv Učka und die Fortsetzung Ćićarija beherrschen den Osten der istrischen Halbinsel. In Kastav bei Rijeka beginnt der 1300 Kilometer lange Europäische Fernwanderweg E 6.

**BERGHÜTTEN**
Etwas weniger komfortabel als Hütten in den Alpen; viele sind selbst in der Hauptsaison nur teilweise geöffnet, Selbstversorgung ist die Regel. Mitglieder bestimmter Bergsteiger-Organisationen erhalten bei Hütten-Übernachtungen 50 Prozent Rabatt.

**INFOMATERIAL**
Für alle Regionen sind Wanderkarten im Maßstab 1:20 000 bis 1:30 000 erhältlich. Der einzige deutschsprachige Kroatien-Wanderführer heißt „Wandern kompakt, Istrien und Dalmatien" und beschreibt 30 Touren. Infos:
**KROATISCHER BERGSTEIGER-VERBAND**
■ 10000 Zagreb, Kozarceva 22, Tel. (01) 482 36 24.
**www.plsavez.hr**

## KAJAK/KANU

Eine erstklassige Destination für Seekajaks/-kanus sind die Elaphitischen Inseln in Süddalmatien. Sie haben eine längliche Form und erstrecken sich parallel zur Küste, sodass eine Seite immer vor Wind und Wellen geschützt ist. Kroatiens Flüsse sind im Landesinnern von Wäldern und Gebirgen gesäumt, in Meeresnähe fließen sie durch Canyons oder stürzen über Kalksteinterrassen. Kulturelle Höhepunkte: die Klöster an Krka und Krupa, die Mühlen an der Cetina, Schloss Trakošćan und die Festung Knin in der Nähe der Krka. Im Frühling und Herbst können starke Regengüsse die sonst klaren Flüsse trüben. Die meisten haben einen mittleren Schwierigkeitsgrad; Wasserfälle und Stromschnellen werden am Ufer umgangen. Größere Touristenzentren an der Küste organisieren Kajak- oder Kanu-Ausflüge auf der Kupa, Gacka oder Zrmanja. Wer auf eigene Faust lospaddeln will, muss in der Regel vorher die Nationalpark-Verwaltung kontaktieren. Örtliche Anbieter von Kajak-/Kanu-Ausflügen helfen bei der Expeditionsplanung. Infos: **www.riverfree.hr**

**Zum Tauchen: Seite 188** **H.P.**

**Vor Kroatiens Inseln finden Kanuten das große Paddlerglück**

## DIE SEGEL HISSEN

Mit mehr als 5000 Küstenkilometern zählt Kroatien zu den abwechslungsreichsten Segelrevieren der Welt. In Dutzenden Marinas entlang der Festlandküste und auf den Inseln können Schiffe verschiedener Kategorien mit oder ohne Skipper gechartert werden. Fast 50 Yachthäfen gibt es im Land.
■ Croatian Marinas Association HUM: Hier sind alle Marinas organisiert. 51000 Rijeka, Bulevar oslobodjenja 23, Tel. (051) 20 91 30, Fax: 21 60 33.
■ ADAC-Sportschifffahrt: Sie hat mit einigen Marinas Verträge abgeschlossen, die ADAC-Mitgliedern Rabatte und andere Vorteile bringen (Reparatur- und Ersatzteilservice etc).
**www.adac.de/reiseservice/wassersport**

**SEGELREVIERE**
Eine Top-Infrastruktur für Wassersportler bieten die dalmatinischen Archipele zwischen Zadar und Dubrovnik. Als bester Ausgangspunkt für Segelausflüge in den Kornaten-Archipel gilt Biograd na moru an der norddalmatinischen Küste. Neun Kilometer weiter südöstlich liegt die Marina Zlatna Luka, mit 1400 Liegeplätzen einer der größten Yachthäfen der Adria. Wenig besucht ist die Insel Vis: Außer ein paar Seglern verirren sich kaum Ausländer hierher. Gute Reviere findet man auch in Istrien und um die Inseln in der Kvarner Bucht. Infos zu Segelgebieten & Törns:
■ Kroatischer Segelverband HJS: 21000 Split, Trg Franje Tuđmana 3/2, Tel. (021) 34 57 88, Fax: 34 43 34. **www.hjs.hr**

## MEIN TIPP

„Hotels direkt am Meer, eine lebendige Uferpromenade, gute Restaurants und viele Freizeitmöglichkeiten bietet das traditionsreiche Seebad Opatija. Hier findet man sehr schöne Joggingstrecken durch die üppige Natur, Tennisplätze und gute Schwimm-, Segel- und Tauchmöglichkeiten. Auch Familien sind in Opatija bestens aufgehoben, weil es hier ruhiger zugeht als in anderen Ferienzentren."

■ Der australisch-kroatische Fußballer Josip Šimunić spielte bei den Melbourne Knights und dem Hamburger SV, bevor er zu Hertha BSC ging. Dort ist der Wahl-Berliner seit 2000 in der Abwehr im Einsatz.

Fotos: Ralf Kreuels; Lars Schneider

# Ein Gedicht

**Istrien, die herzförmige Halbinsel im Norden Kroatiens, hat alles, was man für einen perfekten Urlaub braucht: herrliche Strände, schöne Städtchen, kulturelle Highlights. Und immer mehr Restaurants, die Weltklasse sind. Notizen einer Reise für Genießer**

Text von Joachim Negwer, Fotos von Udo Bernhart

Küchenschätze, 1. Teil: weiße und schwarze Trüffeln aus dem Mirnatal

Sie ist Istriens Schönste: Blick auf den Hafen und die Altstadt von Rovinj

Küchenschätze, 2. Teil: Jakobsmuscheln und frische Fische gibt's jeden Morgen auf dem Markt

Fotos:Maximilian Stock Ltd/Stockfood; Joachim Negwer (3)

Der Tag in **Rovinj** beginnt am besten mit einer Joggingrunde an der **Obala,** einer der längsten und schönsten Uferpromenaden Istriens. Sie führt vom Botanischen Garten am Goldkap zum Hafen (oben links). Wie wäre es dann mit einem Bummel durch die romantischen Gassen der **Altstadt** und über den Markt? Und der Abend endet, nach einem schönen Essen in einem der vielen Fischrestaurants, direkt am Wasser in der **Felsenbar** Valentino – ein perfekter Tag

Das dürfen Sie in Istrien nicht verpassen: Neun Kilometer weit ins Landesinnere zieht sich der **Limski kanal,** sein Wasser glänzt blau und ist bis zu 100 Meter tief. Die Euphrasius-Basilika in der Altstadt von **Poreč** gehört zum Welterbe der Kultur, ebenso wie das Amphitheater in **Pula.** Einen Besuch wert sind auch die schönen Bergstädtchen im Landesinnern, wie Grožnjan und **Motovun** (rechts unten). Ganz oben im Norden, beim Leuchtturm von **Savudrija,** werden die Boote zum Trocknen aufgehängt

Kein Ort ist weiter als 35 Kilometer vom Wasser entfernt: Istrien und Kvarner Bucht haben zusammen mehr als 1000 Kilometer Küste

Fotos: Joachim Negwer (3)

Küchenschätze, 3. Teil: Obst und Gemüse werden überall in mediterraner Vielfalt angeboten

Baden ist die Lieblingsbeschäftigung: Istrien hat viele schöne Strände und fast immer klares Wasser, wie hier in **Rabac**

Küchenschätze, 4. Teil:
Malvasia ist der typische leichte Weißwein Istriens, Ivica Matošević einer der besten Weinbauern des Landes

Nehmen wir mal Damir und Ornella. Die beiden besitzen ein Restaurant in der Altstadt von Novigrad. Ein winziges Schild an der Straßenecke führt zu dem Haus, und nur ein roter Baldachin am Eingang weist darauf hin, dass sich im Innern etwas anderes befindet als eine Wohnung.

Trotzdem sollte man sich vorher anmelden, wenn man dort zu Abend essen will. Im Sommer mit zwei, besser noch mit drei Wochen Vorlauf. Denn das Ristorante Damir & Ornella genießt nicht nur in Istrien einen guten Ruf, sondern wird inzwischen auch bei den Feinschmeckern im nahe gelegenen Italien als Insider-Tipp gehandelt. Die Illys sind dort genauso Stammgäste wie die Benettons. Sie haben es auch nicht weit vom italienischen Triest.

Dabei geht es locker zu in der Gaststube, die kaum größer ist als ein Wohnzimmer. Die sechs Tische sind festlich gedeckt. Damir Beletić, der 50 Jahre alte Chef, ist Koch, Bedienung und Showman in einem. Spezialität des Hauses sind Gerichte aus rohem Fisch. In T-Shirt, Jeans und Badelatschen bereitet Damir eine prächtige Seezunge direkt am Tisch zu, die vor ein paar Stunden noch in der Adria geschwommen ist. Er zerlegt den Fisch mit fünf, sechs präzisen Schnitten. Die Filets schneidet er liebevoll in kleine Stücke, legt sie sorgfältig auf den Teller, mariniert mit Zitronensaft und Olivenöl. Ein kleines Stück Polenta dazu, ein Hauch von weißen Trüffeln drüber – und fertig ist ein kleines Meisterwerk.

Eine Speisekarte gibt es nicht, auf den Tisch kommt, was frisch ist. In aller Regel serviert Damir ein Menü mit fünf Gängen und interessante Kreationen wie Cappesante, Jakobsmuscheln mit frischen Feigen in Olivenöl mit einem Tropfen Balsamico. Oder rohe Scampi, eingepackt in Spaghetti aglio e olio. Dazu einen trockenen Weißwein, einen Malvasia – die Weinberge liegen nur ein paar Kilometer von hier entfernt im Landesinnern. „Wir haben alles vor der Haustür, was man für Top-Qualität braucht", sagt Damir. „Das Wichtigste ist, dass die Fische fangfrisch sind." Er weiß, welcher Fischer die besten Calamares mitbringt, er kennt die Fanggründe für Shrimps und kauft sie direkt aus den Kuttern im Hafen in Novigrad, in Rovinj oder in Pula. Dazu feine Olivenöle – eines für die Marinade der Seezunge, ein anderes für die Polenta. „Alles muss perfekt passen!" Sein größter Erfolg? Da lacht Damir: „Ein bekannter japanischer Sushi-Meister hat sich nach dem Essen vor mir verbeugt, da war ich ein bisschen stolz!"

Das Ristorante Damir & Ornella ist ein typisches Beispiel für das, was sich gerade in Istrien tut. Vorbei sind die Zeiten, in denen nur Ćevapčići, pappiger Reis und sonst nicht viel auf den Tisch kamen. Es gibt viele ordentliche Restaurants, in denen man gut und günstig isst. Inzwischen haben sich außerdem mindestens 20, 30 Betriebe herausgebildet, die eine Spitzenküche pflegen, sich durchaus mit den guten Häusern in Italien messen können – und das zu deutlich günstigeren Preisen. Im ganzen Land gibt es eine Qualitätsoffensive, die auch in anderen Bereichen sichtbar ist: Im Weinbau zum Beispiel sind die Gewächse jahrzehntelanger sozialistischer Einheitsproduktion längst verschwunden und haben zum Teil sehr guten Weinen Platz gemacht, einige der jungen Winzer gewinnen schon Preise bei den internationalen Wettbewerben. Und von den Olivenölen der istri-

## DAMIR & ORNELLA

**TOP-TIPP IN NOVIGRAD**

Dieses unscheinbare Restaurant in der Altstadt von Novigrad mit nur sechs Tischen ist eines der besten in Kroatien. Damir Beletić, der Chef, ist Koch, Kellner und Entertainer zugleich. Eine Speisekarte gibt es nicht, Spezialität sind Gerichte mit rohem Fisch. Seezungenfilets, mariniert mit zweierlei Olivenölen, zum Beispiel, Cappesante – Jakobsmuscheln mit frischen Feigen und einem Tropfen 15 Jahre altem Balsamico – oder rohe Scampi, eingepackt in Spaghetti mit Peperoni und weißen Trüffeln

**DAMIR & ORNELLA,**
52466 Novigrad, Zidine-Via della Mura 5, Tel. (052) 75 81 34. Fünf-Gänge-Menü mit Wein ca. 50 €, Anmeldung empfehlenswert.

Foto: Joachim Negwer (1)

schen Bauern schwärmen die Tester italienischer und deutscher Feinschmecker-Magazine. Auch in der Hotellerie bewegt sich einiges: Kleine, feine Landhotels bilden eine charmante Alternative zu den Betonkästen an der Küste.

Istrien hat alles, was man für einen gelungenen Urlaub braucht: Kein Ort der herzförmigen Halbinsel im Norden Kroatiens ist weiter als 35 Kilometer vom Meer entfernt. Die rund 250 Kilometer lange Küste hat einsame Felsbuchten, selten Sandstrände, fast immer aber glasklares Wasser zum Baden. Mildes, mediterranes Klima. Schöne Städte zum Bummeln wie Rovinj, Poreč und Novigrad. Römische Vergangenheit in Pula und österreichische Villenpracht in Opatija, dazu im Sommer Open-Air-Festivals in immer mehr Orten. Das Innere Istriens erinnert an die Toskana und erfreut uns mit Weinbergen und Wanderbergen, mit Trüffelwäldern und bildhübschen Bergstädtchen wie Motovun und Grožnjan.

Istriens Wirtschaft brummt, nur manchmal blitzt die graue Vergangenheit durch. Das kann mal eine bröckelnde Fassade sein, ein rotes Plaste-Ei als Zeitschriftenkiosk oder eines der übrig gebliebenen Riesenhotels, die in den siebziger Jahren entstanden sind, als die Architekten ihre sozialistischen Träume in Beton gossen. Aber ansonsten sind die Städte sehr gepflegt, und von Mai bis Oktober herrscht an der Küste Urlaubslaune.

Auf den Märkten kann man jeden Tag sehen, was die Grundlage für die feine istrische Küche bildet. Frühmorgens in Pula zum Beispiel, wenn die Marktfrauen ihre Fischstände dekorieren: Brassen, Bonitos, Makrelen, Tintenfisch und Oktopus liegen da, ganz frisch, direkt von den Fischerbooten im Hafen. Und draußen vor den Markthallen duftet es nach Fenchel, nach Petersilie, Thymian und Basilikum. Frische Feigen liegen da, Pflaumen, Pfirsiche, Trauben und Nektarinen.

Istrien wirkt nicht nur auf den Märkten weltgewandt, das ganze Land ist stolz auf seine Internationalität. Und auf die weisen die Istrier gerne hin, am liebsten mit diesem Rätsel: Wer ist das? In Österreich-Ungarn geboren, in Italien aufgewachsen, hat in Jugoslawien gelebt und verbringt jetzt seine alten Tage in Kroatien? Klar, das trifft auf viele alte Menschen hierzulande zu, denn die Halbinsel hat eine bewegte Vergangenheit, allein in einem Menschenleben hat sie viermal die Nationalität gewechselt. Davor waren die Kelten da, die Römer, die Türken und kurz auch mal Napoleon. Die Verbindung zu Italien ist im heutigen Alltag am deutlichsten sichtbar. Fast jeder Istrier spricht neben Kroatisch auch Italienisch, denn in den Schulen werden beide Sprachen unterrichtet. Das und die immer besser werdende Küche sind sicher ein Grund dafür, dass Istrien bei den Italienern als Urlaubsland immer beliebter wird. Und natürlich die Spitzenweine.

Einer der Top-Winzer ist Ivica Matošević. „Die istrischen Weine werden jedes Jahr besser", sagt der 42-jährige Weinbauer, der in den neunziger Jahren eher aus Liebhaberei zum Wein kam. Er hatte eigentlich Landschaftsarchitektur in Udine studiert und zuerst gelernt, „wie man guten Wein trinkt". Während einer Reise durch Kalifornien jobbte er auf einem Weingut, und dort hat ihn besonders die Ansage auf dem Anrufbeantworter beeindruckt: „... wenn Sie Wein bestellen wollen, können wir Sie für die Jahrgänge in drei Jahren vormerken." Die Spitzenweine waren immer schon vor der Ernte verkauft. Und das brachte den jungen Mann auf

## KONOBA ASTAREA

**TOP-TIPP IN BRTONIGLA**

Hier kauft der Chef jeden Tag selbst ein: frischen Fisch, Calamares, Jakobsmuscheln, T-Bone-Steaks, Gemüse. Und er kennt die besten Lieferanten. „Bei uns kommt nur auf den Tisch, was Saison hat", sagt Anton Kernjus. In seiner urigen Konoba Astarea in Brtonigla pflegt er eine perfekte Version ursprünglicher istrischer Küche. Seine Spezialität sind Gerichte, die unter der Feuerhaube im offenen Kamin zubereitet werden. Probieren Sie auch Stockfisch mit Sardellenfilets und schwarzen Oliven, den genialen Oktopussalat, schwarzes Tintenfischrisotto oder knusprig gebratenen Seeteufel mit Kartoffeln aus dem Feuertopf

**KONOBA ASTAREA,** 52474 Brtonigla, Ronkova 6, Tel. (052) 77 43 84.

Küchenschätze, 5. Teil: Olivenöl in bester Qualität macht zum Beispiel Lino Beletić vom Ölgut Al Torcio in Novigrad

MEHR SEHEN ALS ANDERE.
3CCD-TECHNOLOGIE UND HIGH DEFINITION: FÜR BRILLANTE FARBEN UND DETAILS.
RESET
POWER LCD
SD CARD
DIE NEUEN 3CCD-CAMCORDER HDC-SD1 UND HDC-DX1.
Erleben Sie mit der präzisen 3CCD-Technologie brillante Farben in HD-Auflösung. Zusammen mit dem optischen Bildstabilisator OIS und den Leica Objektiven sind optimale Filme garantiert. Ob auf SD Karte oder DVD: In High Definition werden Sie Ihre Erlebnisse neu entdecken.
Noch mehr Details entdecken unter: www.panasonic.de
Panasonic
AVCHD
FULL HD 1080
3CCD
OIS Optischer Bildstabilisator
Panasonic
ideas for life

die Idee, in seiner Heimat ein solches Spitzenweingut aufzubauen. Was ihm auch auf Anhieb gelang. 1996 begann er mit einer Produktion für Freunde, 1999 bekam er schon eine Auszeichnung für seinen Malvasia als besten kroatischen Wein. Inzwischen sind die Weine seines Gutes im Landesinnern zwischen Poreč und Rovinj vielfach international ausgezeichnet, man findet sie auf vielen Speisekarten istrischer Spitzenrestaurants. „Wir verkaufen fast unseren gesamten Wein hier im Land", sagt Matošević. „Der Malvasia hat eine perfekte Qualität, ein leichter, trockener Weißwein mit Struktur." Er ist die bedeutendste Rebsorte Istriens, die fast zwei Drittel der Weinbaufläche einnimmt. Der typische Rote ist ein Teran, kräftig, mit rubinroter Farbe und eigenem Charakter. Die guten Winzer arbeiten zusammen, sie haben alle auch eine Probierstube. Auf den istrischen Weinstraßen kann man ihrer Spur folgen.

Auch beim Olivenöl hat sich alles geändert. Und das Patentrezept ist dasselbe wie beim Wein und den Restaurants: Sorgfalt und Fleiß führen auch hier zu hervorragender Qualität. Zum Beispiel in der Ölmühle Al Torcio in Novigrad. „Wir pflücken die Oliven direkt vom Baum, am gleichen Tag werden sie auch gemahlen – das ist das große Geheimnis", sagt Lino Beletić (58). Seine Olivenöle zählen zu den besten in Istrien. Und noch etwas ist wichtig: „Wo Olivenöle lagern, darf nichts anderes stehen." Sein Lager ist klimatisiert auf 14 bis 18 Grad und dunkel – ideale Bedingungen. Seine Ölmühle ist ein raumfüllendes Monster aus Edelstahl, mit ihr macht er aus neun bis zwölf Kilo Oliven einen Liter Öl. Sortenrein, „denn nur dann ist es perfekt". Sechs verschiedene Arten pflanzt er an, die ganz unterschiedlich schmecken, wie man auf seinem Bauernhof probieren kann. Sein Öl der Sorte Bianchera ist als Empfehlung in einem italienischen Olivenölführer gelandet, damit ist er einer der Könige an der Olivenölstraße.

All diese Qualitätsoffensiven nahmen ihren Anfang in der zweiten Hälfte der neunziger Jahre. Der Aufschwung begann nach dem Balkankrieg, die Wirtschaft kam langsam wieder in Fahrt. In Istrien war zwar zwischen 1991 und 1995 kein Schuss gefallen, aber dennoch waren die Kriegsfolgen für das Land katastrophal: Der Tourismus kam zum Erliegen, die Übernachtungszahlen gingen um 92 Prozent zurück, es reisten nur noch ein paar ganz hartnäckige Dauergäste an, die sich auch durch die Kriegsnachrichten nicht hatten abschrecken lassen.

Die Geschichte des Restaurants Monte in Rovinj beginnt allerdings schon vor dem Krieg. Das Restaurant liegt in der Altstadt ganz oben auf dem Berg direkt neben der Kathedrale, es hat eine Terrasse, leicht und luftig wie das Menü, das den Gast erwartet. Danijel Đekić heißt der junge Chefkoch, der hoch über den vielen Kneipen am Hafen eine kreative eigene Küche pflegt. Dies ist wieder so eine Erfolgsgeschichte, die als Liebesgeschichte begann. Tjitske, eine hübsche, junge Holländerin aus der Nähe von Utrecht, verbrachte als Schülerin mit ihren Eltern den Urlaub in Rovinj und lernte den jungen Danijel in der Disco kennen. Die beiden verliebten sich, doch dann kam der Krieg, und für Danijel drohte Kriegsdienst. Die beiden gingen nach Holland, eröffneten dort eine Kneipe mit Lieferdienst. 1999 kamen sie zurück und übernahmen Danijels elterliches Restaurant.

Klar, dass Chefkoch Danijel auf alles setzt, was Istrien so üppig bietet, er reichert es aber oft an mit unerwarteten

## MONTE

**TOP-TIPP IN ROVINJ**

Eigenständige, kreative Küche, Top-Service auf einer luftigen Terrasse hoch über dem Städtchen Rovinj: Im Monte ist die junge Holländerin Tjitske Sommelière und gute Seele des Restaurants, ihr Mann Danijel Đekić kocht und überrascht mit seinen kreativen Zusammenstellungen. Sie sind immer sehr ungewöhnlich bis hin zum Dessert, oft mit asiatischem Anklang, aber in jedem Fall ein Geschmackserlebnis. Wie wär's mit dieser Vorspeise: Garnelentatar mit Sesam und Meerrettich, marinierter Krake auf jungem Salat und gebratene Jakobsmuschel mit Rote-Bete-Streifen – von jedem nur ein Happen

**MONTE**, 52210 Rovinj, Montalbano 75, Tel. (052) 83 02 03.

**Opatija** gehört zwar offiziell nicht mehr zu Istrien, sondern zur Region **Kvarner,** ist aber der ideale Schlusspunkt unserer Rundreise. Mondän und ein wenig nostalgisch wirkt das k. u. k. Seebad mit seinen Belle-Époque-Hotels und den prachtvollen Villen. Besonders schön sind ein Besuch im **Angiolina-Park,** in dem Palmen und exotische Pflanzen wachsen, und ein Spaziergang an der zwölf Kilometer langen Uferpromenade **Lungomare**

Gewürzen, mit frischen Kräutern und interessanten Dressings. Unter den Hauptspeisen findet man ungewöhnliche Kombinationen wie schwarzes Risotto mit Meeresfrüchten und marinierten Shiitake-Pilzen sowie Couscous mit Krebsfleisch und Kaviar oder Seebrasse, gefüllt mit einer leichten Currysauce, Fenchelpüree und Kapern. Es ist ein Fest – vor allem, wenn man dazu einen der schönen Malvasia-Weine aus der Gegend trinkt. „Für einen Besuch im Monte lässt man das Meer gerne mal aus den Augen und pilgert auf den Altstadthügel", schreibt der Tester des Gault Millau – und er hat Recht.

Die Spitzenrestaurants in Istrien sind ganz unterschiedlich, mal modern und experimentell wie das Monte in Rovinj, mal klassisch-edel wie das Restaurant Zigante in dem Straßendorf Livade, wo es das ganze Jahr über Gerichte mit Trüffeln gibt. Die beste Zeit für einen Besuch ist der Spätherbst oder der Winter, wenn die Trüffelsucher mit ihren Hunden in den umliegenden Wäldern die sagenhafte weiße Trüffel in ähnlicher Qualität finden wie ihre berühmten Kollegen im piemontesischen Alba. Spötter vermuten sogar, dass die beste Alba-Trüffel aus Istrien kommt, aber das ist ein Gerücht.

Mal sind die Restaurants der Region auch einfach nur traditionell und gut, wie die Konoba Astarea, ein uriges Lokal im Bergdorf Brtonigla bei Novigrad. Ein schlichtes Backsteinhaus mit schöner Veranda und Ausblick über die Wälder bis zum Meer. Wirt Anton Kernjus (56) serviert die perfekte Version der ursprünglichen istrischen Küche, er bereitet fast alle Speisen am offenen Feuer seines Kamins zu. Seine Spezialität sind Gerichte, die unter der Feuerhaube gemacht werden: Fisch oder Fleisch mit Gemüse landet in einem Topf, wird gewürzt und mit Olivenöl verfeinert, darüber kommt dann die Cripnja, eine Metallhaube, auf der oben Glut liegt. Eine Stunde später ist alles fertig – und schmeckt himmlisch. Daneben liegen Langusten auf dem Grill, ein Rochen, eine Brasse oder auch ein T-Bone-Steak. Der Chef geht jeden Tag einkaufen und kommt mit frischem Fisch zurück, mit Jakobsmuscheln, Calamares, Gemüse – auf den Tisch kommt, was gerade Saison hat. „Angeliefert wird bei uns nur das Mineralwasser", sagt Anton – für alles andere hat er seine Spezialisten.

Das Restaurant Valsabbion in der Nähe von Pula, vor zehn Jahren Trendsetter der kreativen Küche, zählt noch immer zu den besten Adressen in Istrien. Hier werden fast ausschließlich Produkte aus der Gegend verwendet. „Das sind die Dinge, die meine Großeltern auch schon gegessen haben", sagt Chefkellnerin Karin, die als Au-pair in Deutschland war und deshalb sehr gut Deutsch spricht, „wir interpretieren sie nur neu."

Der Chefin Sonja Perić gefällt der Trend, dass Gastronomen und Produzenten gut vernetzt sind: „Es ist wichtig, dass unsere Spitzenprodukte nicht exportiert werden und wir hinterher Fische aus Marokko verwenden müssen!", sagt die resolute Frau. Es hat sich viel geändert in den letzten Jahren. „Als wir 1995 aufmachten, hatten wir einen Weinkühlschrank und konnten ihn nicht füllen mit kroatischen Weinen – heute haben wir die große Auswahl und stellen jedes Jahr unsere 15 heimischen Spitzenweine neu zusammen." Sie macht zwischen Dezember und März ihren Laden zu, reist, probiert, experimentiert. Wir dürfen also weiter auf neue Ideen gespannt sein! ■

**Info und Karte Seite 90**

Fotos: Blaha/ART; Jean-Pierre Lescourret/Corbis; ART

# INFO ISTRIEN

Unsere **Genießer-Reise** führt einmal rund um Istrien. Nehmen Sie sich mindestens **eine Woche** Zeit. Das sollten Sie nicht verpassen: einen Ausflug ins Landesinnere zu **Olivenbauern und Winzern,** bei denen Sie probieren und einkaufen können. Das schöne Bergstädtchen Motovun und das Künstlerdorf Grožnjan. Die Altstädte von Poreč und Rovinj. Das Amphitheater in Pula und die Promenade Lungomare in Opatija (in der nahe gelegenen Kvarner Bucht). Den Limski kanal zwischen Vrsar und Rovinj. Hier finden Sie die besten Tipps für schöne **Landgasthöfe,** Top-Restaurants, Winzer und mehr.

**Tel.-Vorwahl aus Deutschland: 00385-52, in Istrien: 052**

**Umrechnen in Euro: Kuna-Betrag durch 7,4 teilen**

## RESTAURANTS

In den Badeorten an der Küste gibt es viele Restaurants, in denen man gut und meist günstig Fisch und klassische Fleischgerichte essen kann. Die hier empfohlenen zählen zu den Spitzenhäusern Kroatiens; jedes verspricht einen unvergesslichen Abend.

Ein Fest für die Geschmacksnerven: getrüffelte Pasta

**DAMIR & ORNELLA, NOVIGRAD (SEITE 85)**
**KONOBA ASTAREA, BRTONIGLA (SEITE 86)**
**MONTE, ROVINJ (SEITE 88)**

**ZIGANTE, LIVADE**
Im verschlafenen Städtchen Livade im Landesinnern liegt das Restaurant von Giancarlo Zigante, Istriens Trüffelpionier. 1999 fand er in der Nähe einen 1,31 Kilo schweren Trüffelpilz und kam damit ins Guinness-Buch der Rekorde. Der junge Chefkoch Damir Modrušan ist einer der kreativsten Köche Istriens. Er verwendet das ganze Jahr über Trüffeln, die beste Zeit ist aber Mitte September bis Ende Januar, wenn Tuber Magnatum Pico, die berühmte weiße Trüffel, auf den Tisch kommt. Getrüffelte Nudeln um 150 Kuna, Fünf-Gänge-Trüffelmenü etwa 370 Kuna, sehr gute Weinauswahl.
■ 52427 Livade 7,
Tel. 66 43 02.
**www.zigantetartufi.com**

**VALSABBION, PULA**
Sonja Perić, die Chefin dieses Restaurants, das außerhalb der Altstadt Pulas am Meer liegt, ist seit Jahren die Trendsetterin der kreativen Küche Istriens. Es gibt viel frischen Fisch, Meeresfrüchte und Traditionelles, neu interpretiert. Probieren Sie Rührei mit wildem Spargel, Polenta, Prosciutto und Frischkäse mit weißer Trüffel. Oder verkosten Sie Olivenöle, um die Unterschiede der einzelnen Sorten zu schmecken. Perfekte Weinauswahl, freundlicher Service. Das Haus ist auch ein nettes Boutique-Hotel.
■ 52100 Pula,
Pješčana Uvala IX/26,
Tel. 21 80 33.
**www.valsabbion.hr**

**Sonja Perić trimmt Küchen-Klassiker auf originell**

## ÜBERNACHTEN

**LANDHOTEL SAN ROCCO, BRTONIGLA**
Der Traum von einem Landhotel der Oberklasse, fünf Kilometer vom Meer entfernt, stilsicher renoviert, mit modernen Zimmern und gutem Restaurant, Pool und Sauna. Ausgangspunkt für Ausflüge ins Landesinnere und an die Nordwestküste bis Savudrija.
■ 52474 Brtonigla, Srednja ulica 2, Tel. 72 50 00.
DZ ab 910 KN,
inkl. Frühstück.
**www.san-rocco.hr**

**CITTAR, NOVIGRAD**
Charmantes, einfaches Hotel in Novigrad. Unweit vom Hafen versteckt es sich hinter der mittelalterlichen Stadtmauer. Klimatisierte Zimmer, netter Service.
■ 52466 Novigrad,
Prolaz venecija 5,
Tel. 75 77 37. DZ ab 565 KN.
**www.cittar.hr**

**VILLA ANGELO D'ORO, ROVINJ**
Luxushotel in einer malerischen Altstadtgasse. In dem ehemaligen Bischofspalais aus dem 17. Jahrhundert befinden sich heute 24 komfortable, klimatisierte Zimmer, teils mit antiken Möbeln. Herrlicher Innenhof, sehr gutes Restaurant. 200 Meter zu den Badefelsen, hauseigener Taxiboot-Service zu den Stränden.
■ 52210 Rovinj, Vladimira Švalbe 38–42, Tel. 84 05 02.
Januar–März geschlossen.
**www.angelodoro.hr**

**HISTRIA, PULA**
Trotz Renovierung erinnert die Hotelanlage an der Punta Verudela noch ein wenig an vergangene sozialistische Tage. Alles wirkt riesig: die Lobby, das Restaurant, der Pool, die Schwimmhalle. Dafür liegt das Histria ideal zwischen Yachthafen und Meeresbucht und bietet Rundumversorgung. Und

**Eine runde Sache: der Pool des Hotels Histria in Pula**

Fotos: Udo Bernhart (4)

## ISTRISCHE SPEZIALITÄTEN

**OLIVENÖL** Die meisten Olivenbauern und Ölmühlen liegen im Dreieck zwischen Umag, Poreč und Buzet. Infos zu Olivenölen Seite 167.

**TRÜFFELN** Istrische Trüffeln zählen zu den besten der Welt, die meisten kommen aus den Wäldern des Mirnatales nordöstlich von Novigrad. Neben sechs schwarzen Sorten gibt es vier weiße – sie sind besonders aromatisch (Seite 166).

**WEIN** Der typische istrische Weißwein ist ein frischer, leichter Malvasia, der von einigen Winzern inzwischen in Top-Qualität an- und ausgebaut wird. Allerdings werden gute Tropfen kaum exportiert. Folgen Sie einer der fünf istrischen Weinstraßen; die meisten Kellereien befinden sich im Westen. Zur Weinverkostung anmelden!

**Drei Top-Winzer,** bei denen man probieren kann:
- Ivica Matošević, 52448 Sveti Lovreč, Krunčići 2, Tel. 44 85 58. www.matosevic.com
- Vina Kabola (Foto), 52462 Momjan, Kremenje 96 b, Tel. 77 90 47.
- Weingut Poletti, 52463 Višnjan, Markovac 14, Tel. 44 92 51. www.vina-poletti.com

**REBSORTEN** Über die wichtigsten Anbaugebiete und Rebsorten haben wir mit dem kroatischen Weinhändler Goran Restović gesprochen. Das Interview können Sie auf unserer Website hören: **www.adac.de/reisemagazin**

wer Nervenkitzel braucht, geht ins Haus-Casino Las Vegas.
- 52100 Pula, Verudela, Tel. 59 00 00, Fax: 21 41 75. 240 Zimmer: DZ 625–1155 KN.

**www.arenaturist.hr**

**VILLA ANNETTE, RABAC**
Neues Apartment-Hotel hoch über der Bucht von Rabac, Terrasse mit Pool und herrlichem Blick auf die Stadt und über die Kvarner Bucht. Man wohnt in modernen Apartments mit Balkon oder Terrasse. Im Haus gibt es ein hervorragendes Restaurant. Kulinarische Wochenendpauschalen.
- 52221 Rabac, Raska 24, Tel. 88 42 22. DZ ab 630 KN.

**www.villaannette.hr**

**HOTEL MIRAMAR, OPATIJA**
Prächtige Belle-Époque-Villa direkt am Lungomare, dem zwölf Kilometer langen Uferweg von Opatija. Unter österreichischer Leitung, Vier-Sterne-Luxus, großer, beheizbarer Pool mit Innen- und Außenbereich, Wellness-Angebote, Tanzkurse, Yoga, Nordic Walking. Sehr gutes Restaurant.
- 51410 Opatija, Ive Kaline 11, Tel. (051) 28 00 00. DZ ab 890 KN, inkl. Halbpension.

**www.hotel-miramar.info**

## INFOS

**TOURISMUSVERBAND DER REGION ISTRIEN**
Gut organisiert, interessante Broschüren, etwa das Istrien-Magazin mit vielen guten Tipps.
- 52440 Poreč, Pionirska 1 a, Tel. 45 27 97, Fax: 45 27 96.

**www.istra.hr** J.N.

# Kroatisches Allerlei

Die Österreicher, die Ungarn, die Osmanen und Italiener – in der kroatischen Küche haben schon so einige mitgemischt, und doch besitzt sie ihre ganz eigene Note. Sie kommt mal leicht und mediterran daher, mal deftig und kräftig – für jeden Geschmack ist etwas dabei

Paprika, Zwiebeln und Knoblauch spielen in Kroatiens Küche Hauptrollen

Wer sich mit der Geschichte Kroatiens auskennt, wird nicht weiter überrascht sein, auf Speisekarten Gerichte zu finden, die ihm aus anderen Ländern bekannt vorkommen. Da sind zum Beispiel Gulaš und Palačinke – Gulasch und Palatschinken –, ein Relikt aus der Zeit, als Kroatien unter österreichisch-ungarischer Herrschaft stand. Auch die Osmanen, die ihr Reich bis zur Adriaküste ausdehnten, hinterließen ihre Spuren in den Kochtöpfen, einiges schwappte aus Italien herüber. Die wohl weiteste Reise haben die Grillwürstchen Ćevapčići hinter sich. Ursprünglich stammen die etwa daumendicken, mit reichlich Knoblauch und Paprika gewürzten Hackfleischröllchen aus dem arabischen Raum, von wo sie dann mit den Osmanen auf den Balkan kamen. Hier sind sie inzwischen zu einer Art Nationalspeise geworden. Fast jedes Restaurant preist sie auf großen Schildern an.

Ein weiterer beliebter Snack, den man aus türkischen Schnellimbissen kennt, ist Börek, in Kroatien Burek genannt. Er besteht aus mehreren Schichten Blätterteig mit Schafskäse- oder Hackfleischfüllung. Burek bekommt man in Supermärkten und Bäckereien, am besten aber schmeckt die frittierte Spezialität in speziellen Burek-Lokalen, wo man sie in tortengroßen Stücken heiß genießen kann.

Auch die Zagreber Štrukli sind vermutlich türkisch inspiriert. Ähnlich wie Ravioli, nur deutlich größer, werden sie gerne pikant gefüllt, zum Beispiel mit Sahne und Spinat oder Trüffeln. Oder sie erhalten eine süße Note, etwa durch eine Quarkfüllung. Auf dem Teller landen sie dann entweder gekocht, gebacken oder als Suppeneinlage.

Reminiszenz ans nahe gelegene Italien: Pasta und leckere Eiskreationen

Durch die österreichisch-ungarische Herrschaft hielten nach dem Ende der Napoleonischen Kriege bekannte Süßspeisen in der kroatischen Küche Einzug. So ist Strudel in den damals von Österreich regierten Gebieten Dalmatien und Istrien noch heute allgegenwärtig. Hergestellt aus hauchdünnem Teig mit Apfelstückchen und Rosinen, wird er in Cafés und Restaurants originalgetreu mit Vanillesauce serviert. Ebenso häufig sind Desserts wie Palatschinken (Palačinke), Krapfen beziehungsweise Berliner, Guglhupf (Kuglof) und Mohnstrudel.

In der Zubereitungsart von Kaffee machen sich unterschiedliche Einflüsse bemerkbar. So ist es einerseits üblich, sehr fein gemahlene Bohnen mit reichlich Zucker und Wasser in einem Kupferkesselchen aufzukochen, was Mokka nach türkischer Art entspricht. Andererseits liebt man italienische Kaffeespezialitäten wie Espresso, Cappuccino und Kava, der wie Caffè Crema schmeckt. Getrunken wird er gern in kleinen Bars, die Kavanas genannt werden. Kuchen oder Kekse zum Kaffee gibt's dort allerdings nicht.

Der Einfluss Italiens macht sich generell besonders auf der nördlichen Halbinsel Istrien und an der Adriaküste bemerkbar. Hier bevorzugt man die leichte, mediterrane Küche – und Pasta. Etliche Varianten stehen zur Auswahl, meist frisch zubereitet und häufig mit frischer Trüffel verfeinert. Am beliebtesten sind die röhrchenförmigen Fuzi; zu den Standards gehören aber auch Bandnudeln, Lasagne und Spaghetti. An Minestrone erinnert die reichhaltige, dicke Gemüsesuppe Manestra mit jungem Mais, Kartoffeln, Bohnen und Schinkenspeck.

Unbedingt probieren sollte man die kroatische Pizza. Sie ist eine perfekte Kopie des italienischen Originals mit dünnem Boden und dickem Belag, knusprig gebacken im Steinofen. Der Nähe zu Italien hat man offenbar auch die Vielzahl an Eiscafés zu verdanken. In ausladenden Glasvitrinen locken hausgemachte Sorten, sehr cremig, leuchtend bunt und mit großen Fruchtstückchen und dicken Schokoladenbrocken gespickt.

Im Landesinnern geht es in der Küche gerne etwas deftiger zu – und schärfer. Ein Vermächtnis der Ungarn, die in der Zeit der k.u.k. Doppelmonarchie über Zentralkroatien und Slawonien herrschten. Eine der auffälligsten Überlieferungen aus dieser Zeit ist Paprika. Scharfes und süßes Pulver finden sich in vielen Gerichten wieder, zum Beispiel in Kulen, einer Hartwurst aus Slawonien. Schwarze Schweine, die sich überwiegend von Eicheln ernähren, liefern das Fleisch für diese Wurst, die mit Knoblauch und Paprika gewürzt und bis zu vier Wochen geräuchert wird. Zu den herzhaften Klassikern gehört außerdem Gulasch (Gulaš), das oft mit Knödel und Sauerkraut serviert wird und manchmal durch Peperoni zusätzliche Schärfe erhält. Eine weitere Paprika-Spezialität ist Fischpaprikasch, ein Eintopf aus verschiedenen Süßwasserfischen wie Karpfen, Forelle und Wels.

In Mittelkroatien preisen oft direkt an der Straße stehende Schilder die Spezialität der Region an: Spanferkel (Odojak). Es wird über offenem Feuer gegrillt und frisch vom Drehspieß verkauft. Woher diese Vorliebe stammt, ist unklar. Möglicherweise ist sie ein Relikt der Langobarden, die ungefähr im sechsten Jahrhundert durch Kroatien zogen. Vielleicht geht sie aber auch nur auf eine Geschäftsidee unserer Zeit zurück, weil die grilleifrigen Dorfbewohner erkannt haben, dass Durchreisende leicht zu einem Zwischenstopp zu verführen sind, wenn man sie mit Spanferkel ködert. ■

**Bianca Gerlach**

**www.adac.de/reisemagazin**

Auf den Geschmack gekommen? Das perfekte Dinner auf unserer Website

## MEIN TIPP

**MIRO GAVRAN** „Das Zagreber Restaurant Baltazar (Nova ves 4) hat eine ausgezeichnete Küche. Die Stockwerke sind nach den drei heiligen Königen benannt: Im Gašpar isst man Fisch und Mediterranes, im Baltazar Fleisch-Spezialitäten, und im Melkior genießt man tollen Wein. Kaffee trinke ich am liebsten im Restaurant Lenuci (Trg N. Š. Zrinskog 15), von wo aus man einen wunderbaren Blick auf den Park Zrinjevac hat."

■ Der Schriftsteller Miro Gavran wurde mehrfach ausgezeichnet. Seine Werke sind in rund 17 Sprachen übersetzt worden.

Fotos: Finley, Sporrer/Skowronek, Newedel/Stockfood; Petr Blaha (2)

Hier liegen Sie richtig: gute Aussicht für Urlaubsfreuden am Strand von Zrče auf Pag (oben und rechts)

# Stars & Sterne der Adria

**Glasklares Badewasser, gute Infrastruktur, frohe Menschen am Meer – wir zeigen zehn der schönsten Strände Kroatiens**

**Text von Walter M. Weiss, Fotos von Reiner Riedler**

Die Republik Kroatien ist ein wunderbares Ziel für den Badeurlaub. Das Land hat 1180 Kilometer Festlandküste; zählt man die Uferlinien sämtlicher Inseln hinzu, kommt man auf weitere 4000 Kilometer. Diesem Schatz vor allem verdankt es seine touristische Anziehungskraft, und er wird – alles spricht dafür – auch künftig für wachsenden Wohlstand sorgen. Kein Wunder also, dass die Kroaten die Qualität ihrer Küsten wie einen Augapfel hüten.

Sie haben früh aus den Fehlern anderer Mittelmeer-Anrainer gelernt, haben ihre Hafenorte beizeiten mit Kläranlagen ausgestattet und es selbst in den massentouristisch intensiv erschlossenen Zonen vermieden, die Landschaft mit hochragenden Beton-Bettenburgen zu verschandeln. Auch lärmende Spielhallen, Hightech-Rummelplätze und Themenparks sucht man in der Regel vergebens. Zwar ist das Sport- und Freizeitangebot breit und umfasst auch Parasailing, Jet Skiing und Bananenboot-Reiten. Die wichtigsten Dinge für gelungene Ferien sind und bleiben aber der Liegestuhl und der Sonnenschirm, ein fangfrischer Fisch und ein Glas Wein in einer gemütlichen Taverne, ein feiner Kiesstrand (Sand findet sich in Kroatien nur an wenigen Stellen), für Segler und Surfer eine je nach Geschmack leichte oder steife Brise Bora, Jugo oder Maestral und – mit Abstand wirksamster Luxus für Leib und Seele – das warme, glasklare Meer.

Zur erstklassigen Güte des Wassers tragen auch die natürlichen Gegebenheiten maßgeblich bei: Die Hauptströmung verläuft in diesem Teil der Adria entgegen dem Uhrzeigersinn, kommt also von den wenig verbauten Gestaden Albaniens und Montenegros. Auch in Kroatien selbst gibt es in Ufernähe kaum Industrie und mit Ausnahme Rijekas und Splits keine großen, die Umwelt belastenden Ballungsräume. Man ist hierzulande stolz darauf, dass zwischen der slowenischen und montenegrinischen Grenze bereits an mehr als 100 Stränden (unter ihnen fast alle der im Folgenden vorgestellten) die Blaue Flagge weht – jenes von einer unabhängigen Organisation weltweit verliehene Öko-Gütesiegel, das dem jeweiligen Strand, von den Toiletten und Duschen bis zur Wasserqualität, mustergültige Sauberkeit und seinen Betreuern zudem ein sorgsames Service-Management bescheinigt.

Auf den folgenden Seiten stellen wir zehn empfehlenswerte Strände vor, die auf der Karte links verzeichnet sind.

Bilder links: Pag ist im Sommer kein Platz für Langweiler – oben ein stiller Blick Richtung Festland, doch täglich tobt zur Freude der Kids die After-Beach-Party am Zrče-Strand

Klare Sache: das blitzsaubere Meer bei Lošinj, der kleinen Nachbarinsel von Cres

Ganz schön was los: Sehleute und Händler am Abend auf der Promenade von Umag

1

## BADEN MIT BLICK BIS ZU DEN ALPEN

**UMAG/ISTRIEN** Die einen wohnen im Design-Hotel, die anderen mit Familie und Freunden im Bungalow, wieder andere schlagen in Ufernähe ihr Zelt auf: Sieben Hotels, vier Ferienanlagen und fünf Campingplätze mit insgesamt 20 000 Betten heißen an der Riviera von Umag im äußersten Nordwesten Istriens Gäste willkommen. Hier lockt eine vielgestaltige Urlaubslandschaft mit Animationsprogramm für alle Altersgruppen und Geschmäcker. Neun Blaue Flaggen wehen an dem 45 Kilometer langen Küstenabschnitt zwischen Park Umag im Süden, dem größten Campingplatz Istriens und besten in Kroatien, und Savudrija, dem westlichsten Punkt des Landes. Ein Dorado für Kinder ist die weit gehend wellenlose Lagune Stella Maris mit ihrem flachen Kieselsaum. Sportfans finden ganz in der Nähe die Marina und das dank ATP-Turnier international bekannte Tenniscenter. Die offene Küste hingegen ist größtenteils felsig, in besonders stark besuchten Gebieten aber oft zu breiten Liegeflächen ausbetoniert. Hat die Bora die Luft durchgeputzt, reicht der Blick beim Schwimmen und Sonnenbaden bis zum Festland von Grado in Italien und zu den Gipfeln der Alpenkette.

ÜBERNACHTEN **SOL GARDEN ISTRA** Funkelnagelneues Vier-Sterne-Haus der Sol-Meliá-/Istraturist-Gruppe: 294 Zimmer plus 198 im „Apartment-Dorf", Wasserpark mit Hallen- und Freibädern, viel Programm.
■ Umag, Katoro bb, 3 km westlich der Altstadt in Meeresnähe, Tel. (052) 71 60 00. DZ 355–1230 KN, inkl. HP. www.istraturist.hr

ESSEN **KONOBA BUŠČINA** Kellerschänke mit regionaler Spezialitätenküche: z.B. Risotto- und Pasta-Gerichte mit Trüffeln oder Meerestieren.
■ Buščina 18 (5 km außerhalb von Umag an der Straße Richtung Koper), Tel. (052) 73 20 88. Ganzj. Mi.–Mo. 12–24 Uhr. www.konoba-buscina.hr

NACHTLEBEN **CASINÒ SOLEI** Für Nachteulen und Glücksritter: Roulette, Poker, Black Jack, Slot Machines, Shows, gutes Restaurant.
■ Umag, Katoro bb nahe Hotel Sol Koralj, Tel. (052) 74 13 01. Geöff.: Slots 24 Std. tgl., Tische Mo.–Fr. 18–3, Sa. u. So. 14–5 Uhr. www.casinosolei.net

ANFAHRT Autobahn über Ljubljana oder Triest bis Koper, von dort über die Grenze noch knapp 30 Kilometer.

**i** **Tel.-Vorwahl aus Deutschland: 00385, dann die 0 der Ortsvorwahl weglassen. Umrechnen in Euro: Kuna-Betrag durch 7,4 teilen**

2

## WIE AUS DEM BILDERBUCH

**VERUDELA/PULA** Verudela ist ein Urlaubsresort vom Reißbrett und zugleich wie aus dem Bilderbuch: zwei Apartment-Siedlungen und vier Hotels mit insgesamt 3700 Betten, Shopping-Center, Casino, Disco, riesiger Yachthafen … Bei all dem präsentiert sich die Natur in allerbestem Zustand. Das Ufer ist überwiegend felsig, dazwischen öffnen sich schmale Kiesstrände. Vorzeigebucht ist die Plaža Ambrela, gut 100 Meter breit, seicht, in Teilen von Pinien beschattet, mit einem Imbiss-Restaurant versorgt und – wie die Strände Histria und Brioni auch – „blau beflaggt".

ÜBERNACHTEN **BRIONI** Verudelas einziges Hotel direkt am Meer. Vier Sterne, Hallenbad, Animation, Stadt-Shuttle.
■ Pula, Verudela, Tel. (052) 21 55 85.
222 Zi.: DZ 430–830 KN. www.arenaturist.hr

ESSEN **VELA NERA** Bietet feine kulinarische Überraschungen, da nimmt man von Verudela die kurze Autofahrt gerne auf sich. Schöner Blick auf die Marina.
■ Pula, Pješčana uvala bb, Tel. (052) 21 92 09.
Geöffnet tgl. 8–24 Uhr. www.velanera.hr

ANFAHRT Autobahn von Rijeka über Pazin (100 Kilometer) oder entlang der istrischen Westküste (ab Koper 118 Kilometer).

Ganz schön felsig: Küste bei Verudela

Ganz schön eng: per Handtuch markierte Reviere am Strand von Baška

3

## EINER FÜR ALLE

**BAŠKA/INSEL KRK** Der Ortskern von Baška besteht aus würfeligen, weiß getünchten, mit roten Schindeln gedeckten Fischerhäusern. Unmittelbar davor schmiegt sich in die zum offenen Meer hin durch eine Insel geschützte Bucht der helle, zwei Kilometer lange Kiesstrand – etwas schmal zwar, aber kindergerecht flach und bestens gepflegt. Hier stehen im Juli und August die Liegestühle dicht an dicht. Doch dem Rummel kann man bei Bedarf leicht entfliehen, etwa indem man per Taxiboot in eine jener gut zwei Dutzend kleineren Kiesbuchten fährt, die hier am südöstlichsten Zipfel der Insel Krk die Felsküste zergliedern. Seinen ganzen Charme verströmt Baška freilich in der Nachsaison: Dann ist das Meer noch warm, und man kann später in Ruhe die Gassen des Ortes erkunden.

ÜBERNACHTEN **ZVONIMIR** Vom Meer nur durch die Promenade getrennt: 70 Zimmer, 15 Apartm., Restaurant Jelena mit Meerblick.
■ Baška, Emila Geistl. 34, Tel. (051) 65 68 10.
DZ 700–1500 KN. www.hotelibaska.hr

ESSEN **FRANICA** Hausmannskost vom Feinsten, z.B. gebratenes Lamm. Gleich neben dem Fährhafen; schöne, schattige Terrasse.
■ Baška, Ribarska 39, Tel. (051) 86 00 23.
Geöffnet tgl. 10–24 Uhr von April bis Anfang November und 2 Wochen um Weihnachten.

ANFAHRT Autobahn Zagreb–Rijeka, über die Brücke nach Krk, von Kraljevica auf dem Festland bis Baška 49 Kilometer.

Hier fühlen wir uns wohl: Urlaub am Paradies-Strand

4

## PARADIES NACH FEIERABEND

**LOPAR/INSEL RAB** Wenn am späten Nachmittag die Badetücher und Spielsachen weggepackt werden und die Urlauber-Familien mit Kind und Kegel landeinwärts dem Abendessen zustreben, ist die beste Zeit, um dieses Juwel für sich zu entdecken. Rund zwei Dutzend Sandstrände, einer idyllischer als der andere und fast ausnahmslos nur per pedes oder Taxiboot erreichbar, umkränzen die Halbinsel Lopar. Doch keiner hier an der Nordspitze von Rab, dieser klimatisch mildesten und deshalb auch grünsten Insel der Kvarner Bucht, kann der Rajska Plaža das Wasser reichen: 1,5 Kilometer misst der Paradies-Strand, so sein deutscher Name, der in Form einer sanft geschwungenen Sichel den Ort Lopar im Osten begrenzt. Er fällt flach ins Meer ab und ist deshalb ideal für Kleinkinder, Senioren und ungeübte Schwimmer; für Sauberkeit bürgt die Blaue Flagge. Ähnlich schön, wenn auch kleiner ist der nördlich angrenzende, mit Kiefern bewachsene Strand Livačina.

ÜBERNACHTEN **SAN MARINO** Ferienanlage mit Campingplatz und fünf Hotels im Zwei- und Drei-Sterne-Bereich inmitten eines Kiefernhains nahe dem Paradies-Strand; vielfältiges Freizeitangebot.
■ Rab, Lopar bb, Tel. (051) 77 51 44. DZ 410–890 KN, inkl. Halbpension. Ganzjährig geöffnet. www.imperial.hr

ESSEN **LAVANDA** Spezialitäten-Restaurant mit Pension, fünf Gehminuten vom Strand entfernt. Terrasse mit Blick auf die Bucht.
■ Lopar 601 a, Tel. (098) 42 40 74. März bis Anf. Nov. tgl. 13–24 Uhr.

ANFAHRT Autobahn Zagreb–Split, Abfahrt nach Senj, danach Küstenstraße bis Jablanac, von dort Fähre nach Rab, Anleger: Misnjak. Alternativ: Autobahn Richtung Rijeka, über Kraljevica und die Brücke nach Krk, Fähre von Baška nach Lopar.

5

## NOSTALGIE UND JEDE MENGE ERHOLUNG

**ČIKAT/INSEL LOŠINJ** Die Buchten der Halbinsel Čikat tragen bezeichnende Namen wie Silber-, Gold- oder Sonnenstrand. Ihr Hinterland ist von herrlichen Kiefernwäldern bedeckt, altehrwürdige k. u. k. Villen mit parkähnlichen Gärten verleihen der gesamten Insel Lošinj ein nostalgisches Flair. Aufgemischt wird diese schöne Beschaulichkeit durch ein zeitgemäßes Freizeitprogramm: So bieten etwa an dem blitzsauberen, mit der Blauen Flagge geehrten Kiesstrand der Čikat-Bucht eine Tauch- und eine Surfschule ihre Dienste an, und eine Beach-Cocktailbar verströmt bis tief in die Nacht Latino-Feeling. Eine Bucht weiter, an dem idyllischen Sonnenstrand, huldigt man dem Sommervergnügen auf herkömmlichere Art – man schwimmt und gibt sich dann auf feinem Kies oder flachem Uferfels der Sonne hin.

ÜBERNACHTEN **VILLA FAVORITA** Denkmalgeschütztes Vier-Sterne-Haus, Pool, schöne Frühstücksterrasse; 20 Meter zum Meer.
■ Mali Lošinj, Sunčana uvala bb, Tel. (051) 52 06 40. DZ 725–1155 KN. www.villafavorita.hr. Nebenan: die 2-Sterne-Villa Jelena. DZ 580 KN.

ESSEN **CIGALE** Gemütliche Taverne direkt am Wasser, gehoben-rustikales Ambiente, einheimische Qualitätsküche mit Schwergewicht auf fangfrischem Meeresgetier.
■ Mali Lošinj, Čikat, Tel. (051) 23 85 83. Geöff. Mai–Nov. tgl. 9–24 Uhr.

NACHTLEBEN Abends bietet Dominik Wacker in seiner Beach-Cocktailbar romantische Fackelbeleuchtung, bisweilen Live-Shows.
■ Uvala Čikat. Geöffnet Anfang Mai bis Ende Sept. tgl. 10–2 Uhr.

ANFAHRT Vom Festland bei Rijeka aus etwa 100 Kilometer über die Inseln Krk (Brücke) und Cres (Fähre).

Sonne und Wasser gut: Badespaß auf der Insel Lošinj

Ausruhen für heiße Nächte: In Zrče ist nach Einbruch der Dunkelheit Party

6

## IBIZA LIEGT IN KROATIEN

**ZRČE/INSEL PAG** Eindeutig der jugendlichste in den Beach-Charts: Dieser Strand ist über die Landesgrenzen hinaus bekannt als Dalmatiens heißester Schauplatz für sommerliche Mega-Feten. Tagsüber herrscht auf der weiten, feinschottrigen Fläche am Südufer der vollkommen baumlosen Bucht Ferienalltag mit Kanu-, Jetski- und Schlauchbootfahren und einem mächtigen Kran fürs Bungee-Jumping. Doch schon um 16 Uhr fällt der Startschuss für die After-Beach Party. Und wenn die Sonne hinter der surreal wirkenden, weil von der Bora völlig blank gefegten Felslandschaft von Pag versinkt, geht die Post erst richtig ab. Dann tanzen sich trendige Teens und Twens zu Abertausenden in den Open-Air-Discos und Beach Clubs nonstop die Seele aus dem Leib.

ÜBERNACHTEN Direkt in Zrče findet man kein Dach über dem Kopf. Wer nicht am Strand in Zelt oder Schlafsack nächtigt, wohnt am besten im Apartment im nahen Hafenort Novalja. ■ Quartiersuche und -buchung unter www.novalja.com u. www.novalja-pag.net.

ESSEN **AQUARIUS** Der Platzhirsch unter den örtlichen Beach-Clubs: schick designt, professionell geführt, respektable Küche. Eintritt wie in allen Clubs an der Zrče-Bucht frei.

NACHTLEBEN **PAPAYA, KALYPSO** und **AQUARIUS** sind die drei Hot Spots von Zrče; Feierabend ist selten vor sechs Uhr früh. Auch in Novalja wird gefeiert, Top-Treff ist der Cocomo Club (Mai bis Okt. tgl. 18 Uhr bis open end).

EXTRA-TIPP Ausflug nach Pag, Hauptstädtchen der Insel: geometrisches Straßenraster und die spätgotische Pfarrkirche sind Werke des großen Baumeisters Juraj Dalmatinac.

ANFAHRT Auf der Küstenstraße von Rijeka über Senj. Fährverbindung vom Festland (in Prizna) auf die Insel Pag (Žigljen) laut Fahrplan 13-mal täglich, bei Bedarf öfter. Zufahrt zum Strand: etwa drei Kilometer hinter Novalja Richtung Pag nach links. Kostenpflichtiger Parkplatz.

7

## HIER IST DER STRAND MAL AUS SAND

**OMIŠ/SÜDÖSTLICH VON SPLIT** Das 25 Kilometer südöstlich von Split gelegene Küstenstädtchen war einst ein berüchtigtes Seeräubernest. Hoch über der Küste zeugen die Reste der Festung Starigrad und weitläufiges Mauerwerk von kriegerischen Zeiten; ihnen zu Füßen kauert auf einer Landzunge die schmucke Altstadt mit mehreren schönen, alten Kirchen. Die Attraktion des Badeorts ist freilich seine Lage: Der Fluss Cetina hat sich hier durch das Mosor-Gebirge gefräst und mündet zwischen hohen, steilen Kalkfelsen, einem veritablen Canyon, ins Meer (siehe auch Seite 66). Seiner Schwemmkraft verdankt die Plaža Punta, der einen Kilometer lange, dem Stadtkern direkt vorgelagerte Strand, ihren feinen Sand. Auch die westlich, jenseits der Straßenbrücke angrenzenden Strände sind feinkörniger als sonst wo in Dalmatien. Hier wie dort herrscht in der Hochsaison sympathisches Remmidemmi, genießen vor allem Familien die kinderfreundliche Infrastruktur.

ÜBERNACHTEN **PLAŽA** Brandneues, schickes Vier-Sterne-Hotel direkt hinter dem Strand. Wellness-Bereich, die meisten Zimmer mit Meerblick. ■ Omiš, Put Mostine 0, Tel. (021) 86 43 61. 36 Zi.: DZ 415–740 KN. www.hotelplaza.hr

ESSEN **RADMANS MÜHLEN** Ausflugsrestaurant im Tal der Cetina, sechs Kilometer landeinwärts von Omiš. Deftige Hausmannskost. Erreichbar von Omiš auch per Ausflugsboot oder Touristenbähnle.
■ Radmanove mlinice, Omiš, Kanjon rijeke Cetine, Tel. (021) 86 20 73. Geöffnet April–Oktober tgl. 8–24 Uhr.

NACHTLEBEN Stelldichein der besten Cappella-Chöre des Landes alljährlich über mehrere Wochen abends im Juli. www.omisinfo.com

ANFAHRT Autobahn von Zagreb bis Split, von dort 25 Kilometer entlang der Küste südwärts.

Und abends geht's zum guten Essen in die Altstadt von Omiš

Brelas Beach wurde schon mal unter die Top-Ten-Strände der Welt gewählt

8

## DALMATIENS ERSTE BLAUE FLAGGE

**BRELA/SÜDÖSTLICH VON SPLIT** Auf die Auszeichnung ist Ante Filipovič, Direktor des örtlichen Tourismusverbandes, zu Recht stolz: Als das New Yorker „Forbes Magazine" 2004 die zehn schönsten Strände der Welt auflistete, landete Brelas Plaža Punta Rata als Europas Nummer eins auf Rang sechs – ein 900 Meter langes Stück Adria-Ufer inmitten vermeintlich übermächtiger Südsee- und Karibik-Konkurrenz. Eine weitere Ehre, nämlich die Verleihung der ersten Blauen Flagge in Dalmatien, war dem makellosen, von Kiefern gesäumten Kiesstreifen mitsamt seinem fotogenen Markenzeichen, dem Brela-Felsen, bereits im Jahr 1999 zuteilgeworden. Der 1700-Seelen-Ort bemüht sich intensiv, seinen Ruf als „Perle der dalmatinischen Riviera" zu festigen, schraubt etwa das Niveau der Hotellerie und auch vieler Privatunterkünfte beharrlich in Vier-Sterne-Höhen, hat einen Nachtclub samt Disco eröffnet und plant ein Casino. Ein spektakuläres Naturschauspiel bietet im Nordwesten, nahe den Nudisten-Stränden, die „Kalte Bucht": die größte unterirdische Süßwasserquelle im Mittelmeer, deren Wirbel speziell nach starken Regenfällen gut sichtbar ist.

Foto: JLC/face to face (1)

HOTEL

**SOLINE** Terrassenförmiges Vier-Sterne-Haus in luftig-schickem Design mit viel Glas, Stein und Holz; 206 Zimmer mit Balkon und Meerblick, 1500-Quadratmeter-Wellnesszentrum, gleich neben dem Strand.

■ Brela, Trg Gospe od Karmela 1, Tel. (021) 60 30 20. DZ 555–1185 KN, inkl. Halbpension. Ganzjährig geöffnet. www.bluesunhotels.com

RESTAURANT

**FERAL** Eine schlichte Terrasse mit Blick auf den Hafen, exzellente Fischspeisen zu moderaten Preisen.

■ Obala Kneza Dom., Tel. (021) 61 89 09. Geöffnet Febr.–Dez. tgl. 11–24 Uhr.

NACHTLEBEN

**GULIVER** Gemütliche Café-Bar direkt an der Uferpromenade, mehr als 100 leckere Cocktail-Varianten.

■ Obala Kneza Dom., Tel. (098) 43 39 60. Geöffnet April–Nov. tgl. ab 9 Uhr.

EXTRA-TIPP

Wandern im Hinterland: von Brela zu den Kirchen Sv. Kajo und Sv. Nikola oder – für besonders Ausdauernde – weiter auf den Gipfel Bukovac (1262 Meter). Vom benachbarten Baška Voda die Küstenpromenade entlang bis Baško Polje und über die Quelle von Smokvina nach Bast.

ANFAHRT Siehe Baška Voda (Seite 104).

## MEIN TIPP

**DUNJA RAJTER** „Auf der Insel Pag kann man Badeurlaub mit dem Besuch eines wunderbaren Yachthafens verbinden und daneben auch noch eine kulinarische Spezialität kennen lernen. Hier lebt eine kleinwüchsige Schafart, aus deren Milch der Paški sir hergestellt wird. Da sich die frei lebenden Schafe auf der kargen Insel vor allem von salzhaltigen Kräutern ernähren, hat dieser Käse ein ganz besonderes Aroma!“

■ Die Sängerin und Schauspielerin Dunja Rajter, geboren in Našice, war in verschiedenen „Winnetou“-Filmen zu sehen. Zu ihren jüngsten Arbeiten zählt die Titelrolle in dem Theaterstück „Mirandolina“ von Carlo Goldoni.

Kein Fall für Einzelgänger: der Strand von Baška Voda zur Hochsaison

9

## IM SOMMER NUR MIT MAGNETKARTE

**BAŠKA VODA/SÜDÖSTLICH VON SPLIT** Südlich von Omiš verkündet ein großes Schild am Straßenrand den Beginn der „Makarska-Riviera". Der 60 Kilometer lange Küstenabschnitt ist ein Kernstück der mitteldalmatinischen Ferienzone. Mit Palmen und Pinien bestandene Kiesstrände säumen das kristallklare Meer. Eine Kette ehemaliger Fischerdörfer bietet die für moderne Urlaubsfreuden unerlässliche Infrastruktur. Zu den Orten mit der stärksten touristischen Anziehungskraft zählt Baška Voda. Auf den Hauptstränden, der circa 250 Meter langen Podluka Plaža im Ortskern und der längeren Južna Plaža im Süden, herrscht zur Hochsaison High Life und oft so heftiges Getümmel, dass der Zugang neuerdings mit – kostenlosen! – Magnetkarten geregelt wird. Hier wie dort findet sich alles, was das Urlauberherz begehrt: von der Eisdiele bis zum Jet- und Wasserski-Verleih. Damit alles seine Ordnung hat und niemandem ein Unglück geschieht, wacht (neben diversen Strandaufsehern) am Hafeneingang der aus Bronze gegossene heilige Nikolaus, der Schutzpatron der Schiffer und Fischer, mit segnender Geste.

ÜBERNACHTEN **VILA BACCHUS** Elegantes Vier-Sterne-Hotel mit 27 Zimmern, 20 Meter vom Strand, 200 Meter vom Ortszentrum.
■ Baška Voda, Obala Sv. Nikole 89, Tel. (021) 69 51 90. DZ 670–1555 KN (HP). Geöffnet April–Nov. www.hotel-bacchus.hr

ESSEN **TAMARILLO** Top: z.B. Wolfsbarsch in Meersalzkruste und Mousse au Chocolat, bestreut mit 22-karätigen Goldplättchen.
■ K. Petra Krešimira IV 1 a, Tel. (021) 62 03 50. Geöffnet März bis Ende Okt. tgl. 7–24 Uhr.

NACHTLEBEN **JUŽNJAČKA UTJEHA** Beliebte Cocktailbar direkt am Ikovac-Strand.
■ Tel. (091) 520 74 96. Geöffnet Anf. Mai bis Ende Sept. tgl. bis in den frühen Morgen.

EXTRA-TIPP **ARCHÄOLOGISCHE SAMMLUNG** Vom prähistorischen Faustkeil bis zu Münzen, Amphoren etc. aus der Römerzeit.
■ Blato 4, Tel. (091) 519 40 39. Juli/Aug. Mo.–Sa. 18–21, Mai/Juni/Sept. 9.30–12 Uhr.

ANFAHRT Über Autobahn Richt. Dubrovnik, Abfahrt gut 50 Kilometer südöstlich von Split bei Šestanovac, von dort noch acht Kilometer.

10

## UND WER IST DER SCHÖNSTE IM GANZEN LAND?

**BOL/INSEL BRAČ** Er ist zumindest der mit Abstand berühmteste Strand des Landes: Wie eine natürliche Mole ragt Zlatni rat, das Goldene Horn, 400 Meter weit in die Meerenge zwischen den Inseln Brač und Hvar – ein Finger aus feinem Kies, dessen sanft gerundetes Ende je nach Strömungs- und Windverhältnissen beständig seine Form ändert (siehe auch Seite 62). Die stete Brise lässt Segler und Surfer frohlocken, das flache Gestade auch kleine Kinder gefahrlos plantschen. Das unter Naturschutz gestellte Hinterland mit seinen Pinienhainen und Weingärten bildet den erholsamen Rahmen. Kein Wunder, dass ein solches Juwel Massen anlockt: In der Hauptsaison drängen sich auf der schmalen Landzunge bis zu 5000 Sonnenanbeter. Der Strand hat keine Blaue Flagge, aber tadellose Toiletten, Strandwacht, Arzt, Imbiss-Restaurant sowie Windsurf-Schule, Brettverleih und Tauchbasen in der Nähe. Circa 300 Meter westlich des Zlatni rat, am Strand von Paklina, frönen FKKler ihrer Leidenschaft. Dahinter wird die Küste felsiger, und man braucht Sandalen, um die winzigen Buchten zu erreichen. Nahebei liegt die Kiesbucht von Potočine mit den gepflegten Hotel-Anlagen Borak, Elaphusa und Bretanide.

ÜBERNACHTEN Das auf einer Halbinsel am östlichen Ortsrand gelegene Dominikaner-Kloster verwöhnt seine Gäste mit kontemplativer Atmosphäre, herzhafter Hausmannskost, Mehrbett-Zimmern ohne Komfort, aber mit Meerblick, mit einem idyllischen Klostergarten und kleinem, feinem Strand. Ein Geheimtipp!
■ Dominikanski samostan: Bol, Anđelka Rabadana 4, Tel. (021) 77 80 02, Fax: 63 55 33. 25 Betten, pro Person 335 KN, inkl. Vollpension (langfristige Vorbuchung nötig!).

ESSEN **TAVERNA RIVA** Hier kann man auf Vier-Sterne-Niveau gediegen speisen, am besten

Wie eine natürliche Mole: das Goldene Horn bei Bol

Foto: Ivo Pervan/Kroatische Zentrale für Tourismus (1)

fangfrisches Meeresgetier, am schönsten auf der schattigen Terrasse. Zu den Spezialitäten des Hauses zählt die so reichhaltige wie exquisite Fischplatte.
■ Frane Radića 5, Tel. (021) 63 52 36.
Winterpause von 1 Monat, sonst ganzjährig geöffnet tgl. 12–15 und 18–22.30 Uhr.

NACHTLEBEN **VARADERO** Helle Korbsessel, Sonnenschirme aus Bast, exotische Longdrinks … Diese schicke Cocktailbar lässt einen an die Karibik denken. Der Blick auf den malerischen Hafen aber ist untrüglich mediterran.
■ Hotel Kaštil, Frane Radića 1,
Tel. (021) 63 59 95.
Geöffnet April–Okt. tgl. 8–2 Uhr.

EXTRA-TIPP Als schmackhaftes Souvenir empfehlenswert: der rubinrote Plavac-Wein, der im Umland von Bol zu optimaler Süße reift. Pro Flasche 26 bis 67 Kuna. Erhältlich ist er unter anderem in der
■ Vinothek Vinarska Zadruga, Bol,
Bračka cesta 13, Tel. (021) 63 50 55.
Geöffnet Mai–Oktober 7–20, November bis April 7–14 Uhr.

ANFAHRT Per Katamaran oder Fähre von Split via Supetar (38 Kilometer von Bol), per Fähre auch von Makarska via Sumartin (32 Kilometer); im Sommer fliegen zudem Charter-Maschinen aus Deutschland zum kleinen Inselflughafen. Man kann mit dem Auto bis auf den nur zwei Gehminuten vom Strand entfernten Parkplatz fahren. Ungleich schöner ist die Annäherung von Bol aber zu Fuß über eine zwei Kilometer lange, schattige Promenade. ■

Der Autor **WALTER M. WEISS** geboren 1961, hat sich schon entschieden, wo er im nächsten Frühherbst ein bis zwei Wochen ausspannen wird: an der dalmatinischen Küste, allerdings dann mit dem Segelboot, um noch mehr fantastische, unberührte Strände zu entdecken. Weiss lebt als freier Autor in Wien.

Der Fotograf **REINER RIEDLER** wird im Editorial auf Seite 3 vorgestellt.

# Quoten-Frage

**Die Fischgründe vor der Küste Kroatiens sind hart umkämpft – von Sportanglern wie von Profis. Bericht über eine archaische Leidenschaft, berufliche Freuden und Sorgen und über die Gelassenheit der Männer auf hoher See**

**Text von Annette Rübesamen, Fotos von Jochen Tack**

Fisherman and Friends: Die Crew des Kutters Jastreb holt im Morgengrauen die Netze ein

Nur zum Spaß: Sportfischer machen sich startklar

Die kleine Insel Murter gilt als ein Zentrum der Sportfischerei in Europa; der Ort Kali auf dem nahe gelegenen Eiland Ugljan zählt zu den bekanntesten Fischerdörfern Kroatiens

Geduld ist die größte Anglertugend, doch Uwes Füße zucken nervös in den wasserfesten Sportsandalen. Längst hat er seinen Kaffee ausgetrunken, die Sonne steigt höher, gleich ist es zehn Uhr. Und immer noch sitzt er mit seinen vier Kumpeln in der Sport Bar Tony am Hafen von Jezera herum, und nichts passiert, denn alle warten auf Georg Blänich und sein Boot. 20 Kilometer weiter draußen dagegen, auf hoher See, tummeln sich womöglich gerade die längsten Schwertfische, die schwersten Fuchshaie, die schnellsten Albacore. Big Game, Großwild, wie die Sportfischer sagen.

Ihretwegen, nicht um Kaffee zu trinken, ist Uwe aus Brandenburg hier auf Murter, einer freundlichen Ferieninsel, die zwischen dem dalmatinischen Festland und dem unberührten Archipel der Kornaten liegt. Um in der offenen Adria Big Game zu fischen, 80 oder 100 oder 150 Kilogramm schwere Riesentiere, die an Bord zu hieven Schwerstarbeit ist. Die Vorfreude auf das erste Ruckeln an der Angelschnur, das den Biss

## Vor allem Sportfischer aus Deutschland und Skandinavien kommen nach Murter

anzeigt, und auf den anschließend vielleicht stundenlang sich hinziehenden Kampf, dieses archaische Ringen des Jägers mit seiner Beute – sie steht Uwe ins unrasierte Gesicht geschrieben und lässt seine Füße angespannt wippen.

Jezera, das 900-Einwohner-Städtchen auf Murter, gilt seit einigen Jahren als neues Dorado der europäischen Big-Game-Fischerei. Ungefähr 40 Kilometer vor der Küste bricht der bis dorthin nur etwa 30 bis 80 Meter tiefe Meeresboden steil zu einem 200 Meter tiefen Graben ab, der sich quer durchs Adriatische Meer zieht. In diesem Graben, weiß Kapitän Blänich, gedeihen Plankton und Kleinfische, und deshalb kommen dort die Raubfische durch – Bluefin und Schwertfisch, Amberjack und Palamidas. In der Zeit des Sozialismus und während des Krieges interessierte das niemanden; heute werfen vor allem Deutsche, Österreicher und Skandinavier ihre Angeln in den kroatischen Fischgründen aus und sitzen danach fachsimpelnd in Tonys Bar zusammen. Häufig handelt es sich um wortkarge Typen in Tarnhemd und mit verspiegelter Sonnenbrille. Einer von ihnen, dem Kennzeichen nach aus Augsburg, ist mit einem riesigen Hummer angereist. Das Panzerfahrzeug parkt jetzt zwischen den sorgfältig geharkten Blumenrabatten von Jezera und fällt neben der barocken Pfarrkirche und den ziegelgedeckten Wohnhäusern doch ziemlich aus dem Rahmen.

Aber selbst ein Hummer ist keine Garantie für einen Bluefin. „Die Blauflossen-Tune reizen die Sportangler am meisten", sagt Blänich, „aber wir erwischen immer weniger." Der 65-jährige Deutsche, im früheren Leben Raumausstatter in Stuttgart, verdient sein Geld heute mit seinem neun Meter langen Hochseeboot El Patron, das über Satelliten-Navigation, Echolot und 320 PS verfügt und mit dem er die Big-Game-Fischer zu den Angelgründen fährt. Um den Bluefin zu schützen, sagt der hagere Kapitän, habe die Weltorganisation ICCAT eine jährliche Fangquote von 970 Tonnen für Kroatien festgelegt.

Nur für Profis: Der Kutter Jastreb auf großer Fahrt, unten wird der Fang des jungen Tages gesichtet

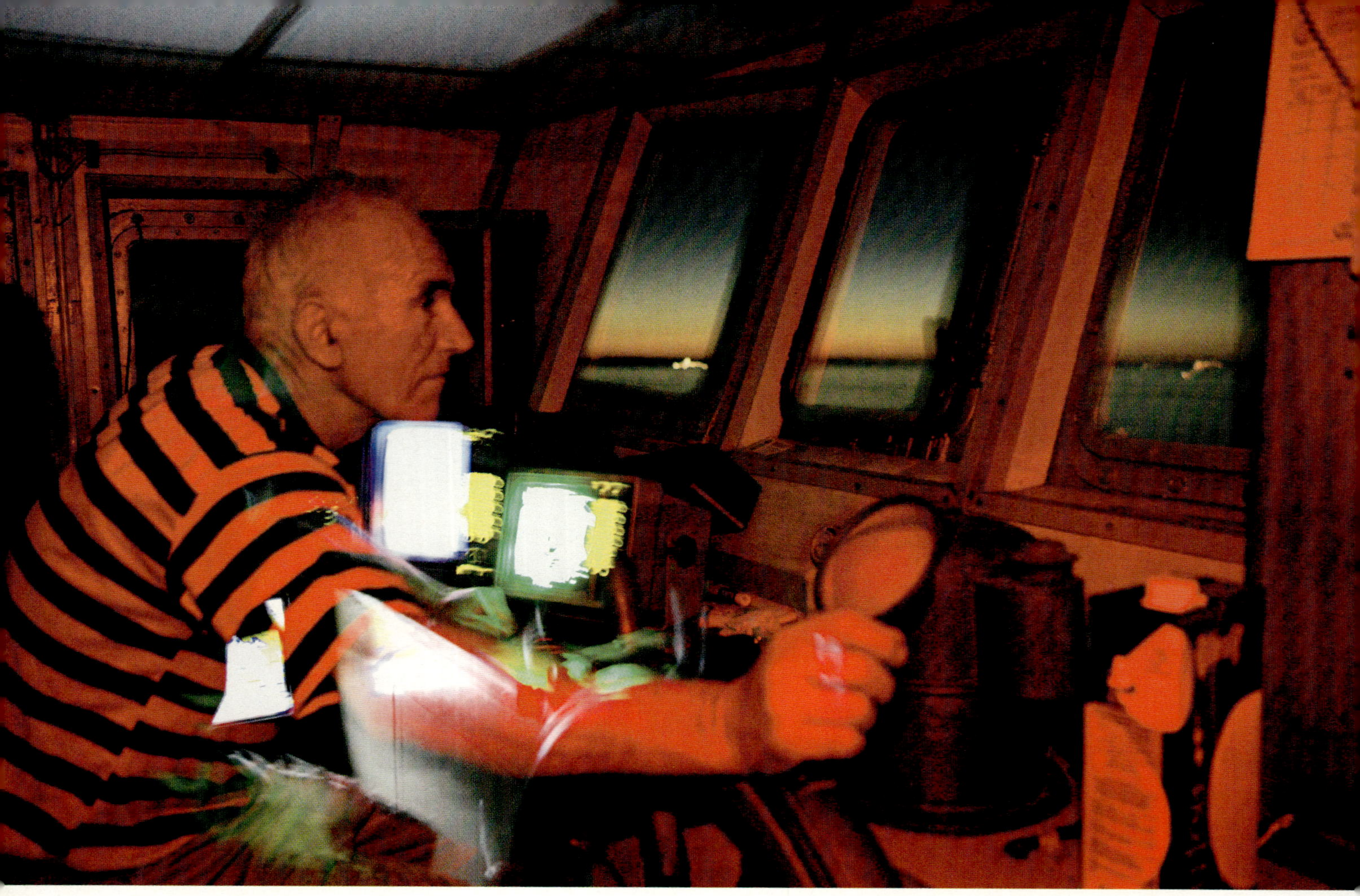

Routine an Bord: Konzentrierte Arbeit im Ruderhaus, der Rest der Mannschaft sitzt derweil gemütlich beim Abendessen

Fishermans tägliches Brot: Die gefangenen Anchovis …

… werden für den Verkauf in handliche Kisten verpackt

Gefischt werde jedoch das Fünffache. „Wir Sportangler sind aber auf das angewiesen, was uns die Berufsfischer übrig lassen.“ Die letzten beiden Tage haben Blänich, Uwe und dessen Kumpel vergebens gewartet.

Einfach nur Anglerpech, oder steckt mehr dahinter, Umweltverschmutzung vielleicht? Das wohl kaum, denn die kroatischen Gewässer gelten Experten zufolge immer noch als die saubersten des ganzen Mittelmeers. Auch ist nur schwer vorstellbar, dass das für seinen Fischreichtum berühmte kroatische Meer leer gefischt sein soll. Und tatsächlich ist die Lage wohl nicht so dramatisch. Richtig schlecht sieht es, wie überall auf den Weltmeeren, vor allem für den Bluefin aus, den die immer zahlreicher werdenden Sushi-Liebhaber auf dem Gewissen haben. Kleinere Arten dagegen tummeln sich weiterhin zahlreich.

## Auch heute wird die Jastreb wieder um

„Seit fünf Jahren messen wir das Vorkommen von Sardinen, Anchovis und Sprotten“, sagt Ozeanologe Vjekoslav Tičina vom Institut für Ozeanografie und Fischerei IZOR in Split, „und können sagen, dass sich die Gesamtbestände kaum verändern.“ Und das, obwohl die kroatischen Fischer heute eher mehr fingen als früher. Das Recht dazu haben sie, denn – von den Beschränkungen für den Bluefin abgesehen – es gibt hier, wie im restlichen Mittelmeer auch, momentan keinerlei Fangquoten. Dafür müssen seit 2006 in Kroatien die Laichzeiten von Sardinen & Co respektiert werden: eine erzwungene Netzruhe in den vier Wochen rund um Neujahr herum.

Jetzt aber ist Ende August, und deshalb dürften die Berufsfischer auf dem Inselchen Ugljan, 70 Kilometer nördlich von Jezera, eigentlich aus dem Vollen schöpfen. Doch von wegen: Seit zwei Wochen schon hat Mladen Kolega nichts mehr aus dem Wasser geholt, obwohl er jede Nacht rausgefahren ist mit der 26 Meter langen Jastreb, die schon rund ein halbes Jahrhundert auf dem Buckel hat, und acht Mann Besatzung. Immer dorthin, wo ihn sein in 45 Berufsjahren gut ausgebildeter Instinkt und die Berichte anderer Fischer große Schwärme haben vermuten lassen: Sardinen und Anchovis, Kolegas tägliches Brot.

## sechs auslaufen, so wie fast jeden Tag

Aber nichts. 14 Nächte lang sind sie vergeblich zwischen Pag, Dugi Otok und den anderen der Stadt Zadar vorgelagerten Inseln gekreuzt, haben nicht einmal das Netz ausgeworfen, weil der Bildschirm des Sonars, des akustischen Peilungsgeräts, leuchtend blau blieb, statt die ersehnten, roten Streifen abzubilden, die einen Fischschwarm anzeigen. Doch Kolega, in Shorts und Ringelhemd ein Fischer wie aus dem Bilderbuch, zuckt nur die Achseln. „Ist ganz normal“, sagt er und schickt Zoran, seinen 28-jährigen Sohn, noch einmal los, Bier und Limonade einzukaufen. Denn auch heute Abend wird die Jastreb wieder auslaufen, pünktlich um sechs mit der ganzen Mannschaft an Bord, so wie fast jeden Tag im Jahr, wenn nicht gerade Vollmond ist. Man muss warten können.

Der Vollmond diktiert das gesellschaftliche Leben in Kali, dem kleinen Fischerdorf auf Ugljan. Ugljan ist eine längli-

## FISCHAUFZUCHT

„Das sind alle meine Kinder“, sagt Tomas Vidov aus Kali stolz und schippt Fischfutter in das 20 Quadratmeter große Bassin, in dem sich 100 000 kleine, wenige Monate alte Wolfsbarsche tummeln. Vor 30 Jahren war sein Vater einer der ersten Kroaten, die eine Meerfischfarm anlegten – und Kroatien eines der ersten Mittelmeerländer, die sich in dieser Form in der Fischindustrie versuchten. Heute wird, in küstennahen Netzgehegen, vor allem weißer Fisch wie Wolfsbarsch und Meerbrasse gezüchtet, mit einer Jahresproduktion von etwa 3000 Tonnen, die stetig steigt, denn das Geschäft blüht. Noch wichtiger für die kroatische Wirtschaft aber ist die Tunfischaufzucht, weil hier aufgrund der großen Nachfrage die Exporte gesichert und die Marktpreise hoch sind. Doch anders als bei Weißfisch, dessen Zucht mit dem Einsetzen von Laich beginnt, müssen fürs Tunafarming frei lebende Tiere jung gefangen werden, was in der Regel vor der ägyptischen Küste geschieht. Die Fische werden nach Kroatien gebracht und dort in Käfigen ca. 18 Monate lang gemästet. Am Problem der Überfischung von Tunfisch ändert sich auch durch die Aufzucht nichts.

che, vom Grün der Olivenbäume überzogene Insel, die sich über 20 Kilometer parallel zum norddalmatinischen Festland erstreckt. Die Stadt Zadar mit mehr als 80 000 Einwohnern liegt gleich gegenüber, nur zwei Kilometer entfernt, und die Fähre tuckert so häufig hin und her wie anderswo die S-Bahn. Auch sonst macht die Insel mit ihren kleinen Villen und gepflegten Gärten den Eindruck eines besseren Vororts. Die Fähre legt in Preko an, einem heiteren Städtchen, das sich gerade vorsichtig an den Tourismus herantastet. Es gibt Restaurants, Geschäfte und einen Strand, von dem aus die Sommergäste, eine übersichtliche Zahl selbst im August, zur idyllischen, kleinen Schlossinsel hinüberschwimmen können.

## Von den 1700 Einwohnern in Kali arbeitet

In Kali dagegen, dem nächsten Dorf an der Küste, ist gar nichts los. Kali besteht aus schmalen, von grauen Natursteinhäusern gesäumten Gassen, die sich gefährlich steil hinunter zum Wasser schlängeln. Unten am Hafen, zwischen verdorrten Grasnarben, steht ein modernes Café; festgetäut am Kai dümpeln die Jastreb und ein paar andere Kutter. Was fehlt, sind Tavernen, netzflickende Alte und andere Versatzstücke der Fischer-Romantik, die man schon ein bisschen erwartet hätte. Denn Kali, behaupten jedenfalls mit Nachdruck die Einheimischen, sei das bekannteste Fischerdorf Kroatiens. Schon vor dem Zweiten Weltkrieg hätten die Kali-Fischer 40 Prozent des kroatischen Fischfangs besorgt. „Und zu unserem traditionellen Fischfest, der Tunara im August, kommt sogar Petar Čobanković, der Landwirtschaftsminister!“, erklärt man stolz in Kalis Informationsbüro. Die Wahrheit ist: Čobanković wäre im letzten Jahr zur Tunara gekommen, wenn es in jenen Vollmondtagen im August nicht so fürchterlich gegossen hätte, dass die ganze Veranstaltung samt gemeinsamem Verzehr des Fischeintopfs Brudet – 300 Liter hatten die Dorffrauen bereits angesetzt – ersatzlos hatte gestrichen werden müssen. Denn nur rund um den Vollmond kann in dem Fischerdorf richtig gefeiert werden.

Warum? Das UV-Licht des voll aufgegangenen Mondes ist zu hell für das Plankton, die Kleinstlebewesen, von denen sich Sardinen und Anchovis ernähren. Es zieht sich in größere Tiefen zurück, und die hungrigen Sardinen folgen, statt an der Wasseroberfläche Kolega und Kollegen ins Netz zu gehen. Fischen ist sinnlos in diesen Nächten. Deshalb haben die Fischer von Kali bei Vollmond frei. Und auch der Landwirtschaftsminister muss sich in Geduld üben und auf den nächsten August warten.

## kaum jemand auf dem Festland – in den

Kalis Zahlen lassen vermuten, dass man hier gut leben kann von dem, was das Meer zu bieten hat. Von den gut 1700 Einwohnern zieht es kaum einen zum Arbeiten aufs Festland, denn in Kali gibt es genug zu tun. 122 mehrheitlich sehr kleine Betriebe verzeichnet das Dorf; in fast allen geht es um Fisch.

Natasa, eine junge Mutter, hat im Keller ihres Hauses eine sauber gekachelte Werkstatt eingerichtet, wo vier Frauen mit Fönfrisur und weißem Kittel Sardellen entgräten und in Öl einlegen. 500 Meter vor Ugljans Küste befindet sich Tomas’

Fishermans Freude: Kutter pausieren am Kai von Kali ...

... das Geld bringen fein von Hand konservierte Sardellen

Arbeitsplatz: ein paar wackelige Holzbalken, die die Bassins begrenzen, in denen der 33-Jährige Wolfsbarsch und Goldbrasse züchtet, satte 35 Tonnen im Jahr. In den großen, weißen Hallen von Kali-Tuna, der ersten Tunfisch-Farm des Landes, arbeiten 200 Menschen; aufgebaut wurde sie vor zehn Jahren von einem Exilkroaten, der sich das nötige Fachwissen in seiner Zweitheimat Australien angeeignet hatte. Und dann ist da Kalis Fischfangflotte, die aus rund 30 Schiffen besteht, 30 großen Trawlern wie der Jastreb.

## meisten Betrieben hier geht es um Fisch

Um vier Uhr morgens liegt die Jastreb fünf bis sechs Kilometer südwestlich von Pag im spiegelglatten Meer. Mladen Kolega hat vor sechs Stunden den Anker werfen lassen, als sich auf dem Sonar ein verheißungsvoller, roter Streifen zeigte. Ein dünner zwar nur und nicht zu vergleichen mit dem, was in jener unvergesslichen Nacht im Sommer 2004 auf dem Peilgerät zu sehen war, als der Bildschirm von oben bis unten durchgehend rot eingefärbt war und sie andere Schiffe herbeifunken mussten, um die Fische an Bord zu holen – 65 Tonnen Makrelen, Kolegas Rekordfang. Auf vier, fünf Tonnen schätzt der Kapitän diesmal den Schwarm und lässt die starken Glühbirnen unter den großen, blauen Lampenschirmen anschalten. Dann heißt es wieder mal warten.

Ein paar Stunden dauert es immer, bis das Licht die Fische nach oben gelockt hat. Jetzt, wo im Osten die Dämmerung über die Paklenica-Berge klettert, kommt Leben in die Mannschaft. Die Männer springen aus den Kojen und in orangefarbenes Ölzeug hinein, laufen an Deck und rollen mit vereinten Kräften das 500 Meter lange und 175 Meter tiefe Netz ab. Eine so genannte Ringwade, die nun mit dem Beiboot einmal rund um die Jastreb gezogen und dann unten zugeschnürt wird.

Kolega macht sich keine Illusionen. Auf dem Sonar hat er gesehen, dass ein Großteil des Schwarms den Braten gerochen und rechtzeitig das Weite gesucht hat. Doch sein fein geschnittenes Gesicht unter den grauen Haaren verrät keinerlei Ärger, als er zusieht, wie die Männer im Licht der aufgehenden Sonne das Netz einholen und den silbern glitzernden Fang in große Plastikbottiche kippen. 1440 Kilo sind es am Schluss, Anchovis immerhin, für die gibt es mehr Geld als für Sardinen.

Am Kai von Zadar wartet seit drei Tagen ein italienischer Truck mit laufender Kühlung darauf, frische Kali-Fische in die EU zu exportieren. Das ist neu und eine Sache, die dem 58-jährigen Kolega sehr gut gefällt. „Der Export könnte gut funktionieren, wenn wir Kali-Fischer alle zusammenarbeiten würden", sagt er. Es braucht also wieder mal ein bisschen Geduld. Denn der eine oder andere Kollege muss davon noch überzeugt werden. Und das, sagt Kolega, könne dauern. ■

**Info Seite 114**

Die fast 24 Stunden auf dem Trawler hätten Fotograf **JOCHEN TACK** (45) und Autorin **ANNETTE RÜBESAMEN** (43) beinahe den Appetit auf Fisch verdorben; denn so ein Kutter hat einen ganz eigenen Geruch. Am Abend lag dann jedoch eine leckere Dorade auf dem Teller. Tack lebt in Essen, Rübesamen hat ihren Wohnsitz bei Turin.

# INFO FISCHEREI

Saison für dicke Fische ist in Jezera das ganze Jahr über – zumindest, wenn man es auf **Schwertfisch** abgesehen hat. Im Mai und Juni geht die Jagd auf Blau- und Fuchshai los, im Herbst auf Albacore (Weißen Tun) und Amberjack. Aber auch **Binnengewässer** wie der Pakoštane- und der Vrana-See locken mit ihrem **Fischreichtum** – Karpfen, Hechten, Aalen, Welsen – Angler aus ganz Europa an. Unter den Flüssen zählt die Kupa zu den attraktivsten Jagdgründen für **Forellenfänger.**
Wer zum Sportfischen nach Kroatien kommt, benötigt eine **Lizenz,** erhältlich bei der Gemeinde oder beim Hafenamt beziehungsweise für Binnengewässer im nächsten Tourismusbüro, manchmal auch im Hotel oder auf dem Campingplatz. Spezielle Auskünfte erteilt der Kroatische Verband für Sportfischerei.

**i Tel.-Vorwahl aus Deutschland: 00385, dann die 0 der Ortsvorwahl weglassen**

**Umrechnen in Euro: Kuna-Betrag durch 7,4 teilen**

**Anziehungspunkt für Sportfischer – Kali auf der Insel Ugljan**

## JEZERA

Das Dorf mit etwa 900 Einwohnern befindet sich auf der Insel Murter, etwa vier Kilometer von Vodice entfernt. Vom Hafen starten viele Bootsausflüge.

**BIG GAME FISHING**
Georg Blänich fährt seine Kunden mit einem 320 PS starken Hochseeboot zu Jezeras Fischgründen. Der Tagespreis für ein Team von drei bis vier Anglern beträgt rund 480 Euro. Chartern für Selbstfahrer mit Bootsschein möglich.

**Aufgepasst, Meeresgetier: Big-Game-Boot im Anmarsch**

■ Jezera, Put Palila 23 a,
Tel./Fax: (022) 43 80 49,
Mobil 091-890 11 07.

UNTERKUNFT
Jezera bietet neben dem großen Holiday Village mit Campingplatz und Apartmentanlage vor allem Privatunterkünfte in der Nähe von Hafen und Strand.

**DUŠKO UND JOSICA CRVELIN**
Hübsche, frisch renovierte Zimmer im großen Haus der Crvelins gleich hinter der Marina. Frühstück gibt's unter der Pergola.
■ Jezera, Put Jamin 8,
Tel. (022) 43 91 72.
5 Zimmer, 3 Apartments:
DZ 180 KN, Frühstück 26 KN.

**SAY CLUB**
Helles, neu gebautes und strandnahes Apartmenthaus mit modernen Zimmern. Extras: ein Pool unter Pinien, Garten, Kinderspielplatz und Restaurant.
■ Jezera, Tel. (022) 43 93 00.
Apartment für 4 Pers. 370 bis 445 KN/Tag.
**www.say.hr**

ESSEN & TRINKEN
**KONOBA KANDELA**
Sowohl auf der überdachten Terrasse als auch drinnen sitzt man gemütlich. Legendär ist der Oktopussalat (54 Kuna).
■ Jezera, Obala sv. Ivana 15,
Tel. (022) 43 86 27.
Geöffnet tgl. 17–24 Uhr.

**SPORT BAR TONY**
Eine Bar wie jede andere, meint man – mit Tresen drinnen und ein paar Tischen draußen an der Marina. Doch hier treffen sich vom ersten Kaffee am Morgen bis zum letzten Bier um Mitternacht alle, die zum Hochseefischen nach Jezera gekommen sind – und spinnen Seemannsgarn.
■ Jezera, Donji Kraj 39,
Tel. (022) 43 92 42.
Geöffnet tgl. 8–2 Uhr.

VERANSTALTUNGEN
Jedes Jahr gegen Ende September findet in Jezera Europas größtes Big-Game-Fishing-Turnier statt. Rund 300 Hochseeangler auf 60 Booten werfen dann vor etwa 1000 Zuschauern ihre Angeln aus. Punkte werden pro Kilo und je nach Fischart vergeben. Der Gewinner darf zum Rolex-Weltturnier nach Mexiko.
■ Infos bei der Auskunft Jezera.

**Zu spät – zumindest für diese ausgewachsene Zahnbrasse**

AUSKUNFT
**TURISTIČKA ZAJEDNICA JEZERA**
■ 22242 Jezera, Put Zaratića 3,
Tel. (022) 43 91 20,
Fax: 43 99 05.
Geöffnet Mo.–Sa. 8.30–21,
So. 8.30–12.30 Uhr.
**www.summernet.hr/jezera**

## PREKO/KALI

Kali ist mit rund 1700 Einwohnern der größte Ort an der Küste der Doppelinsel Pašman-Ugljan. Von Preko besteht eine Fährverbindung nach Zadar.

UNTERKUNFT
**TATJANA UND MARIJAN SORIĆ**
Moderne Ferienwohnungen in einem stillen Uferstäßchen am Ortsrand von Preko. Zwei zusätzliche, wesentlich einfachere, Unterkünfte warten nebenan im Haus der Besitzer. Prekos kleiner Strand liegt direkt vor der Haustür.
■ Insel Ugljan, Preko,
Tel. (023) 23 17 68,
2-Pers.-Apartment 250 KN.

ESSEN UND TRINKEN
**HOTEL-RESTAURANT PREKO**
Auf der schönen Terrasse an Prekos Hafen isst man frisch gegrillten Fisch, Pasta oder Pizza.
■ Hafen von Preko,
Tel. (023) 28 60 41.

VERANSTALTUNGEN
**TUNARA**
Traditionelles Fischerfest im August bei Vollmond. In den geschmückten Gassen von Kali gibt es Fischsuppe, Tanz, Musik. Höhepunkt: die Bootsprozession nach Zadar und zurück.
■ Infos bei der Auskunft Kali.

AUSKUNFT
**KALI TOURISMUSBÜRO**
■ 23272 Kali,
Tel./Fax: (023) 28 24 06.
Geöffnet Juli/Aug. tgl. 8–21,
Juni Mo.–Sa. 8–12 und 18–20,
sonst Mo.–Fr. 8–14 Uhr.
**www.kali.hr**

## FISCHEREI-INFOS

**KROATISCHER VERBAND FÜR SPORTFISCHEREI**
■ Meer: 51000 Rijeka,
M. Gupca 2,
Tel. (051) 21 21 96.
Binnengewässer: 10000 Zagreb,
Trg Sportova 11,
Tel. (01) 309 11 37. **A.R.**

Fotos: Jochen Tack; Bakul Vodice/www.game-fishing-adriatic.com (2)

DALMATIEN - RIVIERA ZADAR - NIN
Family Paradise
Zaton
HOLIDAY VILLAGE
★ ★ ★
Appartements - Mobilheime - Camping
3 Sterne Appartements
4 Sterne Appartements mit Klimaanlage und Mikrowelle
Mobilheime mit Kliamaanlage, Mikrowelle und SAT TV
4 Sterne Camping, 1300 Parzellen mit Wasser, Stromanschluß und Abfluß
200 Plätze mit Stromanschluß, Moderne Sanitäranlagen (Behinderten freundlich)
Flach abfallende Sand- und Kiesstrände ideal für Kinder, Beheizbare Swimmingpools
Tennis-, Reit-, Tauchschule, Ponyreiten, Fahrradtouren, Fitness Klub, Massage
Verschiedene Sporte, Kinderclub, Animation für Kinder und Erwachsene
Ausflüge, Reiches gastronomisches Angebot, Geschäfte
Bootsanlegeplätze, Diskothek
KROATIEN
ADAC
Super-Platz
2007
Camping van het Jaar 2005
Zaton Holiday Village / HR - 23232 Nin, KROATIEN / www.zaton.hr
INFO Appartements - Tel: +385 23 280 211, 280 280 / Fax: +385 23 264 225 / E-mail: apartments@zaton.hr
INFO Camping & Mobilheime - Tel: +385 23 280 215, 280 280 / Fax: +385 23 280 310 / E-mail: camping@zaton.hr

# INFO
# CAMPING KROATIEN

Kroatien ist ein Camping-Paradies – besonders für Familien. Die meisten Plätze liegen an der Küste und verfügen über einen **eigenen Strandabschnitt.** Oft werden auch Apartments, Chalets oder Mobilheime angeboten – eine **günstige Alternative** zu Ferienwohnungen. Während der Hochsaison sollte man frühzeitig reservieren. In den letzten Jahren haben viele Betreiber ihre Anlagen **modernisiert.** Gut besucht sind die Campingplätze in Istrien und an der norddalmatinischen Küste. Mit dem Ausbau der A 1 zwischen Zagreb und Dubrovnik werden aber auch die Anlagen der mittleren und südlichen dalmatinischen Küste immer attraktiver. Auf den vorgelagerten (Halb-)Inseln sind die Plätze dagegen **oft beengt** und eher für Zeltcamper geeignet.
Die **Preisangaben** entsprechen dem Betrag, den eine dreiköpfige Familie für eine Übernachtung in der Hauptsaison zahlt.

**Tel.-Vorwahl aus Deutschland: 00385, dann die 0 der Ortsvorwahl weglassen**

***Die Koordinaten beziehen sich auf die Karte Seite 158**

Vitalzentrum und Marina, Sandbadebucht und sogar eine eigene Brauerei: Naturist-Camping Valalta

## ISTRIEN

**FKK CAMPING KANEGRA**
Absolute Ruhe – auch nachts – finden Urlauber auf dem kleinen FKK-Platz mit 118 Stellplätzen nördlich von Umag. Er liegt malerisch am Meer und bietet ein vielseitiges Freizeitprogramm – für den Fall, dass man sich mal gerade nicht am Kiesstrand sonnt. An den vom ADAC ausgezeichneten Platz ist eine große Bungalow-Siedlung angeschlossen (hier kein FKK).
■ 52470 Kanegra bei Umag,
Tel. (052) 70 90 00,
Fax: 70 94 99.
Preis 27–30 €.
Geöffnet Ende April bis Ende September. (B 2)*
**www.istraturist.hr**

**LANTERNACAMP**
Einer der größten Plätze Kroatiens liegt in einem Wald, der bis zur Küste reicht. Wer Stille sucht, ist hier falsch: Laute Motorboote fahren durch die Bucht, abends stehen Musik und Tanz auf dem Programm. Toll für Kinder ist die Badelandschaft. In der Nähe: das Fischerdorf Vabriga und der malerische Ort Tar, bekannt für sein Olivenöl.
■ 52440 Poreč,
Tel. (052) 40 45 00,
Fax: 40 45 91.
Preis ca. 31 €.
Geöffnet Anfang April bis Mitte Oktober. (B 3)

**AUTOCAMP BIJELA UVALA**
Der große, schöne Platz mit überdurchschnittlichem ADAC-Campingplatz-Profil liegt direkt am Meer. Umfangreiches Freizeitprogramm, Kinder werden im Freibad glücklich. Ganz in der Nähe gibt's eine Freiluftdisco.
■ 52440 Poreč,
Tel. (052) 41 05 51,
Fax: 41 06 00.
Preis ca. 30 €.
Geöffnet Anfang April bis Anfang Oktober. (B 3)

## WOHNUNG ODER VILLA MIETEN?

Viele Kroaten vermieten privat Zimmer, Apartments und Ferienhäuser. Wer mit den Hausherrn unter einem Dach wohnt, hat eine gute Gelegenheit, ihre Gastfreundschaft kennen zu lernen und Einblick in ihren Alltag zu gewinnen. So kann man zum Beispiel auf einem Bauernhof in Istrien bei der Weintraubenernte helfen oder ein Pferd leihen, um bei einem Ausritt die grüne Halbinsel zu erkunden. Ob man ein Apartment an den Plitwitzer Seen oder einen Leuchtturm als Quartier sucht – im Internet kann man fündig werden. Agenturen wie www.kroatien24.eu und www.adriatica.net vermitteln Tausende Unterkünfte, vom Zimmer bis zur Villa. Weitere Infos und Agenturen auf unserer Website:
■ **www.adac.de/reisemagazin**

Foto: Jochen Tack (1)

Ein Picknick im Schatten – auf dem Campingplatz Kovačine

**NATURIST-PARK KOVERSADA**
Viel Platz und nachts Ruhe hat man auf dem am Meer gelegenen FKK-Gelände. Die vorgelagerte Insel ist autofrei und nur für Zeltcamper. Überdurchschnittliches ADAC-Campingplatz-Profil.
■ 52450 Vrsar,
Tel. (052) 44 13 78,
Fax: 44 17 61.
Preis: 29–34 €.
Geöffnet Anfang April bis Ende September. (B 3)

**NATURIST-CAMPING VALALTA**
Das weitläufige FKK-Gelände mit vielen Nischenplätzen hat Freizeitangebote für jeden Geschmack: Die Küste ist ideal zum Windsurfen, für Bootsführer und Taucher. Zur Entspannung geht man ins Vitalzentrum. Für Kinder gibt's eine kleine Sandbadebucht, für Eltern frisch gezapftes Bier aus der platzeigenen Brauerei.
■ 52210 Valalta nördlich von Rovinj,
Tel. (052) 81 10 33 u. 80 48 00,
Fax: 82 10 04. Preis ca. 32 €.
Geöffnet Ende April bis Anfang Oktober. (B 3)
**www.valalta.hr**

**CAMPING BI-VILLAGE**
Segeln, Surfen, Wasserski, Parasailing – hier ist alles möglich. Der Campingplatz liegt am Meer und hat auch noch drei Pools zu bieten. Außerdem werden regelmäßig Bootstouren in den Nationalpark Brioni veranstaltet, in dem sich 14 Inseln, unberührte Natur, Kulturdenkmäler und seltene Tiere entdecken lassen.
■ 52212 Fažana, Dragonja 115,
Tel. (052) 38 07 00
Fax: 38 07 11.
Preis ca. 39 €.
Ganzjährig geöffnet. (C 3)
**www.bivillage.com**

**CAMPING PUNTIŽELA**
Die beste Wahl unter den Campingplätzen rund um Pula, in einer parkähnlichen Anlage an einem Kiesstrand mit Blick auf die Insel Brioni gelegen. Mit Tauchbasis und Freizeitprogramm (auch in deutscher Sprache). Der Platz ist sehr kinderfreundlich.
■ 52100 Pula,
Tel. (052) 51 74 90,
Fax: 51 73 99.
Preis ca. 26 €. Geöffnet April bis Ende Oktober. (C 3)
**www.puntizela.hr**

## KVARNER BUCHT

**CAMP KOVAČINE**
Große, weitläufige Anlage in der Bucht des Städtchens Cres auf der gleichnamigen Insel, mit Stellplätzen auf einem lichten Olivenhain oder unter Pinien. Über

# INFO CAMPING KROATIEN

Die Camper des Autocamps Zablaće wohnen in erster Reihe am Wasser



eine betonierte Strandpromenade kann man zu Fuß in einer halben Stunde ins Zentrum von Cres spazieren. Ein Teil der Anlage ist für FKK-Urlauber reserviert.
■ 51557 Cres,
Tel. (051) 57 31 50,
Fax: 57 10 86.
Preis ca. 36 €.
Geöffnet April bis Mitte Oktober. (C 3)
**www.camp-kovacine.com**

**AUTOCAMPING JEŽEVAC**
Der ruhige Platz liegt auf einem Wiesen- und Pinienhain-Gelände am Meer, in Hafennähe. Dazu gehört ein etwa 800 Meter langer, zerklüfteter Felsstrand mit Liegeflächen. Alternativ zum Sonnenbad gibt es hier ein buntes Freizeit- und Sportangebot: z.B. Tenniskurse und Fahrradverleih. Gute Einkaufsmöglichkeiten.
■ 51500 Krk,
Tel. (051) 22 10 81,
Fax: 22 11 37 u. 22 13 62.
Preis ca. 24 €.
Geöffnet Mitte April bis Mitte September. (D 3)
**www.valamar.com**

**AUTOCAMP ZABLAĆE**
Das Camping-Gelände liegt an der weit geschwungenen Bucht Stara Baška. Hier begeistern vor allem das saubere Meer und die einsamen Kiesstrände. Gegen Bezahlung können die Tennisplätze der umliegenden Hotels mitbenutzt werden.
■ 51523 Baška auf Krk,
Tel. (051) 85 69 09,
Fax: 85 66 04.
Preis ca. 29–32 €.
Geöffnet Anfang April bis Mitte Oktober. (D 3)
**www.hotelibasca.hr**

**CAMPING VILLAGE POLJANA**
Ein sehr schöner Platz an der schmalsten Stelle der Insel Lošinj. Eine Miniaturbucht, an der man herrlich baden kann, umgibt das terrassenförmig angelegte Areal. Komfortabel sind die neuen, großzügig angelegten Sanitärgebäude. Auf der anderen Seite der relativ viel befahrenen Straße findet man weitere Stellplätze, auf denen sich viele Dauercamper niedergelassen haben.
■ 51550 Mali Lošinj auf Cres,
Tel. (051) 23 17 26,
Fax: 23 17 28. Preis ab ca. 28 €. Geöffnet April bis Mitte Oktober. (C 4)
**www.vignolasports.it/poljana**

**Musik an: Kinderbespaßung auf dem Campingplatz Poljana**

**CAMPING STRAŠKO**
Ein Teil des lang gestreckten, leicht geneigten Geländes ist FKK-Campern vorbehalten. Auf dem Campingplatz gibt es ein recht großes Sport- und Unterhaltungsprogramm; auch für Kinder ist gesorgt. Mountainbiker finden in der Umgebung einige interessante Strecken.
■ 51291 Novalja auf Pag,
Tel. (053) 66 12 26,
Fax: 66 12 25.
Preis ca. 32 €.
Geöffnet Mitte April bis Ende September. (D 4)
**www.turno.hr/de/strasko**

**AUTOCAMP PILA**
Unter hohen Pinien können Camper auf einem teils ebenen, teils geneigten Gelände ihre Zelte am Ortsrand des Städtchens Punat aufschlagen. Dies ist ein ökologisch korrekter Platz, der Sonnenenergie nutzt.

**weiter auf Seite 120**

Fotos: Bernhard Schmidt; Jochen Tack

Mit dem Wohnmobil direkt an den Strand: Nevio Camping (S. 120) auf der Halbinsel Pelješac

## FREIZEIT-SPASS NONSTOP

Interview mit **Stefan Thurn,** Chefredakteur ADAC Camping-Caravaning-Führer, zu Camping in Kroatien

**Können Sie Campern das Land als Urlaubsziel empfehlen?** Auf jeden Fall. Das größte Plus kroatischer Campingplätze ist ihre Lage: 92 der von uns getesteten 100 Plätze befinden sich direkt am Meer. Manche verfügen sogar über einen kilometerlangen Strandabschnitt. Dazu kommt, dass viele Betreiber in letzter Zeit bei den sanitären Anlagen und im Freizeitbereich aufgerüstet haben. Tauchschulen, Open-Air-Discos, Animationsprogramm – das Motto lautet oft Freizeit-Spaß nonstop.

**Klingt nach Freizeit-Stress.** Es gibt ja keinen Mitmach-Zwang. Gerade Familien mit Kindern schätzen eine breite Palette an betreuten Angeboten. Kommt bei den Kleinen keine Langeweile auf, ist die Erholung der Eltern fast schon garantiert. Animation rund um die Uhr bedeutet aber auch, dass es nachts laut werden kann. Auf großen Plätzen wird oft bis in die Morgenstunden getanzt und gefeiert.

**Traditionell kommen gern Freunde der Freikörperkultur nach Kroatien. Wie sieht es mit FKK-Plätzen aus?** Es gibt einige reine FKK-Plätze oder Plätze mit FKK-Bereich. Die meisten sind aber so genannte Textilplätze. Im ADAC Camping-Caravaning-Führer kann man nachlesen, wie es welche Anlage damit hält. Generell ist die Nachfrage in Sachen FKK aber etwas rückläufig, und manche Betreiber haben ihre Anlagen bereits umgewandelt.

**Haben Sie einen Tipp für einen besonders schönen Platz?** Ja, Camping Zaton in der Nähe von Nin wurde 2007 vom ADAC als erster kroatischer Superplatz ausgezeichnet. Das bedeutet, dass er in allen Leistungsbereichen – von der Sanitärausstattung bis zum Freizeitprogramm – ein weit überdurchschnittliches Angebot bietet. Trotzdem ist es schwer, generelle Empfehlungen auszusprechen. Junge Familien haben andere Wünsche als etwa passionierte Taucher. Im ADAC Camping-Caravaning-Führer findet dank der Beschreibungen und Auswertungen jeder einen Platz, der zu ihm passt.

**Alle Empfehlungen sind dem ADAC Camping-Caravaning-Führer Südeuropa entnommen, der jedes Jahr aktualisiert erscheint. 16,90 €, in den ADAC-Geschäftsstellen und in Buchhandlungen.**
www.adac.de/campingfuehrer

■ 51521 Punat auf Krk,
Tel. (051) 85 40 20 oder
85 41 22,
Fax: 85 41 01.
Preis ca. 27 €.
Geöffnet Anfang April bis
Mitte Oktober. (D 3)

**AUTOCAMP SAN MARINO**
Die Paradiesbucht auf der Insel Rab macht ihrem Namen alle Ehre: Der Strand ist bis zu 50 Meter breit und der Campingplatz direkt am Meer schon in der Vorsaison meist voll belegt. Hier findet man wirklich alles: Restaurants, Geschäfte, Tennisplätze, eine Disco und sogar einen kleinen Marktplatz. Direkt nebenan liegt ein Vergnügungspark, aus diesem Grunde kann es abends laut werden.
■ 51281 Lopar auf Rab,
Tel. (051) 77 51 33 und
77 51 34, Fax: 77 52 90.
Preis ca. 22 €.
Geöffnet Mitte April bis
Ende September. (D 3)
**www.imperial.hr/sanmarino.htm**

## DALMATIEN

**CAMPING ŠIMUNI**
Dieser ruhige Platz liegt in der Nähe des Ortes Pag auf der gleichnamigen Insel an einem weitläufigen Küstenstreifen mit Landzunge. Der Strand besteht hier teils aus Kies, teils aus Sand. Manchmal treten Engpässe bei der Warmwasserversorgung auf.
■ 23251 Šimuni auf Pag,
Tel. (023) 69 74 41,
Fax: 69 74 42. Preis ca. 37 €.
Ganzjährig geöffnet. (D 4)
**www.camping-simuni.hr**

**AUTOCAMP PAKLENICA**
Zum Sonnenuntergang trifft man sich in der Strandbar; tagsüber wird am Kiesstrand gebadet, während sich der Nachwuchs auf dem Spielplatz vergnügt. Günstiger Ausgangspunkt für Touren, etwa in den Paklenica-Nationalpark bei Starigrad. Aber: nicht die ruhigste Lage, da sich der Platz direkt an der Adriastraße E 65, einer Hauptverkehrsader, befindet. Vielseitiges Freizeitprogramm.
■ 23244 Starigrad Paklenica,
Tel. (023) 20 90 50,
Fax: 36 92 03. Preis ca. 31 €.
Geöffnet April bis Nov. (E 4)
**http://alan.zadar.net**

**NEVIO CAMPING**
Idyllisch im Grünen und an einem Sandstrand auf der Halbinsel Pelješac gelegen. Der Sanitärbereich kann sich sehen lassen: Hier gibt es sogar einen Wäschetrockner. 60 Stellplätze und neun Mietunterkünfte.
■ 20250 Orebić, Dubravica bb,
Tel. (020) 71 44 65,
Fax: 71 39 50.
Preis ca. 15 €.
Ganzjährig geöffnet. (G 6)
**www.nevio-camping.com**

**CAMPING ADRIATIC**
Ein Platz am Meer – mit Stadtanbindung: Angeboten wird ein Bootstransfer in die Altstadt von Primošten, wo man durch malerische Gässchen schlendern kann. Gutes Kinderprogramm.
■ 22202 Primošten,
Tel. (022) 57 12 23 u.
58 10 10, Fax: 57 13 60.
Preis ca. 27 €.
Geöffnet Mai bis Mitte
Oktober. (E 5)
**www.camp-adriatic.hr**

## CAMPING ZATON

Ein ADAC-Superplatz (siehe Interview Seite 119). Er liegt in einem Pinienwald rund 16 Kilometer westlich von Zadar und bietet Campern ein überwiegend ebenes, zum Teil geschottertes Gelände. Junge Familien können sich hier entspannen, denn das flache Wasser in der Bucht ist besonders für Kinder geeignet, und dank einer aufblasbaren Badeinsel mit Rutsche, Wippe und Kletterwand wird den Kleinen auch garantiert nicht langweilig. Weitere Vorzüge: ein breites Freizeitangebot für alle Altersgruppen, darunter Reiten, Windsurfing, Bootfahren und Tauchen.

■ 23232 Zaton (zwischen Zadar und Nin), Tel. (023) 26 44 44, Fax: 26 42 25. Preis ca. 38 €. Geöffnet Mai bis Ende Sept. (D 4)
**www.zaton.hr**

**CAMPING VRANJICA BELVEDERE**
Wer sich Split anschauen und trotzdem in aller Abgeschiedenheit am Meer campen will, der ist hier genau richtig. Den Platz trennen nur etwa 30 Kilometer von Split.
■ 21220 Vranjica, Tel. (021) 79 82 22 u. 89 41 41, Fax: 89 41 51. Preis ca. 19 €. Geöffnet Mitte April bis Mitte Oktober. (E 5)
**www.vranjica-belvedere.hr**

**CAMPING SOLITUDO**
Stadt, Land, Meer – hier hat man alles. Der Platz liegt auf der Halbinsel Babin Kuk, etwa fünf Kilometer von Dubrovnik entfernt, und verfügt über eine günstige Busanbindung an die Altstadt. Nachteil: Die meisten Standplätze für Touristen sind etwas uneben.
■ 20000 Dubrovnik, Vatroslava Lisinskog 17, Tel. (020) 44 86 86 u. 44 86 88. Preis ca. 28 €. Geöffnet April bis Okt. (H 6)

**AUTO-CAMP KALAC**
Erste Wahl für alle, die ihr Dach über dem Kopf dabei haben. Das Camp ist etwa zehn Minuten von Dubrovniks Altstadt entfernt und liegt in der so genannten Muschelbucht, am Hang und im Schatten von Bäumen. Hier gibt's ein öffentliches Freibad und eine schalldichte Disco. Die Zufahrt zu den teils winzigen Parzellen kann problematisch sein.
■ 50260 Korčula, Tel. (020) 71 11 82, Fax: 71 17 46. Preis ca. 22 €. Geöffnet Mitte Mai bis Ende September. (G 6)
**www.korcula.net**

# Auf Zeitreise

**Mal wirkt Zagreb so schön wie Budapest, mal wie ein krasser Sanierungsfall, und manchmal ist die kroatische Metropole so charmant und gelassen wie kaum ein anderer Ort auf der Welt. Einblicke in eine Stadt auf dem Sprung**

**Text von Harald Braun, Fotos von Reiner Riedler**

# Im Eiltempo hat sich Zagreb neu erfunden

Auf der Terrasse der Lounge-Bar Tantra sitzt man erste Reihe über dem Hauptplatz Trg Bana Jelačića (l.)

Amüsement bei Nacht: Abtanzen in angesagten Clubs wie der Diskothek Aquarius

# Die Jugend genießt den täglichen Flirt

Ausruhen am Tag: zum Beispiel in der Oberstadt mit Blick auf die Kathedrale

Die Österreicher sind sprachlos. Mit offenem Mund steht das Wiener Quartett – zwei Damen, zwei Herren – vor dem Haus auf der Zagreber Feiermeile Tkalčićeva und schweigt. Dann zückt eine der beiden Touristinnen die Digitalkamera (oder ist es ein Multifunktions-Handy? Man weiß das in diesen Tagen ja nie so genau) und sagt: „Das glaubt uns ja sonst keiner!“ Sie schießt ein paar Erinnerungsfotos, dann setzt sich der Trupp wieder in Bewegung. Kopfschüttelnd. „Daraus könnte man doch einen kleinen Palast machen!“

Könnte man. Wenn man wollte und das nötige Kleingeld hätte. Aber wir sind hier in Zagreb, und da kann es vorkommen, dass selbst in allerbester Lage, umgeben von Nobelboutiquen, Restaurants und Cafés, ein solches Haus steht, das vom Besitzer verlassen und von der Kommune unbeachtet vor sich hin rottet. Mitten auf der Tkalčićeva. Der Straße, die man in Düsseldorf großzügig als Altstadt, in Hamburg als Schanze und in Berlin als Mitte laufen lassen würde – einem Vergnügungszentrum der Stadt eben. Merkwürdiger Vorgang.

**Doch Moment mal,** ist das wirklich so merkwürdig? Wenn man etwas länger darüber nachdenkt, könnte man auf eine ganz andere Idee kommen: Überraschend nämlich sind im Grunde nicht die drei, vier verfallenen Gebäude auf einer der Prachtmeilen Zagrebs. Überraschend ist vielmehr, mit welcher Geschwindigkeit sich eine Stadt innerhalb kürzester Zeit neu erfunden und zu einer funkelnden Metropole aufgerüscht hat. Überraschend ist es, dass Zagreb überhaupt eine Prachtmeile hat! Zagreb ist erst 1991 zur Hauptstadt Kroatiens geworden, und was im Anschluss an die Unabhängigkeitserklärung des Landes zwischen 1991 und 1996 in Ex-Jugoslawien geschah, bedarf keiner großen Erläuterungen.

Der Krieg zwischen Miloševićs Serbien und Tuđmans Kroatien liegt erst gut zehn Jahre zurück. Zehn Jahre! Das Friedensabkommen von Dayton datiert vom 14. Dezember 1995. Unter diesen Umständen ist es ein kleines Wunder, dass Zagrebs Innenstadt an vielen Ecken schon wieder wirkt wie eine charmante Mischung aus Budapest und Wien und eben nicht wie ein europäisches Beirut. Das eine oder andere in sich zusammengesunkene Gebäude hat die Vergangenheit noch nicht abstreifen können – der große Rest in der City aber erstrahlt in neuem Glanz.

Die gefühlte Nähe Zagrebs zu Wien und Budapest ist kein Zufall. Kroatien war nie über einen längeren Zeitraum ein freier Staat, seit das 925 von Tomislav gegründete Königreich bereits um 1100 seine Unabhängigkeit wieder verlor. Venezianer, Türken, aber hauptsächlich Ungarn und Österreicher hielten das Land fortan in Schach und hinterließen ihre kulturellen und architektonischen Spuren. Für Zagreb heißt das: Gründerzeithäuser und Paläste aus dem 19. Jahrhundert, wohin man blickt – willkommen im Reich der Habsburger. Das zumindest gilt für das Zentrum der Stadt. In den Außenbezirken beherrschen indes Plattenbau und Hochhaussiedlungen die Szene. Die politische Nähe der Balkanländer zum Warschauer Pakt, der praktizierte Realsozialismus nach dem Zweiten Weltkrieg haben sichtbare Spuren hinterlassen, und es wird lange dauern, bis dieser Widerspruch aus heimeliger Pracht der Innenstadt und trostloser Tristesse der Peripherie aufgelöst sein wird.

**Mental ist Kroatien** allerdings schon eine ganze Ecke weiter. Die gebürtige Zagreberin Katarina beispielsweise ist 24 Jahre alt, und wenn sie über etwas sicher nicht mehr sprechen will, dann sind das der Krieg und ganz generell die Vergangenheit ihres Heimatlandes. Selbst mit Serben hat sie kein Problem, im Gegenteil: „Belgrad ist grandios. Super Clubs gibt es dort und ein tolles Nachtleben.“ Allzu häufig allerdings fährt sie nicht dorthin. „Zu teuer. Ich bin froh, wenn ich hier über die Runden komme.“

Katarina arbeitet neun Stunden am Tag in einem Hotel in der Innenstadt, hinter der Bar. Schichtdienst, entweder ab sieben Uhr in der Früh oder bis zwei, drei Uhr in der Nacht. Der Sonntag ist frei. Der Lohn der Plackerei: 4500 kroatische Kuna, das entspricht etwa 610 Euro. Die Lebenshaltungskosten in Zagreb sind zwar nicht so hoch wie in Deutschland, doch es dürfte einleuchten, dass große Sprünge damit nicht zu machen sind. Aber wie passen das und der Umstand, dass die Arbeitslosenquote in der 800 000-Einwohner-Stadt bei zehn Prozent liegt, zum gefühlten „neuen Wohlstand“ und den vielen noblen Geschäften in der Innenstadt? „Gar nicht!“, behauptet Katarina. „Dieses Lebensgefühl, das sich hier ausbreitet, ist für die meisten Bewohner bloß eine glitzernde Fassade, mit der ihre tägliche Realität wenig zu tun hat.“

Das mag zwar stimmen. Der kollektiven Aufbruchstimmung aber, die in Zagreb mit Händen zu greifen ist, tut das keinen Abbruch. Es reicht ein Besuch auf dem zentralen Platz, der Trg Bana Jelačića, um das Wesen des neuen Zagreb zu

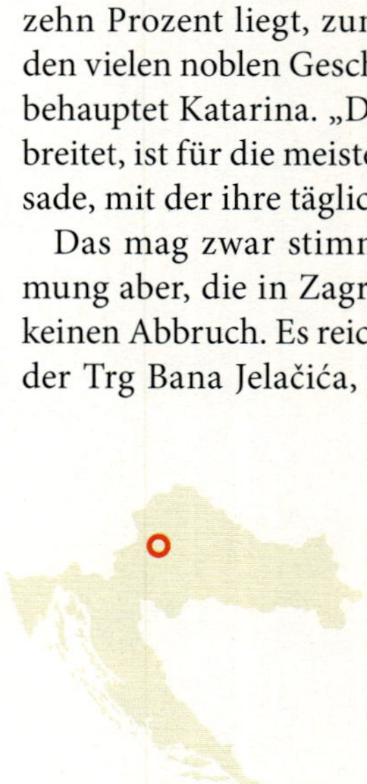

Mit seinen rund 800 000 Einwohnern ist Zagreb das wirtschaftliche, kulturelle und politische Zentrum des Landes

Kleine Leckereien, große Werbung:
Imbiss an der Einkaufsstraße Ilica

Ganz gemütlich: Lokal Dobar Zvuk

# Schon der Weg ist ein Spaß

Äußerst beliebt: Zahnradbahn im Zentrum von Zagreb

# Entspannen auf hohem Niveau

Hast du Töne? Musiker, Maksimir-Park

Hast du Zeit? Blaue Stunde in einer Bar, Jarun-See

begreifen. Hier strömen Alt und Jung an jedem Abend zusammen, als ob es etwas umsonst gäbe. Die meisten Menschen sind gut gekleidet, es ist augenscheinlich, dass Mode ein Thema ist in der kroatischen Hauptstadt. Und auf der Ilica, der wichtigsten Einkaufsstraße, die von hier ausgeht, haben alle gängigen Markenhersteller der westlichen Welt ihre Dependancen eröffnet. Im Verlauf der Tkalčićeva, im Centar Kaptol, versuchen sogar Nobelmarken wie Boss und Moschino am kroatischen Boom teilzuhaben. Und das zu Preisen, die selbst im Vergleich mit denen in westlichen Metropolen überteuert wirken.

**Auf der Trg Bana Jelačića** selbst steht der Konsum nicht unbedingt im Vordergrund. Unter dem Reiterstandbild des kroatischen Generals Josip Jelačić trifft sich die Jugend, um den täglichen Flirt zu genießen. Der Zagreber Bürger ist kommunikativ – und gerade die vielen attraktiven Frauen fallen ins Auge. Hier ist der vitale Knotenpunkt der jungen Metropole, hier brummt und brodelt es wie am Times Square. Stundenlang hält aber auch der gesetzte Zagreber bis spät in der Nacht in einem der zahllosen Kaffeehäuser Hof – im beliebten Mala Kavana etwa oder dem Ban Café. An keinem anderen Ort ist man der Wiener Gelassenheit und Weltläufigkeit näher als in diesen Bierzelt-großen Gasthäusern.

Die Trg Bana Jelačića ist aber nicht nur Showbühne des gesellschaftlichen Lebens. Sie fungiert auch als Übergang zwischen Gornji Grad (Oberstadt) und Donji Grad (Unterstadt). Zwar bietet die Donji Grad mit zahlreichen schönen Grünflächen und vor allem dem beeindruckenden Multifunktions-Phänomen Maksimir-Park ausreichend Gelegenheit, auf hohem Niveau zu relaxen. Interessanter allerdings für kulturell ambitionierte Besucher ist ein langer Spaziergang in der Oberstadt. Selbst der Weg dorthin ist schon ein Ereignis: eine kurze, aber spaßige Fahrt mit der Zahnradbahn, einem der Wahrzeichen Zagrebs. Dort oben erwarten einen enge Gassen, viele noch mit Kopfsteinpflaster, aufwändig restaurierte Barock- und Gründerzeithäuser, Kirchen und Museen.

**Katarina war schon lange nicht mehr in Gornji Grad.** Für die Vergangenheit hat sie nicht viel übrig, die Pracht ihrer Heimatstadt nimmt sie höchstens noch als hübsche, aber längst selbstverständliche Kulisse wahr. Sie hofft stattdessen auf die Zukunft – Marketing-Direktorin in einem großen Hotel will sie eines Tages sein, darauf arbeitet sie hin. Die Gebühren für die private Fachschule zahlt sie momentan aus eigener Tasche. Dass sie einerseits in einem der Trendhotels der Stadt arbeitet und andererseits noch bei ihren Großeltern in einem kleinen Zimmer wohnt, nimmt sie genauso pragmatisch hin wie Zagreb seine rasende Verwandlung von der sozialistischen Provinz- zur europäischen Hauptstadt.

Dass Dinamo, der berühmteste und erfolgreichste heimische Fußballclub, beispielsweise an die Tür zur europäischen Champions League klopft und andererseits bis auf Weiteres in einem heruntergekommenen Stadion spielt, in dem immer noch eine aggressiv-nationalistische Hooligan-Szene ihr Unwesen treibt, wird genauso schulterzuckend zur Kenntnis genommen wie die Arbeitslosigkeit und der Umstand, dass im

Geschäftsleben von Zagreb immer wieder mit unliebsamen Überraschungen zu rechnen ist. Selbst das Stadtmagazin warnt vor der Unzuverlässigkeit von Geschäften und Vergnügungsbetrieben: „Verlassen Sie sich nicht auf die angegebenen Öffnungszeiten", warnt man seine Leser: „Es kommt gerade im Sommer immer wieder vor, dass die Betreiber von Shops oder Kneipen es verlockender finden, an die Küste zu fahren, als ihren Laden aufzusperren."

**Diese Verachtung kapitalistischer Gesetze** kann man sympathisch finden. Doch wenn man nach längerer Suche einmal zu viel vor einem angesagten Restaurant oder Club steht, der außerplanmäßig einfach seine Türen geschlossen hält, dann begreift man schon, warum Katarina sagt: „Uns Kroaten fehlt in vielen Dingen noch die professionelle Einstellung!"

Andererseits kann gerade das spürbare Spannungsfeld aus gemächlicher Tradition und hochmoderner, globalisierter Welt in Zagreb zu sehr eigentümlichen Koalitionen führen. So verfügt das Archäologische Museum direkt vor der Haustür über einen beschaulichen Park, in dem bei schönem Wetter Heerscharen von Menschen zusammenströmen. Die gastronomische Leitung dieser ehrwürdigen Institution hat ausgerechnet das Hard Rock Caffe übernommen, da sich seine Räumlichkeiten ohnehin gleich über die Straße in der Gajeva befinden. Sicher ein Gegensatz, doch in Zagreb ist so eine pragmatische Koalition ganz normal.

„Wir müssen halt mit dem leben, was da ist", sagt Katarina, und man spürt, dass lange Zeit viel weniger da war. Und ihre Stadt verlassen, um etwa in Belgrad oder sonst wo auf der Welt zu leben, will sie auf keinen Fall. „Ich möchte nicht irgendwann feststellen müssen, dass ich die aufregendsten Zeiten Zagrebs verpasst habe!" ■

**Info und Karte ab Seite 130**

Bereits ein kurzer Gang zur Toilette in der feinen Khala Bar verdeutlichte dem Autor **HARALD BRAUN** (46), wie groß das Interesse an zeitgenössischer Kultur in Zagreb ist. Als er an seinen Tisch zurückkehrte, stand die Tasche mit dem Laptop noch an seinem Platz. Der Roman „Unentschlossen" von Benjamin Kunkel aber, den Braun aufgeschlagen hatte liegen lassen, war und blieb verschwunden. Spätestens da wusste der Buch- und Magazinautor aus Hamburg, dass er in der richtigen Stadt gelandet war.

Der Fotograf **REINER RIEDLER** wird im Editorial auf Seite 3 vorgestellt.

Foto: Sabine Martens (1)

## SEHENSWÜRDIGKEITEN

**1 TRG BANA J. JELAČIĆA**
Der zentrale Platz Zagrebs verbindet Unter- und Oberstadt miteinander. Hier beginnt die Ilica, die größte Einkaufsstraße. Hier halten alle wichtigen Straßenbahnen, und irgendwie scheint es der Ort zu sein, an dem alle Zagreber mindestens einmal in der Woche ein kleines Schwätzchen halten. In unmittelbarer Nachbarschaft befinden sich gefühlte 1000 Cafés. Beliebter Treffpunkt: das Reiterstandbild von Josip Jelačić. Informationsmaterial über alles, was in der Stadt passiert, erhält man im großen Touristikzentrum auf der Ostseite.

**2 STADTMUSEUM (MUSEJ GRADA ZAGREBA)**
Das Stadtmuseum befindet sich in einem alten Kloster, dem Konvent der armen Klarissen aus dem 17. Jahrhundert. Es birgt u.a. gewölbeartige historische Werkstätten, alte Stadtwappen und eine Menge politische und touristische Plakate. Interessant auch die Video-Dokumentation des serbischen Angriffs auf den Zagreber Präsidentenpalast, der nur rund 15 Jahre zurückliegt.
■ Opatička ulica 20,
Tel. 485 13 61, Fax: 485 13 59.
Geöffnet Di.–Fr. 10–18,
Sa./So. 10–13 Uhr.
Eintritt 10–20 KN.
**www.mdc.hr/mgz/**

**3 NATURKUNDE-MUSEUM**
Sicher das schrulligste Museum in Zagreb. Das Prirodoslovni Muzej ist in einem alten Theater untergebracht, was schon allein eine visuelle Attraktion darstellt. Aber auch die in den Vitrinen ausgestellten Tierkörper sind eine Freude für Jung und Alt. Eine kuriose Mischung aus dem New Yorker National History Museum und der Vitrinenlandschaft in einer knarzigen Realschul-Aula.
■ Ulica Demetrova 1.
Geöffnet Di.–Fr. 10–17,
Sa./So. 10–13 Uhr.

**4 KATHEDRALE MARIÄ HIMMELFAHRT**
Ein Wahrzeichen der Stadt und nahezu unübersehbar von fast jedem Standort. Die neugotischen Türme sind beeindruckend, aber auch das Innere der Kathedrale Marijina Uznesenja – schon 1093 erstmals erwähnt, aber seitdem offenbar ständig im Umbau – entzückt die Liebhaber von Kunst- und Kirchengeschichte.
■ Kaptol 31, Tel. 481 47 27.
Messen tgl. um 7, 8, 9,
So. auch 10 und 11.30 Uhr.

**5 TKALČIĆEVA**
So etwas wie die Rüdesheimer Drosselgasse in Zagreb. In dieser Straße reihen sich noble Boutiquen, Cafés, Kneipen, Restaurants und Clubs aneinander, hier ist die Hauptstadt auf etwa einem Kilometer Länge (fast) ausschließlich jung, wild und lebendig.

**6 MAKSIMIR-PARK UND ZOO**
Was dem Münchner der Englische Garten, das ist für den stadtflüchtenden Zagreber der Maksimir-Park. 1794 wurden diese 14 Hektar Grünfläche fürs Volk freigegeben, und selbiges revanchiert sich mit fröhlicher Akzeptanz: ein Darling für Sportler, frisch Verliebte und Wanderfreunde, aber selbstredend auch für Menschen, die einfach mal ein paar Affen sehen wollen, ohne sich dafür in den Urwald zu begeben.
■ Maksimirski perivoj bb.

**Karte Seite 131**

**Kathedrale Mariä Himmelfahrt, rechts Lokale in der Tkalčićeva**

# INFO ZAGREB

1991 erklärte Kroatien seine **Unabhängigkeit,** danach folgten fünf Jahre Krieg mit Serbien. Seit dieser Zeit sind die Bemühungen, in **wirtschaftlicher und kultureller** Hinsicht Anschluss an das vereinte Europa zu finden, auch und besonders in Zagreb spürbar. Ganz am Ziel ist die mit knapp 800 000 Einwohnern **größte Stadt Kroatiens** noch nicht, auf den Spagat zwischen Balkan-Historie und Europa-Zeitgeist stößt man immer wieder. Doch ist es enorm spannend, den **Wandel** zu einer modernen Metropole zu beobachten. In jeder Ecke der Stadt, an jedem Tag.

**i Tel.-Vorwahl aus Deutschland: 00385-1, innerhalb Kroatiens: 01**

**Umrechnen in Euro: Kuna-Betrag durch 7,4 teilen**

**Einzug der Moderne: Werbeplakate am Hauptplatz. Alles beim Alten: Im Palace lebt die Tradition weiter**

## ÜBERNACHTEN

### 1 THE REGENT ESPLANADE

Früher wohnten hier Josephine Baker und Orson Welles – und Orient-Express-Reisende mit Zwischenstation in Zagreb. Auch heute steigen hier noch Promis ab. Das erste Haus am Platz wurde 2004 nach aufwändiger Renovierung wieder eröffnet, doch der plüschige Glanz der Art-Nouveau-Architektur dominiert den neuen Lack. Trinken Sie einen Kaffee im herrlichen Restaurant!

■ 10 000 Zagreb, Mihanovićeva 1, Tel. 456 66 66, Fax: 456 60 50.
209 Zi.: DZ 1105–1880 KN, Suite 2250–2845 KN.
**www.theregentzagreb.com**

### 2 PALACE

Niemanden würde es wundern, wenn die Herren auf den Gängen Knickerbocker und die Damen einen Reifrock trügen – das Palace wurde 1891 als Palais Schlessinger erbaut. Erst seit 1907 wird das prächtige Haus als Hotel betrieben. Wer sich in antikem Interieur wohl fühlt und tradierte Dienstleistung schätzt, wird gern hier wohnen.

■ 10 000 Zagreb, Trg J.J. Strossmayera 10, Tel. 489 96 00, Fax: 481 13 57.
123 Zimmer: EZ 770–890 KN, DZ 980–1180 KN.
**www.palace.hr**

### 3 ARCOTEL ALLEGRA

Freundliches Designhotel in zentraler Hauptbahnhof-Lage. Die Zimmer sind groß, hell und technisch auf höchstem Stand. Fitnessraum, Sauna und Solarium.

■ 10 000 Zagreb, Branimirova 29, Tel. 469 60 00, Fax: 469 60 96.
151 Zimmer: EZ 705–925 KN, DZ 815–1040 KN.
**www.arcotel.at/allegra**

### 4 DUBROVNIK

Im Fußgängerzonengewusel der Gajeva türmt sich die Glasfront des Dubrovnik-Hotels auf. Das 1929 erbaute Haus bietet soliden Service und beste Lage, ideal fürs Shopping mit Pausen in den vielen Kaffeehäusern rundum. Ein romantischer Urlaub zu zweit allerdings verlangt nach freudvollerem Zimmerambiente.

■ 10 000 Zagreb, Gajeva 1, Tel. 486 35 55, Fax: 486 35 06.
260 Zi.: EZ 780–890 KN, DZ 1040–1185 KN, Suite 1370–1555 KN.
**www.hotel-dubrovnik.hr**

### 5 ILICA

Der Klassiker unter den persönlichen Unterkünften, zurückgesetzt am Ende der Einkaufsstraße Ilica. Von außen Art déco, von innen Ludwig XIV. Die wenigen Zimmer sind oft Wochen im Voraus ausgebucht. Keine Kreditkarten!

■ 10 000 Zagreb, Ilica 102, Tel. 377 75 22 u. 377 76 22, Fax: 377 77 22.
19 Zi., 1 Apartment: EZ/DZ 399–599 KN, Ap. 849 KN.
**www.hotel-ilica.hr**

## ESSEN & TRINKEN

### 1 BOBAN

In einem Backsteingewölbe findet man dieses italienische Spezialitäten-Restaurant – aber nicht immer einen Platz, denn die Zagreber lieben den Pasta-Tempel des ehemaligen kroatischen Fußballstars Boban. Große Weinkarte, Nudeln und Meeresfrüchte in Spitzen-Qualität. Penne Radicchio mit Garnelen 47 Kuna.

■ Gajeva 9, Tel. 481 15 49.
Geöffnet tgl. 10–24 Uhr.

### 2 GAŠPAR

Das Ambiente erinnert an einen Luxusliner; das Essen (vor allem Fisch) hält, was die Location verspricht. Vertrauen Sie den Emp-

**Das Khala ist eine edle Mischung aus Asia-Club und Miami-Hotel**

Fotos: Reiner Riedler (5)

fehlungen der Kellner. Gerichte zwischen 65 und 180 Kuna.
■ Nova Ves 4, Tel. 466 68 24.
Geöffnet Mo.–Sa. 12–24 Uhr.

### 3 RADICCHIO

Dieses moderne Restaurant im Hotelkomplex des Arcotel Allegra bietet erstklassige mediterrane Küche. Aber auch Wiener Schnitzel für 85 Kuna haben die österreichischen Hotel-Betreiber auf die Karte gesetzt. Beliebt ist der Sonntagsbrunch für 139 Kuna.
■ Branimirova 29,
Tel. 469 60 40.
Geöffnet Lunch 12–15,
Dinner 17.30–22.30 Uhr.

### 4 HAM HAM

Der Laden ist durchgestylt, der Service gut, das Essen okay. Nach dem Genuss von Veggie-Burgern oder paniertem Hühnchen geht man in die gleichnamige Bar nebenan (am Wochenende gelegentlich Motto-Partys).
■ Varšavska 8,
Tel. 483 04 83.
Geöffnet Mo.–Do. 8–23,
Fr.–Sa. 8–1 Uhr.

### 5 MANO

Gedimmtes Licht, Lounge-Musik und eine gute, einsehbare Küche: Das zur Glyptothek gehörende Mano zählt zu den exquisiteren Restaurants und bietet europäische Fusion-Küche. Nach den Essenszeiten ein beliebter Szene-Hangout. Tagliatelle mediterran 60, Filet-Steak 100 Kuna.
■ Medvedgradska 2,
Tel. 466 94 32.
Geöffnet tgl. 12–1 Uhr.

### 6 TAKENOKO

Das Takenoko im Centar Kaptol freut sich über Gäste in Anzug oder Kostüm, denn die passen zur schicken Einrichtung. In der Sushibar gibt es grandiose Rohfisch-Variationen. Die sind zwar nicht günstig, aber – so sagen Einheimische – die besten der Stadt! Sushi-Menüs für 90 bis 150 Kuna.
■ Nova Ves 11, Tel. 486 05 30.
Geöffnet tgl. 9–23 Uhr.

## AUSGEHEN

### 1 DOBAR ZVUK

Hard-Rock- und Alternative-Fans lieben diesen Raum mit Kachelofen und Retro-Werbeschildern, der als Biergaststätte ebenso durchgehen würde wie als französische Weinstube in Dülmen.
■ Ljudevita Gaja 18,
Geöffnet Sa. 10–24, sonst 8–24 Uhr.

### 2 AQUARIUS KLUB

Modernste Klänge in ansprechendem Ambiente: Der Club am Jarun-See gehört zu den hipsten Tanz-Tempeln in Zagreb. Für bis zu 2000 Gäste Events wie die Reebok Fashion Show und Auftritte von Elektro-DJs.
■ Matije Ljubeka bb,
Tel. 364 02 31.
Geöffnet Di.–So. 22–5 Uhr.

### 3 KHALA BAR

Weiße, wallende Vorhänge, Fläz-Sofas und eine beeindruckende Getränkekarte warten auf den anspruchsvollen Chiller. Überragende Weinkarte, nette Kellner.
■ Nova Ves 11 (Centar Kaptol).
Geöffnet So.–Di. 8–1,
Mi.–Sa. 8–4 Uhr.

### 4 BOOMBAR

Zu Chill-out-Klängen hockt man auf plüschigen Sofas und freut sich über die große Cocktail-Karte. Attraktion des Ladens sind die Pop-Art-Lampen. Ab und zu House-Sessions mit DJs.
■ Branimirova 29, im Branimir Centar, Tel. 464 81 38.
Geöffnet Mo.–Mi. 9–1, Do. 9–2,
Fr.–So. 9–4 Uhr.

Runde Sixties-Lampen: Boombar

### 5 PURGERAJ

Von außen ein formloser Zweckbau in einer Parkanlage. Doch ab 23 Uhr ist hier der Bär los. Am Wochenende gegen ein Uhr tanzt der Grunge-Jünger mit der Schicki-Else zu „Stayin' Alive". Danach geht's in die House-Bar Fanatic gegenüber.
■ Park Ribnjak 1, Tel. 481 47 34.
Geöffnet Mo.–Do. 10–2,
Fr. u. Sa. 10–4 Uhr.

## INFOS

### 1 TOURIST INFORMATION

■ 10 000 Zagreb,
Trg Bana Josipa Jelačića 11,
Tel. 481 40 51/52/53,
Fax: 481 40 56.
Geöffnet Mo.–Fr. 8.30–21,
Sa. 9–17, So. 10–14 Uhr.
**www.zagreb-touristinfo.hr**

### ZAGREB-KARTE

Lohnend für den akt ven Zagreb-Aufenthalt: Der Touristenverband bietet für 60 Kuna eine Sparkarte an, die ab Erwerb 24 Stunden gilt – bzw. 72 Stunden für 90 Kuna. Damit kann man öffentliche Verkehrsmittel (inklusive Seilbahn) gratis benutzen, erhält in mehr als 30 Museen und Galerien Ermäßigung und bis zu 20 Prozent Rabatt in vielen Geschäften, Hotels und Gasthäusern. **H.B.**

**Sehenswürdigkeiten Seite 129**

## DER JARUN-SEE

Im Frühjahr, wenn die ersten Sonnenstrahlen die Luft spürbar erwärmen, geht es los: Eine Karawane aus sportlich gekleideten Menschen packt das Picknickkörbchen, steigt in die **Trambahn Nummer 5 oder 17** Richtung Precko und strömt an den Jarun-See. Hier findet der Hauptstädter am Wochenende sein zweites Zuhause. Sicher, er hat vor der Haustür kein Meer, keinen Sandstrand, doch der Jarun-See entschädigt für das Ungemach der Binnenlage. Es gibt Paddelboote, Wasserfahrräder, Rollerblade-Wege, Fuß-, Volley- und Basketballplätze, Minigolf, Tischtennis, Liegewiesen und etwa **2,5 Kilometer lange Kiesstrände.** Schnell erreichbar ist der See auch: Von der Stadtmitte bis zum ersten Eisbecher am Ufer vergehen gerade mal 30 Minuten. Das Gelände unterteilt sich in einen großen und einen kleineren See-Abschnitt mit fünf Inseln, auf denen **bis zu 20 000 Menschen** Platz finden. 235 Hektar groß ist die Fläche, 75 Hektar davon sind

Wasser. Kinder werden auf Spielplätzen und einem Bounty-Boot beschäftigt, die Größeren zieht es in Kneipen und Restaurants. Hier liegen einige der beliebtesten Hangouts der Stadt.
**www.jarun.hr**

Im Angesicht des Tosens: Unterhalb des Wasserfalls Skradinski buk ist Baden erlaubt, die Baywatch im Schlauchboot passt auf

# Von Fall zu Fall ...

... wird der Anblick dieses Naturwunders imposanter: In mächtigen Kaskaden stürzt der Fluss Krka donnernd zu Tal. Eine Annäherung in Bildern, dazu Infos zu weiteren Nationalparks

Fotos von Ralf Kreuels

Über insgesamt 17 Stufen schäumt der Skradinski buk zu Tal, er ist der wasserreichste Katarakt des Flusses. Im Bild unten nehmen Urlauber ein kühles Bad unter einem der kleineren Wasserfälle

Terrassenförmig fällt das dicht bewaldete Gelände ab, die Formen der einzelnen Staustufen aus grobporigem Travertin-Gestein verändern sich ständig. Besucher können die Pracht von Wegen und Stegen bestaunen

Das canyonartige Flusstal wird an manchen Abschnitten bis zu 200 Meter tief. Die kleine Insel Visovac (unten) kann besichtigt werden, das Franziskaner-Kloster birgt eine schöne Sammlung sakraler Kunst

Im sonst so kargen Mitteldalmatien ist der Krka-Park eine Oase mit artenreicher Flora und Fauna

## INFO KRKA-NATIONALPARK

Der etwa 72 Kilometer lange Fluss Krka stürzt von der Quelle bei Knin bis Šibenik, wo er ins Meer mündet, über viele Kaskaden und Kalkterrassen hinab. Roški slap und Skradinski buk sind die spektakulärsten Wasserfälle. In einigen der durch Kalksteinablagerungen entstandenen Pools kann man baden. Zahlreiche Wassermühlen sind noch in Betrieb. Der Nationalpark lässt sich auf zwei Abschnitten besichtigen: Entweder man startet in Skradin und lässt sich von hier mit einem Boot zum Wasserfall Skradinski buk bringen oder man beginnt in Tvornica-Lozovac eine vierstündige Bootsfahrt vorbei am Roški slap und der Insel Visovac mit seinem Franziskaner-Kloster.

**ANFAHRT**
Die drei Nationalpark-Eingänge Skradin, Lozovac und Roški slap sind nur wenige Kilometer von Šibenik entfernt und gut ausgeschildert. Eintritt je nach Saison zwischen 25 und 80 Kuna.
■ **www.npkrka.hr**

**UNTERKUNFT**
In den umliegenden Ortschaften und Dörfern haben Besucher eine große Auswahl an Pensionen und Privatunterkünften. Zentral gelegen ist zum Beispiel das Hotel Skradinski buk in Skradin, hier bietet eine Terrasse im dritten Stock eine tolle Aussicht über Canyon und Fluss. Hotelbuchungen u.a. über die folgende Homepage:
■ **www.infoadriatic.com**

**Weitere Nationalparks und Karte Seite 138**

# Grüne Pracht mal acht

Ob auf den Inseln oder dem Festland – die zahlreichen Nationalparks des Landes bieten Besuchern eine überwältigende Flora und Fauna

## BRIONISCHE INSELN

1 Zebras und Antilopen, Elefanten und Gazellen – mitten in Kroatien? Im Nationalpark Brionische Inseln (Brijuni) an Istriens Südwestspitze kann man tatsächlich auf Safari gehen. Zwölf kleine und zwei größere Inseln gehören zum Park. 1893 kaufte der österreichische Industrielle Paul Kupelwieser das Gebiet. Er legte die Sümpfe trocken, rottete die Malaria aus, schuf auf Veliki Brijun Parkanlagen und errichtete ein Hotel und einen Zoo; sein Sohn legte 1922 mit einem Golfplatz nach. Nach dem Zweiten Weltkrieg wählte Präsident Tito (S. 151) die Insel als Urlaubsdomizil und erklärte sie zum Sperrgebiet. 1983 wurden die Eilande und das umliegende Gewässer zum Nationalpark erklärt, den man ein Jahr später wieder für den Tourismus öffnete. Zu sehen sind heute neben exotischen Tieren eine üppige, mediterrane Vegetation, Überreste aus römischer und byzantinischer Zeit sowie eine gut erhaltene Festung, die während der österreichisch-ungarischen Herrschaft im 19. Jahrhundert gebaut wurde. Nur die Hauptinsel Veliki Brijun kann besichtigt werden – nicht auf eigene Faust, sondern in einer geführten Gruppe.

**ANFAHRT**
Regelmäßige Fährverbindungen von Fažana; die Überfahrt dauert etwa 15 Minuten. Tickets kosten je nach Saison zwischen 140 und 180 Kuna, inklusive Rundfahrt auf der Hauptinsel und Museumseintritt. In Pula starten außerdem Ausflugsschiffe.

**DIE SCHÖNSTEN NATIONALPARKS AUF EINEN BLICK**

**UNTERKUNFT**
Nächtigen kann man in den vier Inselhotels Istra, Neptun, Karmen und Jurina. Zimmer kosten ab 230 Kuna, in der Hauptsaison allerdings mehr als das Doppelte.

**EXTRA-TIPP**
Am Hafen von Fažana gegenüber dem Fähranleger tischt das urige Gasthaus Konoba Feral fangfrische Sardellen in allen erdenklichen Variationen auf: gegrillt, in Knoblauchsauce und auch mit frischer Trüffel. Umgeben von Fischern, die ihre Netze flicken, und mit schönstem Blick aufs Wasser verpasst man hier gerne einige Fähren nach Brioni. 52212 Fažana, Trg stare škole 1, Tel. (052) 52 00 40. Geöffnet tgl. 8–23 Uhr. **www.brijuni.hr**

**i** Tel.-Vorwahl aus Deutschland: 00385, dann die 0 der Ortsvorwahl weglassen. Umrechnen in Euro: Kuna-Betrag durch 7,4 teilen

Kurvig präsentiert sich die Küstenlinie der Brionischen Inseln

## PLITWITZER SEEN

**2** Neben den Krka-Wasserfällen ist dies wohl der bekannteste Nationalpark Kroatiens. Die Gegend etwa 70 Kilometer südlich von Karlovac diente schließlich als Kulisse für zahlreiche Winnetou-Filme. 16 große und einige kleinere Seen, die sich am Fluss Korana gebildet haben, sind durch unzählige Wasserfälle miteinander verbunden. Den beeindruckendsten, Prošćansko jezero, findet man auf 673 Meter Höhe. Insgesamt 134 Meter stürzen die Wassermassen hier über zahlreiche Terrassen hinab. Dabei sucht sich das klare Wasser immer neue Wege, etwa mitten durch einen Wald oder über moosbewachsene Steine hinweg. In höheren Lagen sind die Seen von urwaldartigen Buchen- und Tannenwäldern umgeben, weiter unten dominiert Karstgestein. Seit 1979 gehört der Nationalpark zum Unesco-Welterbe. Besucher können sich zu Fuß auf extra angelegten Holzpfaden bewegen. Zwischen den beiden Eingängen und dem höchstgelegenen See fährt aber auch ein Shuttle-Bus, und auf dem Kozjak-See verkehren Ausflugsboote.

**ANFAHRT UND INFOS**
Beide Park-Eingänge (Ulaz 1 und 2) befinden sich an der Hauptverkehrsstraße zwischen Karlovac und Zadar. Eintritt je nach Saison ca. 70–110 Kuna. Geöffnet 8–19 Uhr. **www.np-plitvicka-jezera.hr**

**UNTERKUNFT**
Direkt im Nationalpark liegen drei Hotels, deren Zimmer über die Nationalpark-Homepage zu buchen sind. Auf dem Campingplatz, etwa sieben Kilometer vom ersten Eingang (Ulaz 1) entfernt, übernachtet man in einem der 42 Häuschen ab 125 Kuna pro Nacht und Person oder schlägt sein eigenes Zelt auf. Campingplatz-Reservierung: Tel. (053) 75 10 14/15. Geöffnet Mai bis Mitte Oktober.

Fotos: Milan Babić/Kroatische Zentrale für Tourismus; Rainer Drexel/Bilderberg; Cinetext (3)

## ANGESCHLICHEN

Pierre Brice und Lex Barker in Action am Drehort Mali Alan

**WINNETOUS ABENTEUER** und damit das Leben des Häuptlings der Mescalero-Apachen konnte man Anfang der sechziger Jahre auf der Leinwand verfolgen. Produzent Horst Wendlandt hatte den „Schatz im Silbersee", einen Roman des deutschen Schriftstellers Karl May, verfilmt – eine Mischung aus Western, Romanze und viel Action. Für die Hauptrollen engagierte er den noch unbekannten Pierre Brice als Winnetou und Lex Barker als Old Shatterhand. Den Publikumserfolg sahen 1962 fast drei Millionen Zuschauer. Innerhalb von nur sechs Jahren folgten etliche Fortsetzungen, darunter „Winnetou" I bis III, „Unter Geiern" und „Old Shatterhand".
Als Kulisse diente Kroatiens Karstlandschaft; gedreht wurde fast immer an den gleichen Schauplätzen: in der Schlucht Paklenica im Süden des Velebit-Gebirges, im Zrmanja-Canyon in Dalmatien und auf dem flachen, von grünen Hügeln umgebenen Feld Grobničko polje nordöstlich von Rijeka. Rasante Floßfahrten inszenierte man meist an den Krka-Wasserfällen, insbesondere am Skradinski buk, der über mehrere Kaskaden spektakulär in die Tiefe stürzt. Der „Schatz im Silbersee" wurde in einem der Plitwitzer Seen versteckt.
Etwa Mitte der sechziger Jahre verebbte das Winnetou-Fieber, neue Filme floppten – zumindest im Westen. Die damalige DDR begann 1966 mit dem Dreh eigener Indianerfilme, ebenfalls in Kroatien. Hauptdarsteller Gojko Mitić, Serbe, blieb seiner Rolle bis 2006 treu: als Winnetou der Karl-May-Festspiele in Bad Segeberg.

„Winnetou II": Ritt über die Ebene Grobničko polje; „Winnetou I": Pierre Brice posiert vor Wassermassen

Steil abfallende Klippen prägen das Bild der Kornaten

## NÖRDLICHER VELEBIT

3 Bizarre Karstformationen, grüne Almen und wunderbare Panoramablicke auf die Inseln Rab und Pag – all das bietet der Nationalpark Nördlicher Velebit. Das etwa 150 Kilometer lange Gebirge wurde 1977 von der Unesco zum Biosphärenreservat erklärt. Einer der Höhepunkte des Parks in der Kvarner Bucht ist ein etwa 100 Meter aufragender Obelisk, Štapina genannt. Entdecken lassen sich seltene Pflanzen wie die endemische, gelb blühende Degenia Velebitica sowie Wölfe, Wildkatzen und Auerhähne. In dem geschützten Naturreservat auf dem Hajdučki Kukovi hat man zahlreiche Höhlen entdeckt, darunter 1993 die Lukina Jama, die zu den tiefsten Höhlen der Welt zählt. Rund um einen Karstschlund auf dem Zavižan können Besucher Pflanzen in einem botanischen Garten bewundern. Nationalpark-Eintritt 20 Kuna. **www.pp-velebit.hr**

**UNTERKUNFT**
Der Ort Senj, bekannt als die Stadt des Fallwinds Bora (Seite 177) und Schauplatz von Kurt Helds Roman „Die Rote Zora und ihre Bande", liegt nur wenige Kilometer nördlich des Parks. Hier findet man mehrere Hotels, Pensionen und Campingplätze.

## PAKLENICA/SÜDLICHER VELEBIT

4 In diesem Nationalpark direkt an der Adria-Straße, etwa in der Mitte des ausgedehnten Küstenlandes im südlichen Velebit-Gebirge, machen viele Reisende Halt. Besonders sehenswert sind die beiden beeindruckenden Schluchten Velika und Mala Paklenica mit ihren lotgeraden Kalkwänden. Im schroffen Gestein brüten im Frühjahr Gänsegeier. Unter Kletterern ist der Felsen Anića kuk beliebt; die längste zusammenhängende Kletterroute misst 300 Meter (Seite 74). Wanderer können auf mehreren Wegen die Region erkunden. Für Tagesausflügler lohnt der Aufstieg zur Tropfsteinhöhle Manita Peć auf 550 Metern, geöffnet 10–13 Uhr.

**ANFAHRT UND INFOS**
Der Nationalpark-Eingang liegt am Ortsende von Starigrad Paklenica an der E 65. Informationen zu Wanderungen und ausführliche Wanderkarten bekommt man bei der Parkverwaltung am Eingang, gleich neben dem Campingplatz. Tel. (023) 36 91 55. Eintritt 30 Kuna, 3-Tage-Kletterpass ca. 60 Kuna. Geöffnet Mo.–Fr. 7–18.30, Sommer 6–20 Uhr. **www.pp-velebit.hr, www.paklenica.hr**

**UNTERKUNFT**
■ Ein von Kletterern frequentiertes Zwei-Sterne-Hotel in idealer Lage ist das Rajna. 23244 Starigrad Paklenica, M. Marasovic bb, Tel. (023) 36 91 30. DZ je nach Saison 150–170 Kuna pro Person, inkl. Frühstück.
■ Mitten im Park, auf 480 Meter Höhe, können Wanderer in der einfachen Schutzhütte Borisov Dom übernachten. Die 40 Stockbetten sind auf drei Gruppenschlafsäle verteilt. Keine sanitären Anlagen, Dusche im Freien, nur Selbstversorger. Tel. (023) 21 37 92. Geöffnet Juni bis September und nach Vereinbarung. Übernachtung: 65 Kuna pro Person.

**EXTRA-TIPP**
In der Nähe des Nationalparks und des Ortes Gračac befinden sich die rund vier Kilometer langen Cerovac-Tropfsteinhöhlen. Tel. (053) 56 04 50. Geöffnet Mo.–Fr. 9–17 (letzter Eintritt 16 Uhr), Sa., So. 9–18 Uhr (letzter Eintritt 16 Uhr). Eintr. 80 Kuna.

## RISNJAK

5 Das Mittelgebirge Gorski kotar, Schnittpunkt zwischen Dinariden und Ostalpen, imponiert mit üppiger Vegetation, darunter 14 Baumarten und seltene Pflanzen. Dicht bewaldet, ist das ca. 3000 Hektar große Gebiet nahe Rijeka Lebensraum für Luchse, Braunbären, Marder und Ziesel. Den höchsten Gipfel, Veliki Risnjak mit 1528 Metern, erreicht man in etwa drei Stunden. Für kleinere Ausflüge empfiehlt sich der Lehrpfad Leska (Beginn hinter dem Verwaltungsgebäude in Bijela Vodica). Info: Tel. (051) 83 61 33. Eintritt 30 Kuna.

**ANFAHRT**
Der Haupteingang des Parks liegt in Bijela Vodica in der Nähe von Crni Lug, etwa 15 Kilometer Fluglinie von Rijeka entfernt. **www.risnjak.hr**

**UNTERKUNFT**
Idealer Ausgangspunkt für Nationalpark-Touren ist das Hotel Risnjak in Delnice nordwestlich von Rijeka (etwa 20 Minuten Fahrzeit) mit 21 Zimmern (ab etwa 300 Kuna) und einem Apartment, Tel. (051) 50 81 60. **www.hotel-risnjak.hr**

## KORNATEN

6 Segler können im 220 Quadratkilometer messenden und damit größten Nationalpark des Landes 89 Inseln und Riffe ansteuern (Seite 170). Imposant sind die Klippen: Auf der zum offenen Meer ausgerichteten Seite der Insel Dugi Otok etwa ragen sie bis zu 180 Meter steil empor. Taucher finden zahlreiche Plätze zur Erkundung der Unterwasserwelt – und begegnen mit etwas Glück sogar frei lebenden Delfinen. Eintritt 50 Kuna (Ticketkauf außerhalb des Parks) bzw. 80 Kuna im Park pro Person und Tag. **www.kornati.hr**

**UNTERKUNFT**
Die Kornaten sind größtenteils unbewohnt. Übernachtungsmöglichkeiten bieten einige Marinas mit Gästehäusern (S. 177).

Alles fließt: der Wasserfall Veliki slap an den Plitwitzer Seen

Weitsicht im Nationalpark Risnjak: vom Gipfel des Veliki Risnjak

## MLJET

7 Angeblich strandete bereits Odysseus auf der grünen Insel im Süden des Landes, etwa 30 Kilometer nordwestlich von Dubrovnik. Später galt sie als ein berüchtigtes Seeräubernest, dann hat man sie als Verbannungsort genutzt. 1960 wurde der nördliche Teil des 37 Kilometer langen Eilandes vor der dalmatinischen Küste zum Nationalpark erklärt. Hauptattraktion sind die beiden großen Buchten Veliko und Malo jezere (Großer und Kleiner See), die ein enger Durchbruch mit dem Meer verbindet. Die Benediktiner haben hier Anfang des 12. Jahrhunderts ein imposantes Kloster errichtet, das noch sehr gut erhalten ist. Fast die gesamte Insel ist dicht mit Kiefern und Eichen bewachsen – mit einem Waldanteil von mehr als 90 Prozent zählt sie zu den am stärksten bewaldeten Inseln im Mittelmeer. Unter Wasser tummeln sich zahlreiche Fische und beeindruckende Hummer. Autos und Motorboote sind im Park verboten, Kanus, Kajaks und Ruderboote können jedoch gemietet werden. Außerhalb des Parks lassen sich in Babino Polje, etwa in der Mitte der Insel, einige Tropfsteinhöhlen besichtigen. Nach Saplunara im Süden von Mljet lockt einer der wenigen Sandstrände des Landes.

**ANFAHRT**

Es bestehen Fährverbindungen von Dubrovnik, Hvar und Split. Der Eintritt in den Nationalpark kostet etwa 90 Kuna.

**UNTERKUNFT**

Im Ort Polače auf Mljet vermieten Privatpersonen Zimmer an Gäste. Das einzige Hotel auf der Insel, Odisej beim Hafen Pomena im Nationalpark, bietet 155 Zimmer unterschiedlicher Qualität. Ein Doppelzimmer mit Balkon/Seeblick kostet je nach Saison 442 bis 749 Kuna pro Person. Info: Tel. (020) 74 40 41, **www.np-mljet.hr** **B. Gerlach**

### ÜBERLEBENSBRÜCKE

Rund 600 Braunbären leben schätzungsweise im nördlichen Bergmassiv Gorski Kotar und im Velebit-Gebirge. Offiziell sind sie zwar nicht unter Schutz gestellt – etwa 100 Tiere durften 2006 gejagt werden –, doch man hat zahlreiche Programme aufgelegt, um die Population der braunen Säuger zu stabilisieren. Zum Beispiel wurden so genannte Grünbrücken geschaffen, rund 100 Meter breit, bewachsen mit etwas Gras, die über Autobahnen führen und den Bären das Überqueren der Straße erleichtern. Bevor man 1998 die erste von zehn Querungshilfen an einer Autobahn in der Nähe von Rijeka errichtete, starben jährlich etwa 50 bis 60 Bären durch Autos oder Lastwagen. Inzwischen hat sich die Zahl auf rund zehn Tiere pro Jahr reduziert. Und die Bären können sich nun gefahrlos auch auf der anderen Straßenseite nach dem perfekten Partner umsehen.

Informationen und Bärenpatenschaften: **www.euronatur.org**

Fotos: Ivo Pervan/Kroatische Zentrale für Tourismus; Oliver Bolch/Anzenberger

# Schritt-

Von links: Schlucht im Paklenica-Nationalpark; die Gruppe steigt ab zu einer Badebucht auf der Insel Krk; Blick aufs Zentrum des schönen Dorfs Vrbnik und vom Gipfel des Guslica über alle Berge

# Macher

**Wer in Kroatien wandern will, ist mit einem geübten Guide gut beraten. Bericht über Touren durch ein traumschönes Land, latente Gefahren am Wegesrand und das Glück, beim Absacker am Abend auf Winnetous leibhaftige Erben zu treffen**

**Text und Fotos von Bianca Gerlach**

Fotos: Martin Moos/LPI; Hublitz

Rhythmisch, von links nach rechts und wieder zurück, im Sekundentakt, schwingt das kleine, rote Riemchen hinten an Torstens Rucksack. Gleichmäßig wie das Pendel einer Uhr. Torsten kämpft sich als Erster steil bergauf, bahnt mit großen Schritten den Weg. Der 32-Jährige, knapp zwei Meter groß, schlank, dunkle Locken, gibt das Tempo an. Über einen Hügel mit weichem Gras geht es, garniert mit blitzblank polierten Kalkbrocken, so steil, dass man, vorn übergebeugt, fast mit der Hand den Boden berührt und nichts außer Grün sieht – und beim Blick nach oben das rote Riemchen. Plötzlich kommt sie aus dem Takt, wippt schnell hin und her, bleibt stehen. „Wahnsinn!", ruft Torsten, breitet die Arme aus. Als wolle er die Sicht auf die Adria umarmen, die tiefblau in der Sonne flimmert. Unten im Wasser liegen die Inseln Rab und Pag wie der lang gezogene Körper eines Reptils, mit kleinen Erhebungen wie Schuppen, so lauern sie still. Der blaue Himmel steht in harter Konkurrenz zum schimmernden Meer. Wir blicken hinab vom Gipfel Zavižanska Kosa, Ziel Nummer eins dieses Tages.

Wir, das sind 19 Wanderbegeisterte plus Bergführer Torsten. Zusammen mit dem Diplom-Forstwirt, geboren in Köln, der bereits seit fünf Jahren Gruppen in kroatische Höhenlagen führt, erkunden wir eine Woche lang die Bergwelt, darunter drei der acht Nationalparks des Landes: Risnjak, ganz im Norden in der Nähe von Rijeka gelegen, sowie der Nördliche Velebit und Paklenica, beide Teile des Velebit-Gebirges, eines etwa 150 Kilometer langen Massivs, das von der Unesco zum Biosphärenreservat erklärt wurde. Ebenso auf dem Programm steht ein Ausflug auf die Insel Krk in der Kvarner Bucht. Wir durchqueren dabei verschiedene Vegetationsformen, bewegen uns im größten Karstgebiet Europas. Viele Höhenmeter gilt es zwar nicht zu knacken, der höchste Gipfel misst 1757 Meter. Aber die haben es in sich.

Dieser Wandertag hatte frühmorgens in unserem Basislager Crikvenica begonnen, einem kleinen Kurort mit venezianischem Flair direkt an der Küste. Etwa eine Stunde schraubte sich unser Charterbus in die Höhe des Nationalparks Nördlicher Velebit. Dann kam der Aufstieg per pedes zum Gipfel. Dort, kaum wieder zu Atem gekommen, verkündet Torsten: „Das war der einfache Teil des Tages. Gleich müsst ihr aufpassen, wohin ihr tretet. Das Geröll ist tückisch!" Sein Arm zeigt in Richtung Meer. Auf den ersten Blick ist hier kein Weg zu erkennen, es geht steil hinunter durch karges Gestrüpp und Geröll. Fast in Zeitlupe kraxeln wir vorsichtig bergab, auch über riesige Steinplatten, übereinandergestapelt und wacklig.

Die Auswahl an Wanderwegen im Land ist fantastisch vielfältig. In fast jeder Region sind Vereine bemüht, neue Wege zu entdecken und die Markierungen der bereits bestehenden in Schuss zu halten. Am beliebtesten sind Strecken in der Nähe des Meeres. Nicht nur wegen der Sicht bis zur Adria, sondern insbesondere, weil diese Gebiete als überwiegend minenfrei gelten. Da allerdings niemand weiß, ob nicht doch noch einige

Szenen eines Wanderurlaubs: Abstieg vom Snježnik im Risnjak-Nationalpark (oben), unterwegs auf der Insel Krk (rechte Seite), Sonnenuntergang in Crikvenica – und am Wegesrand stets die heimische Blütenpracht

## Gute Aussichten – da lacht das Herz mit der Sonne um die Wette

dieser hinterhältigen Relikte aus der Zeit der Kämpfe zwischen Serben und Kroaten in den neunziger Jahren (Seite 149) unentdeckt unter der Erde schlummern, sollte man die markierten Wege grundsätzlich nicht verlassen. Motto: Am besten nie ohne ortskundigen Führer starten. Prinzipiell wäre es auch möglich, oben zu bleiben, von Hütte zu Hütte zu laufen. Allerdings entsprechen diese Unterkünfte kaum dem Standard, den man beispielsweise aus den Alpen kennt.

„Gut gemacht", begrüßt uns Torsten, als wir nach der Kletterpartie heil unten ankommen. Er steht am Rand einer Doline. Typisch für Karstgebiete sind zahlreiche unterirdische Höhlen; bricht die Decke ein, entsteht eine Art Trichter, den man Doline nennt. „Regenwasser löst das Kalkgestein auf. Dadurch sehen einige Gipfel so urig zerstückelt aus", erklärt Torsten weiter. Diese Doline ist so tief, dass meist noch während der heißen Sommermonate Schnee am Boden liegt. In den sechziger Jahren hat man um sie herum einen botanischen Garten angelegt. Rund 900 Arten lassen sich auf einem Rundweg bewundern. Darunter auch das Juwel der einheimischen Flora: das Karst-Edelweiß.

Nach kurzer Rast durchqueren wir einen Wald. Schmale, lange, weiße Baumstämme ragen aufrecht in den Himmel. Kein Ast, der quer schießt. „Wie Kerzen auf dem Geburtstagskuchen", sagt Torsten und geht zügig weiter, sodass das Riemchen an seinem Rucksack wieder dynamische Sätze zur Seite macht. Dann, ein Stückchen höher, gleichen die Baumstämme Alpenhörnern. Wachsen einen halben Meter parallel zum Boden aus der Erde, schlagen dann einen großen Bogen in den Himmel. Dazwischen weiches Moos, das an den Ästen hochkrabbelt, dicke Felsbrocken, Dornenzweige, die wie Lianen im Weg hängen. Etwas mystisch, verwunschen wirkt alles. Immer dichter wird das Gehölz, nur ein kleiner Gang führt hindurch. Krüpplige Buchen mit knorrigen Ästen, ineinander verschlungen, und Blättern, so groß wie Mandeln.

Eine halbe Stunde später, urplötzlich, ragen unsere Köpfe hinaus ins Sonnenlicht. Die Wipfel reichen uns nur noch bis zur Schulter, das Baumkleid ist viel zu klein; wir überblicken die grüne Decke, die sich bis ins Tal ausbreitet. Unten glitzern die Wellen, vor uns liegt ein Felsmassiv mit tiefen Rillen, so zerfräst, als wenn jemand eine ätzende Flüssigkeit darübergeschüttet hätte. Zwischendrin vereinzelte Tannen, die satte, dunkelgrüne Striche auf das Gebirgsweiß zeichnen. Gipfel Nummer zwei, Veliki Zavižan, 1677 Meter hoch, ist erklommen.

Am Abend, zurück im Hotel, treffen wir ein paar Bösewichter und Siedler am Tresen, gut gelaunt, frisch abgeschminkt, hungrig auf ihr Abendbrot wartend. Ein deutsches Team von Amateur-Filmern wohnt mit uns im selben Haus, jeder einzelne ein echter Karl-May-Fan. Zwei Wochen lang fahren sie in die Berge, gehen an den Originalschauplätzen der Winnetou-Filme aus den Sechzigern (Kasten Seite 139) in Deckung, pirschen mit Leder-Mokassins über den rauen Karstboden,

Insel-Ortschaft in Top-Form: Blick vom Schiff aus nach Vrbnik auf Krk; hier beginnen auch schöne Wanderwege

lassen Platzpatronen knallen und Feuerwerkskörper mächtig explodieren, schleppen schwere Ausrüstung bergauf und bergab. Die Truppe nimmt ihre Sache ernst, investiert Geld, Freizeit, Herzblut. Sogar auf Schminke verzichten einige, wie der Regisseur Mike Dietrich. Er spielt den Indianerhäuptling und hat sich mit vielen Solarium-Stunden auf seine Rolle vorbereitet. Mokkabraun gebrannt, erzählt er stolz: „Das ist bereits unser zweiter Film. Nummer eins war ein Spaßprojekt. Aber dieser hier wird richtig professionell. Mit eigens komponierter Musik, Spezialeffekten, Studio-Cuts.“ Dann rauscht er davon, zum Team-Meeting und Feierabendbier.

Bereits vier Tage sind wir unterwegs in einer einzigartigen Landschaft, die sich mit jeder Tour verändert. Der Nationalpark Risnjak im Norden, unweit von Rijeka, beeindruckt mit dichtem Wald, der Heimat von Braunbären und Luchsen, denen der Park seinen Namen verdankt. Auf der Insel Krk in der Kvarner Bucht ändert sich das Klima: Mediterran ist es nun, heiß, die Pfade sind von Rosmarin und Salbei gesäumt. Beim Wandern durch einen Canyon am Krupa-Fluss machen wir Rast an einem Wasserfall, genießen frische Feigen, scheuchen einen Schwarm weißer Schmetterlinge hoch, die wie Schneeflocken um uns herumwirbeln, baden im kristallklaren, eisig kalten Wasser. Und begegnen einem Teil der Vergangenheit des Landes. Inmitten dieser kargen Gegend stoßen wir auf eine ehemalige Serben-Siedlung mit verlassenen Häusern, eingestürzten Dächern. Im Schulgebäude liegen Hefte auf dem Boden, nebenan Dreck und alte Pullis, ein Zeugnis unter einer aus dem Atlas herausgerissenen Seite. Eine beklemmende Atmosphäre. Vor einem Haus jedoch flattert wieder Wäsche im Wind. Einige Bewohner sind zurückgekehrt.

Zum Schluss der Tour wandern wir durch die Kulisse legendärer Karl-May-Filme, durch die Schlucht im Nationalpark Paklenica: lotgerade, steile, riesige Wände, fast 400 Meter hoch, ein gewaltiges Relikt aus der Eiszeit, als Gletscher sich durch den Stein vorwärtsfrästen. Ganz klein stehen wir am Fuße dieser urgewaltigen Schönheit, staunen, den Kopf in den Nacken gelegt. Und entdecken bunte Kleckse an den Wänden, die Jacken von Kletterern. Paklenica bietet Felsbezwingern optimale Voraussetzungen: griffigen Stein, zahlreiche Routen für Anfänger und Profis sowie den Rausch der Höhe. Die längste zusammenhängende Strecke misst 300 Meter, nahezu einzigartig in Europa. Nur während der Brutzeit der Gänsegeier müssen sich die Senkrechtstürmer einschränken. Einige Routen werden dann zum Schutz der Tiere gesperrt.

Den Blick immer wieder nach oben gerichtet, fasziniert von den wagemutigen Freeclimbern, beginnen wir den Abschiedsaufstieg. Leichte Steigung, die Steine etwas rutschig vom Regen in der Nacht. Torsten setzt sich an die Spitze, gibt den Rhythmus vor. Meter auf Meter bergauf, es wird zunehmend diesiger. Oben angekommen, hören wir das Brummen eines riesigen

Risnjak, Nördlicher Velebit und Paklenica sind drei der acht ausgewiesenen Nationalparks Kroatiens

Tierisch gute Begegnung: Rendezvous zwischen freundlicher Ziege und Zweibeinern

Stromgenerators. Eine Gruppe Ausflügler steht direkt daneben und schaut auf ein kleines Gitter. Das Metalltor verriegelt den Eingang zur Tropfsteinhöhle Manita Peć. Etwa alle 20 Minuten darf man zusammen mit einem Führer hinein.

„Zieht euch warm an!", rät Torsten, als kurze Zeit später unsere Tour beginnt. Schummrig düster ist es und mindestens zehn Grad kälter als draußen. Wir steigen die Metalltreppe hinab, die Schritte hallen dumpf. Nur wenige Lampen werfen kleine Lichtkegel an die nass glänzenden Wände. Die meisten sind schneeweiß, unterbrochen durch kleine Terrassen, an denen lange Zapfen hängen, wie die Gischt eines Wasserfalls. An einer riesigen Säule stoppt unser Guide, serviert auf Deutsch Fakten über die Höhle: 550 Meter über dem Meeresspiegel gelegen, 175 Meter lang, geteilt in zwei Hallen. Kaum einer hört richtig zu, die Blicke schweifen vielmehr über die dicke Stütze hinter dem Mann. Masken scheinen hineingemeißelt, Augen, Ohren, Münder lassen sich erkennen, wie auf einem Totempfahl. In dem düsteren Licht beinahe ein wenig unheimlich. Auf dem Weg in den zweiten Saal der Gruft wechselt der Stein die Farbe, einige Brocken schimmern rötlich. Lange Röhren, wie die Orgelpfeifen aneinandergepresst, dominieren den Raum: das Ergebnis steter Tropfen, seit rund 80 Millionen Jahren.

Noch ein paar erklärende Sätze, dann bittet der Guide zurück nach oben. Raus aus der Kühle. Der Nebel hat sich verzogen, unter uns schlängelt sich in ganzer Schönheit die Schlucht. Das weite Karstland, die Stille und die pralle Natur haben uns zurück. ■

**Info Nationalparks Seite 138**

Als überzeugte Winnetou-Verehrerin war Autorin **BIANCA GERLACH** natürlich von dieser aus vielen Karl-May-Filmen bekannten Region fasziniert. Trotz ausgiebiger Lauer konnte sie jedoch nirgendwo eine Rothaut entdecken. Gerlach (31) arbeitet in der Redaktion des ADAC reisemagazins.

## INFO WANDERN

Gut ausgeschilderte Wanderrouten braucht man in Kroatien nicht lange zu suchen: In fast jeder Region halten Vereine die Wegmarkierungen (rote Kreise) in Schuss. Dennoch sollte man mit einem kundigen Bergführer starten – schon wegen der Gefahr durch Landminen (Seite 149). Ideal zum Wandern sind die Zeit zwischen zweiter Mai- und erster Junihälfte sowie der Spätherbst; während der heißen Sommermonate sind Touren eher nicht zu empfehlen. In höheren Lagen kann zu Beginn und am Ende der Saison Schnee liegen. Von Hütte zu Hütte wandert man in Kroatien selten. Tagesausflüge sind die Regel, wobei die Ausgangsorte meist nur per Auto zu erreichen sind.

### STARTPUNKTE

**CRIKVENICA**
Von diesem Badeort, etwa 35 Kilometer von Rijeka entfernt, lassen sich die Nationalparks Risnjak und Nördlicher Velebit gut erkunden. Crikvenica schätzt man von jeher als Erholungsort – wegen der windgeschützten Lage, des klaren Wassers und der guten Luft.

**STARIGRAD PAKLENICA**
Perfektes Basislager für Ausflüge in den Nationalpark Paklenica, dessen Eingang am Südende des lang gezogenen Ortes liegt. Links und rechts der viel befahrenen Adria-Straße reihen sich Hotels, Pensionen, Bars und Restaurants aneinander.

**NATURPARK PAPUK**
Dieses Gebiet im Landesinnern Slawoniens wurde 1999 zum Naturpark erklärt. Die höchste Erhebung misst 953 Meter. Rund um das Massiv findet man mehrere Berghütten sowie das Thermalbad Toplice.
**www.pp-papuk.hr**

### ÜBERNACHTEN

**HOTEL THERAPIA**
Das ehemalige Kurhotel Therapia thront mit seiner strahlend gelben Fassade auf einem Hügel. Im Jahr 1895 erbaut und 2006 renoviert, bietet es Zimmer mit schönen, alten Möbeln sowie mit moderner Einrichtung. Vom Pool aus blickt man auf die Adria; im Wellness-Bereich werden Massagen und Thalasso-Therapie angeboten.
■ 51260 Crikvenica, Braće Buchoffer 12, Tel. (00385-51) 20 97 00, Fax: 78 50 72. DZ mit Balkon und Meerblick 474–840 KN pro Person.
**www.therapia.hr**

**HOTEL VICKO**
Familienbetrieb mit nettem Personal und stilvoll eingerichteten, eher kleinen Zimmern. Die mit Meerblick sind etwas laut, da sie direkt an der Adria-Straße liegen, dafür hat man Aussicht auf grandiose Sonnenuntergänge über dem Wasser. Mehrfach ausgezeichnetes Restaurant.

Nach Sonnenuntergang wird an der Bar des Vicko geshakert

■ 23244 Starigrad Paklenica, Jose Dokoze 20, Tel. u. Fax: (00385-23) 36 93 04. EZ ab 540 KN, DZ ab 665 KN (Hauptsaison).
**www.hotel-vicko.hr**

**HÜTTEN IM VELEBIT**
Übersicht auf Deutsch:
■ **www.pp-velebit.hr/njem/planinarski%20objekti.htm**

### VERANSTALTER

**WIKINGER REISEN**
Spezialist für Wander- und Trekkingtouren mit kundigen Reiseleitern; hat auch die Tour aus unserer Reportage organisiert.
■ Tel. (02331) 90 46.
**www.wikinger-reisen.de**

**VDM TRAVEL AGENCY**
Diese Reiseagentur in Zagreb arrangiert individuelle Touren.
■ Tel. (00385-1) 606 58 47.
**www.vmd.hr**

**Weitere Sport-Infos Seite 74**

Vukovars zerschossener Wasserturm mahnt, und das Leben geht weiter

# Was ist schon normal?

Der Jugoslawienkrieg führte im Nordosten des heutigen Kroatien zu schweren Zerstörungen. Besonders hart traf er Vukovar. In der Stadt, der man die Bombardierung von 1991 immer noch ansieht, haben die Menschen wieder ihren Weg in den Alltag gefunden. Ein Blick zurück in die Geschichte – und nach vorn

Vukovar war schon 87 Tage lang belagert und fast pausenlos beschossen worden, als Einheiten der jugoslawischen Volksarmee (JNA) und serbische Milizen am 18. November 1991 die ostslawonische Kleinstadt einnahmen. Zu diesem Zeitpunkt lebten nur noch wenige tausend Menschen in der ethnisch gemischten Stadt – vor dem Bombardement waren es schätzungsweise 45 000 gewesen. Wer nicht geflohen war, suchte in Kellern Schutz oder verteidigte die Stadt, deren Bausubstanz inzwischen zu 90 Prozent zerstört war.

Was in den Tagen nach der Einnahme Vukovars geschah, zählt zu den grausigen Höhepunkten des Jugoslawien-Kriegs der neunziger Jahre. Mehrere hundert Menschen suchten in Vukovars Krankenhaus Zuflucht. Sie verließen sich darauf, dass sie gemäß einer Vereinbarung zwischen der JNA und der kroatischen Regierung evakuiert würden. Stattdessen verschleppten die Eroberer am 20. November etwa 300 nicht-serbische Personen aus dem Krankenhaus – neben kroatischen Soldaten auch Patienten und Pfleger. Die Männer wurden fünf Kilometer südöstlich von Vukovar auf das Gelände einer Schweinezucht in Ovčara gebracht und dort misshandelt. Am Abend desselben Tages waren etwa 260 von ihnen tot – erschossen. Sie wurden unter dem Einsatz von Bulldozern in einem Massengrab verscharrt.

Vukovar, das am Zusammenfluss von Vuka und Donau liegt, galt den serbischen Besatzern als Symbol des kroatischen Unabhängigkeitsstrebens und war deshalb zu einer besonderen Zielscheibe geworden. Auch zahlreiche andere Orte nahe der östlichen Grenze, etwa Osijek, Ilok, Vinkovci und Drniš sowie Knin in Mitteldalmatiens Hinterland, der Krajina, hatten Todesopfer und Zerstörungen zu beklagen. Die Küstengebiete kamen dagegen vergleichsweise glimpflich davon. Zwar wurden einzelne Städte wie Zadar, Šibenik und, am intensivsten, Dubrovnik zwischenzeitlich belagert und beschossen, doch die restlichen Küstenabschnitte wie auch die Inseln und ganz Istrien blieben von Bombardements und Besatzung verschont. Dort kann man sich als Reisender heute kaum vorstellen, dass Kroatien vor einer halben Generation noch um seine Grenzen kämpfte. Die letzten Flüchtlinge haben dort schon vor Jahren die vorübergehend zu Notunterkünften umfunktionierten Hotels geräumt. Es ist, als sei nichts passiert.

Im Landesinnern hingegen, zwischen Karlovac und dem Raum Knin sowie im Nordosten, sind die Kriegsspuren in Gestalt zerschossener Gebäude oder brachliegender Felder vielerorts noch sichtbar. Und die seelischen Verletzungen haben die Menschen noch lange nicht überwunden. Erst ein Teil der Vertriebenen ist dauerhaft heimgekehrt. Jobs sind Mangelware, Auslandsinvestitionen gering. Und obwohl sämtliche Straßen und Wege mittlerweile von Minen geräumt sind, sodass man sich wieder angstfrei bewegen kann, ist vom unbeschwerten Querfeldein-Wandern dringend abzuraten. Mancherorts warnen nach wie vor gelbe Signalschilder und Sperrbänder vor explosiven, im Boden vergrabenen Minen (Seite 157).

Die Ursachen für den Kriegsausbruch in Kroatien Mitte Juli 1991 reichen tief in die Geschichte zurück: Ab dem 16. Jahrhundert hatten die Habsburger im gesamten Südosten ihres Reiches eine „Militärgrenze" eingerichtet. Zur Verteidigung gegen die Osmanen hatten sie Gemeinden mit Bauernsoldaten, zumeist serbischen Flüchtlingen, gegründet. Fortan lagen diese Gebiete, darunter Slawonien und die Krajina, im machtpolitischen Spannungsfeld zwischen Wien und Konstantinopel; ihre Bewohner wurden je nach Bedarf und ethnischer Zugehörigkeit wie Schachfiguren an-, aus- oder umgesiedelt.

Als sich nach dem Ersten Weltkrieg das Königreich der Serben, Kroaten und Slowenen konstituierte, brachen zwischen seinen beiden größten Völkern rasch Konflikte aus. Die Kroaten strebten eine Föderation an, doch die Serben erzwangen einen Zentralstaat, den sie von Belgrad aus regierten. Ende der zwanziger Jahre eskalierte die Krise. Demonstrationen wurden unterdrückt, kroatische Parlamentsabgeordnete und schließlich 1934 der König erschossen. 1941 ließ Hitler Jugoslawien zerschlagen, der Westen fiel an Mussolini. Über einen Teil der Küste und das kroatische

Aufbruch aus Ruinen: Schloss Eltz präsentiert Kunstausstellungen

Fotos: Ed Kashi/Corbis; Romulic/www.photocroatia.com

Vukovar 1991 und heute: Die Donaustadt erholt sich langsam vom Krieg

Binnenland herrschte das faschistische, radikal antiserbische Ustaša-Regime. Ein Bürgerkrieg entflammte, in dem sich die Fronten zwischen kommunistischen und königstreuen Freischärlern, der deutschen Besatzungsmacht und diversen ethnischen Parteien zu einem Kampf aller gegen alle verwirrten. Am Ende siegte Marschall Josip Broz „Tito" mit seinen Partisanen. In dem von ihm wieder gegründeten Vielvölkerstaat, der Volksrepublik Jugoslawien, übertünchte er mit einem ausgeklügelten Föderalsystem und dem Sonderweg einer „sozialistischen Marktwirtschaft" die nationalen Gegensätze. Nach seinem Tod (1980) keimte, gefördert durch ein ausgeprägtes Nord-Süd-Wohlstandsgefälle, die alte Saat der Gewalt erneut.

Als sich ab 1990 eine Teilrepublik nach der anderen für unabhängig erklärte, verfiel Slobodan Milošević, Präsident der Teilrepublik Serbien, der Idee, die serbischen Siedlungsgebiete allesamt in einem neu zu schaffenden Großstaat zu vereinen. Er proklamierte eine Republik Krajina und in Slawonien ein „autonomes Gebiet" – damit besetzte Serbien insgesamt ein Drittel des kroatischen Territoriums. Ein 1992 getroffener Waffenstillstand und die Stationierung von Uno-Soldaten festigten diesen Status vorübergehend. 1995 blies Franjo Tuđman, Präsident in Zagreb, zur Rückeroberung der südlichen Krajina und Westslawoniens. Nun waren es die Serben, die massenhaft flüchteten. Ostslawonien und damit auch Vukovar kamen unter die Verwaltung der Uno. 1996 war die Idee vom Großserbischen Reich Geschichte. Kroatiens volle staatliche Souveränität wurde allerdings erst Anfang 1998, nach Abschluss der mühevollen, unter internationaler Aufsicht erfolgten Eingliederung Ostslawoniens und damit auch Vukovars, wieder hergestellt. Die Zahlen der Opfer des Kriegs gehen je nach politischem Standpunkt weit auseinander. Nach kroatischen Angaben forderte er in Kroatien mehr als 1200 Tote und Hunderttausende Flüchtlinge oder Vertriebene. Teile der Infrastruktur wurden zerstört, der Tourismus brach zusammen.

Seither hat in den vom Krieg malträtierten Regionen eine gewisse Entspannung – jedoch noch keine Normalisierung – eingesetzt. Eine Reise etwa durch Ostslawonien ist nicht nur wieder möglich, sondern durchaus zu empfehlen. Zumal sich die sehr traditionsbewuste und gastfreundliche Bevölkerung eifrig bemüht, ihre Heimat vom Kainsmal einer Konfliktzone zu befreien.

Auf dem Land haben Privatpensionen eröffnet. Entlang der Donau sind abschnittsweise neue Radwege entstanden, und im Kopački rit, einem Natur-

## DIE HAND REICHEN

Interview mit Miroslav Nemec über Wiederaufbauhilfe

**Miroslav Nemec,** 1954 in Zagreb geboren, lebt seit 1966 in Bayern. Der studierte Musiker und als „Tatort"-Kommissar populäre Schauspieler ist seiner Heimat weiterhin verbunden. So unterstützt er seit dem Krieg ein Hilfsprojekt für traumatisierte Kinder in Kroatien

**Sie haben 1994 den Hilfsverein „Hand in Hand" gegründet. Was war Ihre Motivation?**
Auslöser war der Krieg in Kroatien. Die Bilder, die wir im Fernsehen sahen, haben meinen Freund Drago Ragutin, der auch Schauspieler und in Kroatien geboren ist, und mich entsetzt. Am meisten taten uns die Kinder leid, die Kriegswaisen. Wenigstens einigen von ihnen wollten wir beistehen.

**Wie konnten Sie helfen?**
Zuerst mussten wir Geld sammeln. Einen Tag lang habe ich zum Beispiel übers Radio in Bayern immer wieder die Zuhörer aufgefordert, uns zu unterstützen. Allein an diesem

park an der Draumündung, wurden neue Wanderwege angelegt, auf denen besonders Vogelliebhaber die Gegend erkunden. In Ilok haben Unternehmer aus Zagreb die besten Weinanbauflächen, Kellereien und Schloss Odescalchi gekauft, um bald Wein und Hotellerie in bester Qualität anzubieten. In Vucedol, einer Fundstätte von Weltrang aus der frühen Bronzezeit, ist ein Archäologischer Park in Planung. Auch in Vukovar erstrahlen zu Füßen des völlig zerschossenen, als Mahnmal belassenen Wasserturms etliche verwüstete Baudenkmäler in neuem Glanz. Hier baut man gerade eine Marina, auf dass künftig wieder wie früher die Schiffe der Donaukreuzfahrer anlegen.

In Vukovar steht mit Schloss Eltz jenes Gebäude, das wie kein zweites den derzeitigen Aufbruch versinnbildlicht: Der barocke Prachtbau, einst Sitz der Landesherren und vor dem Krieg Städtisches Museum, ist äußerlich betrachtet eine Ruine. Hinter seiner von MG-Salven zersiebten Fassade ist jedoch neues Leben eingezogen. Hier finden im Monatsrhythmus interessante Ausstellungen statt. Man hat sogar wieder Sinn dafür, sich unter anderem kroatischer Gegenwartskunst zu widmen. ■

**Walter M. Weiss**

Flucht und Vertreibung gab es in ganz Jugoslawien

Fotos: Antoine Gyori/CORBIS SYGMA; Romulic/www.photocroatia.com; Torsten Silz/ddp; Ranko Cukovic/Reuters/Corbis; akg-images/picture-alliance;

## MIT ALLER MACHT: TITO

Josip Broz, 1892 im Dörfchen Kumrovec geboren, begann seine politische Karriere unter dem Decknamen Tito im Politbüro der damals verbotenen Kommunistischen Partei (KPJ). 1937 wurde er deren Generalsekretär. Im Zweiten Weltkrieg organisierte er den Partisanenwiderstand gegen die deutschen und italienischen Besatzer und gegen die nationalen Četniks. Nach der weit gehenden Rückeroberung wurde er Regierungschef der Volksrepublik Jugoslawien. Mit seinem „dritten Weg" zwischen Kapitalismus und sozialistischer Planwirtschaft setzte sich Tito ideologisch von Stalin ab. Außenpolitisch gründete er 1956 in Abgrenzung von den zwei Großmachtblöcken des Kalten Krieges mit Nasser und Nehru die Bewegung blockfreier Staaten. 1963 wurde er zum Staatspräsidenten Jugoslawiens auf Lebenszeit gewählt – ein Amt, das er bis zu seinem Tod 1980 vor allem nach innen zunehmend autokratisch ausübte.

■ Geschichtliche Daten: Seite 159.

**AUSKUNFT ÜBER DIE REGION**

■ Tourismusverband der Gespanschaft Vukovar-Srijem: 32100 Vinkovci, Glagoljaška 27, Tel. (00385-32) 34 40 34.
**www.tzvsz.hr**

**www.adac.de/reisemagazin**

**WILLKOMMEN!** Slawonien lockt Besucher mit sehenswerten Schlössern und Museen. Adressen auf unserer Website

Tag kamen umgerechnet etwa 250 000 Euro zusammen. Mit meiner Band habe ich Benefizkonzerte gegeben.

**Wofür haben Sie das Geld gebraucht?**

In Oprtalj, einem relativ entlegenen 100-Seelen-Dorf in Istrien, haben wir fünf verlassene Häuser erworben und saniert. Ein paar deutsche Betriebe haben Material zur Verfügung gestellt, einige Handwerker gratis gearbeitet.

**Sind daraus Waisenhäuser geworden?**

Nein, die Idee war, elternlose Kinder – gleich welcher Volksgruppe – in Familien zu integrieren. Wir suchten und fanden fünf bereitwillige Elternpaare, teils mit eigenen Kindern, die in die Häuser zogen und acht oder neun Waisen aufnahmen. Diese Eltern und das Flüchtlingsministerium haben die Kinder ausgesucht. 46 fanden ein neues Zuhause. Und wir haben die Familien finanziell unterstützt.

**Die Kinder hatten im Krieg Furchtbares erlebt.**

Sie waren alle vom Krieg gezeichnet, traumatisiert. Ihre Väter und Mütter waren getötet oder verschleppt worden. Manche Kinder hatten tagelang verletzt unter den Trümmern ihres Elternhauses gelegen. Viele fanden nur schwer zurück ins alltägliche Leben, in die Geborgenheit einer Familie. Und es werden sicherlich Schäden bleiben.

**Konnten Sie sich um die Kinder kümmern?**

Wir waren nur etwa dreimal im Jahr in Oprtalj, öfter ging es leider nicht. Wir haben zusammen mit den Familien gegessen und gesprochen, musiziert und Fußball gespielt.

**Wie geht es mit Ihrem Projekt weiter? Gehen die Kriegskinder jetzt ihre eigenen Wege?**

Zum Teil ja. Manche sind in der Ausbildung, aber sie leben noch in ihrem Familienverbund. Und neue Kinder sind dazugekommen, die nicht durch Kriegseinwirkungen zu Waisen wurden. Unser Projekt läuft inzwischen über den Verein Zauberstäbchen e.V. weiter.

**Interview: Michael Dultz**

# REISEPLANUNG

Tipps zur Vorbereitung, Adressen für alle Fälle vor Ort, Infos zur Reisezeit, große Karte und Medien zum Einstimmen

## MEDIEN

### SCHON GELESEN?

LITERATUR

**KURT HELD**
**DIE ROTE ZORA UND IHRE BANDE**

Hätten Sie's gewusst? Der Jugendroman-Klassiker spielt in Kroatien: Die rote Zora versteckt sich mit ihrer Bande in einer Burgruine in der Küstenstadt Senj und erlebt etliche Abenteuer. Auch als Audio-CD (Patmos, 1998) und verfilmt auf DVD (Universal) erhältlich.
■ Sauerländer, 2006, 19,80 €.

**MIRO GAVRAN**
**DER ENGEL VON OMORINA**

Der 20-jährige Mislav, geistig auf dem Niveau eines Zehnjährigen, kommt nach Jahren im Heim zurück in sein Elternhaus. Von seiner Familie abgelehnt, verliebt er sich in das Nachbarmädchen Jasenka. Ein anrührender Roman von einem der renommiertesten Schriftsteller des Landes, dessen Werke bereits in 17 Sprachen übersetzt wurden.
■ Seifert, 2004, 14,90 €.

**WOLFRAM LETZNER**
**DAS RÖMISCHE PULA**

Ein Buch für archäologisch Interessierte: Darin finden Sie viele Fakten und üppige Illustrationen zu den antiken Bauwerken in Pula an der Südspitze Istriens.
■ Zabern, 2005, 37,90 €.

**SLAVENKA DRAKULIĆ**
**KEINER WAR DABEI. KRIEGSVERBRECHEN AUF DEM BALKAN VOR GERICHT**

Über mehrere Monate verfolgte die Autorin die Verhandlungen des Internationalen Kriegsverbrechertribunals über die Vergehen während des Zusammenfalls Jugoslawiens. Sie zeichnet auf, wie Nachbarn Todfeinde wurden. Ausgezeichnet mit dem Buchpreis zur Europäischen Verständigung 2005.
■ Zsolnay, 2004, 17,90 €.

**MELLA WALDSTEIN, MANFRED HORVATH**
**DIE FARBEN ISTRIENS**

Toller Bildband über die Halbinsel mit spannenden Geschichten rund um die Bewohner, das Essen und Leben.
■ Christian Brandstätter Verlag, 2007, 59,90 €.

**EDO POPOVIĆ**
**AUSFAHRT ZAGREB-SÜD**

Schriftsteller Baba glaubt seine besten Jahre hinter sich zu haben. Ähnlich geht es dem alkoholkranken Rechtsanwalt Kančeli und der Anglistin Vera. Zusammen versuchen sie, ihrem Leben noch eine positive Wende zu geben. Ein Roman, teils in sehr umgangssprachlichem Ton, über den tristen Alltag im Zagreber Vorort Utrine. Buch und CD.
■ Voland Quist, 2006, 17,90 €.

**EUROPA ERLESEN. DALMATIEN**

Geschichten über die Region von Autoren wie Heinrich Mann, Ernst Jünger und Peter Handke.
■ Wieser Verlag, 1998, 12,95 €.

**DUBRAVKA UGREŠIĆ**
**DAS MINISTERIUM DER SCHMERZEN**

Die Zagreberin Tanja ist Dozentin für serbokroatische Literatur an der Amsterdamer Universität. Mit Studenten aus Ex-Jugoslawien wagt sie ein „jugonostalgisches" Experiment: Sie erinnern sich gemeinsam an ihre Kindheit.
■ Berlin Verlag, 2005, 19,90 €.

KOCHBÜCHER

**ZELJKA KONČIĆ, ELKE SCHLICHTER**
**KULINARISCHES KROATIEN**

Zahlreiche landestypische Rezepte, einfach erklärt. Gewinner des Gourmand-Weltkochbuch-Preises. Einige Rezepte zum Nach-

kochen veröffentlichen wir unter www.adac-reisemagazin.de.
■ Duomundi, 2003, 17,95 €.

REISEFÜHRER

**WERNER LIPS**
**KROATIEN**

Wissenswertes für die Vorbereitung, interessante Hintergrund-Informationen über Land und Leute sowie praktische Tipps für Unterkunft, Restaurants und Transport.
■ Reise Know-How, 2005, 19,90 €.

**DARJA PEITZ HLEBEC**
**ADAC REISEFÜHRER PLUS. ISTRIEN UND KVARNER GOLF**

Ein kompakter Überblick über die beliebten Ferienregionen Istrien und Kvarner Golf mit zahlreichen Service-Adressen, Top-Tipps und einer Urlaubskarte.
■ ADAC Verlag, Neuauflage 2006, 8,95 €.

**MARIA PERNAT**
**KROATIEN**

Übersichtlich gestaltete, gute Einführung in das Urlaubsland. Tourenvorschläge und eine praktische Flip-Map-Karte zum Herausnehmen.
■ Polyglott, 2005, 7,95 €.

### SCHON GEHÖRT?

**MILKO KELEMEN**
**PORTRAIT OF A COMPOSER**

Gesammelte Werke des bekanntesten, mehrfach ausgezeichneten kroatischen Komponisten Milko Kelemen.
■ Bis, 1995.

**IVO ROBIĆ**
**TRÄUME VOM GLÜCK**

Der Schlagersänger aus Bjelovar kam 1955 in die damalige DDR und feierte seinen Durchbruch vier Jahre später mit dem Hit „Morgen, morgen, lacht dir wieder das Glück".
■ Polydor, 2000.

**VESNA PISAROVIĆ**
Eine der bekanntesten Pop-Sängerinnen des Landes, mehrmals ausgezeichnet. Ihre zahlreichen Veröffentlichungen sind leider nicht in Deutschland erhältlich. Einige Songs zum Reinhören:
**www.vesnapisarovic.com**

**IVO MALEC**
**SONORIS CAUSA/OTTAVA ALTA/EXEM**
Der Zagreber Komponist hat sich auf eine Mischung aus instrumentaler Musik und elektronischen Klängen spezialisiert.
■ Timpani, 2005.

## SCHON GESEHEN?

**REISELUST KROATIEN**
Reise-Reportage (43 Minuten) mit Ausflügen nach Split, Zadar, in den Nationalpark Paklenica und mit dem Segelboot durch den Archipel der Kornaten.
■ ZDF, DVD, 2006.

**WARHEADS – SÖLDNER UND IHRE ARBEITSPLÄTZE AUS DER NÄHE**
Packende, kommentarlose Dokumentation von Romuald Karmakar („Der Totmacher") über einen deutschen Ex-Fremdenlegionär und einen englischen Söldner im kriegsumkämpften Kroatien.
■ Regie: Romuald Karmakar, D/F 1992. Absolut Medien (DVD).

**KARL MAY DVD COLLECTION I: WINNETOU – DER MYTHOS LEBT!**
„Der Schatz im Silbersee", „Winnetou und das Halbblut Apanatschi" plus „Winnetou und sein Freund Old Firehand" – Filme, für die Kroatien als Kulisse diente.
■ Regie: Harald Reinl, Harald Philip, Alfred Vohrer, D/YUG 1962–66. Universum.

**DIE REMBRANDT-CONNECTION**
Ein Top-Agent (Pierce Brosnan) jagt einem gestohlenen Gemälde über den gesamten Globus nach. Action-Thriller mit zahlreichen kroatischen Drehorten.
■ Regie: David S. Jackson, GB/USA/HR 1995. Kinowelt (DVD).

## INTERNETTIPPS

Zweirad-Touren: www.istria-bike.com

**ZUR INFO:** **www.kroatien.hr** Die offizielle Seite des Kroatischen Fremdenverkehrsamtes liefert nützliche Tipps zur Reisevorbereitung, Hotelempfehlungen und Hintergrund-Informationen über die einzelnen Regionen des Landes.

**WETTERNEWS:** **www.wetter.net/n116.html** Hier steht, ob die Sonne scheint und wie es in den nächsten Tagen aussieht.

**FÜR SEGLER:** **www.skippertips.de** Gut gemachte Privatseite mit zahlreichen Informationen für Segler. Darunter Routenvorschläge, Charteragenturen und eine Übersicht über die kroatischen Häfen.

**FÜR CAMPER:** **www.camping.hr** Infos (auch auf Deutsch) und Links zu Campingplätzen in ganz Kroatien. Mit interaktiver Karte.

**UNTERWEGS:** **www.hznet.hr** Auch die Seite der Kroatischen Eisenbahn gibt es auf Deutsch – inklusive Fahrplanauskunft und Übersicht über die Ticketpreise.

**TIPPS VON PRIVAT:** **www.mein-kroatien.info** Von Kroatienfans zusammengetragen: Informationen über Regionen und Städte im Wikipedia-Stil. Dazu gibt es ein Reiseforum und Hoteltipps.

**FÜR AKTIVE:** **www.istria-bike.com** Übersichtliches Internet-Portal mit Infos und Tourenvorschlägen für Genussradler, Familien und sportlich Ambitionierte.

**AUF DIE OHREN:** **www.radiodeejay.hr, www.otvoreni.hr** Zwei kroatische Radiostationen mit Live-Streams zum Reinhören ins Programm.

**FÜR WINNETOU-ANHÄNGER:** **www.karl-may-hoerspiele.info** Tipps für Lesungen und Informationen über neue Hörspiele.

**VON UND FÜR FANS:** **www.forum-kroatien.de** Forum mit vielen aktiven Mitgliedern, die sich über Anreise und Tipps für unterwegs austauschen.

**www.adac.de/reisemagazin**
Hier finden Sie die wichtigsten Links zum Anklicken.

# VOR DER REISE

## AUSKUNFT

Offizielle Anlaufstelle für touristische Informationen sind die Kroatische Zentrale für Tourismus und deren Vertretungen in Deutschland, Österreich und der Schweiz. Broschüren können via E-Mail, Anruf oder Fax bestellt werden. Genaueres erfährt man auf der Homepage:
**www.kroatien.hr**

**KROATISCHE ZENTRALE FÜR TOURISMUS DEUTSCHLAND**
60311 Frankfurt/M., Kaiserstraße 23, Tel. (069) 238 53 50,
Fax: 23 85 35 20,
E-Mail: kroatien-info@gmx.de.
80469 München,
Rumfordstr. 7,
Tel. (089) 22 33 44,
Fax: 22 33 77, E-Mail:
kroatien-tourismus@t-online.de.
Geöffnet sind die Vertretungen
Mo.–Do. 9–13 und 14–18,
Fr. 9–13 und 14–17 Uhr.

## ADAC-SERVICE

Die ADAC-Plus-Mitgliedschaft bietet Reisenden umfangreichen Schutz. Zu den „normalen" Vorteilen für Mitglieder kommen Extraleistungen wie Krankenrücktransport und Heimholservice. Außerdem empfiehlt es sich, die ADAC-Auslandskrankenversicherung abzuschließen, die Krankenhaus- und Arztkosten erstattet. Auskünfte erteilen die Geschäftsstellen des ADAC, der ADAC-Info-Service (Tel. 01805-10 11 12/0,123 Euro/Minute, unter anderem aktuelle Hinweise zur Badewasserqualität an der Adria) sowie die ADAC-Homepage (www.adac.de). Bei der Planung der Reiseroute hilft das ADAC-Tourset Kroatien mit Infos zu Einreisebestimmungen, Sehenswürdigkeiten und mehr. Das Tourset erhalten Sie kostenlos bei Vorlage Ihrer Mitgliedskarte in allen ADAC-Geschäftsstellen.

## ANREISE

**MIT DEM AUTO**
Wer aus Deutschland anreist, fährt auf der Hauptroute E 55 von München über Salzburg und auf der Tauernautobahn via Villach nach Ljubljana. Hinter dem kroatischen Grenzübergang Rupa geht es weiter nach Rijeka und dann immer entlang der Adria-Magistrale E 65 Richtung Süden. Eine Alternative ist die Autobahn Villach–Triest mit Weiterfahrt auf der E 61 nach Rijeka. Für Schweizer empfiehlt sich die Anreise über die Gotthard- oder Bernardino-Route: Sie führt über Chiasso und auf der A 4 bis Triest, dann auf der SS 14 nach Slowenien (durch Slowenien auf der E 61) und ab der kroatischen Grenze weiter auf der E 63.
Auf fast allen Autobahnen werden Mautgebühren erhoben, zum Beispiel auf den Strecken Zagreb–Bosiljevo–Zadar–Šibenik–Split (157 Kuna), Zapreši–Krapina, Zagreb–Bregana, Zagreb–Slavonski–Brod–Županja, Zagreb–Varaždin–Gorivan und Rijeka–Rupa (5 Kuna). Kostenpflichtig ist auch die Nutzung folgender Schnellstraßen: Bosiljevo–Rijeka, Mautrampe Tunnel Učka (28 Kuna), Mautrampe Mirna und die Brücke zur Insel Krk (30 Kuna). Die Gebühren für alle Autobahnabschnitte können Sie den folgenden Internetseiten entnehmen:
**www.hak.hr, www.hac.hr, www.arz.hr, www.bina-istra.hr**

**MIT DEM BUS**
Internationale Buslinien verbinden Kroatien mit seinen direkten Nachbarn sowie mit zahlreichen Ländern in Mittel- und Westeuropa. Von den größeren deutschen Städten verkehren Europabusse zu den wichtigsten kroatischen Zielen. Zentrale Reservierungsstelle ist die Deutsche Touring GmbH in Frankfurt/M. (www.deutsche-touring.com). Auch das Unternehmen Eurolines (www.eurolines.com) bietet Verbindungen aus Deutschland, Österreich und der Schweiz in kroatische Städte an. Infos zu Busreisen liefern zudem die Websites der Busbahnhöfe von Zagreb (www.akz.hr) und Split (www.ak-split.hr).

**MIT DEM ZUG**
Direktzüge der Kroatischen Bahn (Hrvatske Željeznice, www.hznet.hr) verkehren zwischen Kroatien und Slowenien, Ungarn, Italien, Österreich, der Schweiz, Deutschland, Serbien und Griechenland. Zu anderen europäischen Ländern bestehen Umsteige-Verbindungen. Die Deutsche Bahn (www.db.de) bietet täglich einen Eurocity von Hamburg (Fahrtdauer rund 16 Stunden) oder München (Fahrtdauer etwa 9,5 Stunden) über Ljubljana nach Rijeka, einen Zug von München über Salzburg nach Zagreb sowie einen Autozug bis nach Rijeka (www.dbautozug.de). Besonders zur Hauptreisezeit ist eine Liege- oder Schlafwagen-Reservierung dringend anzuraten. Generell sollte beachtet werden,

**Dreh- und Angelpunkt: der Bahnhof von Zagreb**

dass das Bahnnetz in Kroatien nicht so flächendeckend ausgebaut ist wie in Deutschland. Südöstlich von Split gibt es keine Zugverbindungen mehr, außer von Ploče über Metković in nordöstlicher Richtung nach Bosnien-Herzegowina (Mostar und Sarajevo).

**MIT DEM FLUGZEUG**
Die nationale Fluggesellschaft Croatia Airlines (www.croatiaairlines.hr) verbindet Kroatien mit einer Reihe europäischen und internationalen Zielen, darunter München, Wien und Zürich. Fast alle Linienflüge nach Kroatien gehen über Zagreb (Flugzeit ab Frankfurt ca. 1,5 Stunden); daneben gibt es direkte Charterflüge etwa nach Split, Brač, Dubrovnik und Rijeka. Zu den ausländischen

**Fähren setzen von Brestova auf die Insel Cres über**

Fotos: Jochen Tack; Sermek/www.photocroatia.com

## SPRACHFÜHRER

**KROATISCH** gehört zum südslawischen Zweig der indogermanischen Sprachen und wird in verschiedenen Dialekten von rund sieben Millionen Menschen beherrscht – als Amtssprache beispielsweise auch in Bosnien-Herzegowina, in Serbiens Vojvodina, im österreichischen Burgenland und in einigen Orten in der Provinz Molise in Süditalien. Verwendet wird das lateinische Alphabet; die Konsonanten klingen weit gehend wie im Deutschen. Doch es gibt auch viele Eigenheiten: So kann das r Silben bildend sein, etwa im Inselnamen Krk. Eine Reihe von Sonderzeichen erschwert Ausländern die Aussprache: Buchstaben mit „Häkchen-Dach" wie č (tsch), š (stimmloses sch) und ž (stimmhaft wie in Journal) sowie das đ (dj) und ć (tj). Q, w, x und y gehören nicht zum Alphabet. Auch nicht ohne: Der Verlauf der Tonhöhe in einem Wort trägt ebenso wie die Länge der Vokale zu dessen Bedeutung bei. Vor allem aber, weil das Kroatische sieben Fälle besitzt – neben den im Deutschen gebräuchlichen auch Vokativ, Lokativ und Instrumental –, ist es recht schwer zu erlernen. Kroatischkurse bieten z.B. Inlingua (www.inlingua.de) in Deutschland und Lapsus (www.lapsus.hr) in Zagreb an. **Heike Platow**

Fluggesellschaften, die das Land regelmäßig ansteuern, zählen Austrian Airlines und Lufthansa. Auch der Billiganbieter Germanwings fliegt von mehreren deutschen Städten nach Split, Zagreb, Zadar und Dubrovnik (www.germanwings.com); die Tuifly setzt auf Dubrovnik und Rijeka (www.tuifly.com). Die Routen der Billigflieger immer aktuell unter: www.adac.de/reisemagazin

**MIT DEM SCHIFF**
Internationale Fährverbindungen und Schnellbootlinien bestehen zwischen Kroatien und Italien, beispielsweise von Ancona nach Split, Šibenik und Zadar, von Pescara nach Split und auf die Insel Hvar oder von Bari nach Dubrovnik. Regionale Fähren verkehren entlang der Küste von Rijeka über Split, Hvar und Korčula bis Dubrovnik. Außerdem verbinden jede Menge Schiffe, Schnellboote und lokale Fähren Festland und Inseln miteinander. Die größte kroatische Gesellschaft für den Personenschiffsverkehr heißt Jadrolinija (www.jadrolinija.hr). Sie unterhält zahlreiche internationale und inländische Fähr-, Schiffs- und Schnellbootlinien und hat Büros in allen größeren Hafenstädten. Weitere Reedereien sind Rapska plovidba d.d. (www.rapska-plovidba.hr), Lošinjska plovidba brodarstvo d.d. (www.losinjska-plovidba.hr), Split Tours (www.splittours.hr), Miatours (www.miatours.hr), Alpex (www.alpex.hr) und Kapetan Luka (www.krilo.hr), Snav (www.snav.it), Venezia Lines (www.venezialines.com). Schiffsführer, die auf dem Seeweg nach Kroatien einreisen, müssen auf dem kürzesten Weg den nächsten für den internationalen Verkehr geöffneten Hafen anlaufen.

## EIN-/AUSREISE

EU-Bürger benötigen bei der Einreise nach Kroatien für einen Aufenthalt von bis zu einem Monat einen Personalausweis, bleiben sie bis zu drei Monaten im Land, brauchen sie einen gültigen Reisepass.
Ausländische Währungen können unbeschränkt, die kroatische Währung darf dagegen nur bis zu einer Höhe von 15 000 Kuna ein- und ausgeführt werden. Reisende müssen dem Zollbeamten die Ein- und Ausfuhr ausländischer Währung ab einer Höhe von umgerechnet 40 000 Kuna (5400 Euro) anzeigen – ebenso wie technische Ausrüstung von Wert. Informationen bei der Zollverwaltung der Republik Kroatien, Tel. (00385-1) 610 23 33, www.carina.hr.
Darüber hinaus ist es Pflicht, für die gesamte Dauer des Kroatien-Aufenthalts behördlich gemeldet zu sein und Kurtaxe zu bezahlen. Normalerweise wird dies vom Personal im Hotel, in der Pension oder auf dem Campingplatz geregelt; wer außerhalb der gewerblichen Beherbergungsbetriebe nächtigt, meldet sich innerhalb von 24 Stunden selbst bei der nächsten Polizeistation an.
Wenn Sie mit Haustieren einreisen, brauchen Sie einen Internationalen Veterinärausweis (Internationalen Impfpass oder EU-Heimtierausweis). Der Nachweis über die Tollwutimpfung darf nicht jünger als 15 Tage und nicht älter als sechs Monate sein. Hundehalter müssen ferner in Erfahrung bringen, in welchen Naturparks und an welchen Stränden Hunde verboten oder nur an der Leine zugelassen sind.
Die Mehrwertsteuer für gekaufte Waren (mit Ausnahme von Treibstoffen) kann ausländischen Besuchern erstattet werden, sobald die einzelne Rechnung einen Betrag von mehr als 500 Kuna aufweist. Dazu muss man im Geschäft ein vom Verkäufer ausgefülltes Formular verlangen und sich die Rechnung bei der Ausreise vom Zollamt beglaubigen lassen.

## WAS SIND GESPANSCHAFTEN?

In Reiseführern und im Internet stößt man immer wieder auf den Begriff „Gespanschaft". Dahinter verbirgt sich das slawische Wort Župa (kroat. Županija), einst die Bezeichnung für einen Verband von Verwandten, die gemeinsam wanderten oder siedelten. Im Mittelalter wurde der Begriff in slawischen Regionen für kleine territoriale Einheiten verwendet. Als im Jahr 1001 das Königreich Ungarn entstand, wurden dessen regionale Verwaltungseinheiten ebenfalls als Gespanschaften bezeichnet. Kroatien zählt heute zu den drei Nachfolgestaaten des Vielvölkerkönigreichs, in denen der traditionelle Begriff erhalten geblieben ist: Die 20 Bezirke des Landes werden noch immer als Županija, als Gespanschaften, bezeichnet. Deren Vorstand ist der Župan, der Gespan. **Mareike Enghusen**

## FERIENWOHNUNGEN

Bei Adrialin (www.kroatien-adrialin.de) können mehr als 7300 Ferienwohnungen und -häuser online gebucht werden. Auch www.fewo-direkt.de und die Feriendomizil-Spezialisten Interchalet (www.interchalet.com) und Novasol (www.novasol.de) bieten eine große Auswahl. Der beste kroatische Online-Vermittler von Privatunterkünften ist www.adriatica.net. Weitere Infos Seite 116.

## REISEVERANSTALTER

Einer der bekanntesten deutschen Kroatien-Anbieter ist I.D. Riva Tours (www.idriva.de). Adrialin (siehe oben) offeriert nicht nur Ferienwohnungen, sondern organisiert auch Gruppen-, Bus- und Flugreisen nach Kroatien – vom Fußball-Trainingslager in Istrien über Wellnesstage auf der Insel Krk bis zur Seniorenfahrt an die Adria. ReNatour (www.renatour.de) hat ökologisch orientierten Badeurlaub auf der Insel Lastovo im Programm; ADAC Reisen (www.adac.de/reisen) bietet eine achttägige, individuelle Autotour von Poreč entlang der Kvarner Bucht bis zu den Plitwitzer Seen an; Wikinger Reisen (www.wikinger-reisen.de) hat sich auf Wander- und Radtouren spezialisiert. Nicht zu vergessen: die Angebote von Branchenriesen wie Dertour (www.dertour.de) und TUI (www.tui.de).

## REISEZEIT

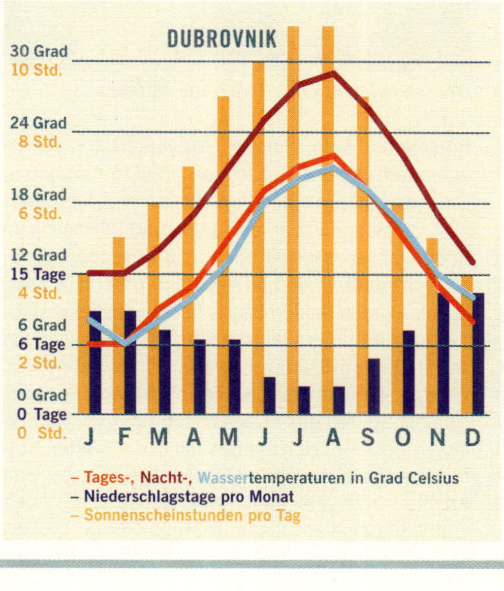


Kroatien umfasst zwei Klimazonen: Im Landesinnern überwiegt ein **gemäßigt kontinentales Klima** mit Gebirgswetter-Einflüssen, an der Küste ein **mediterranes Klima** mit vielen Sonnentagen. Die Sommer sind an der Küste meist **trocken und heiß** (im Süden bis zu 38 Grad!), die Winter **mild und feucht**, während das Thermometer im Landesinnern ganzjährig ein paar Grad weniger anzeigt.
Badezeit und daher auch beste Reisezeit an der Adria ist April bis Oktober; die **Hochsaison-Monate** sind Juli und August. Während das Frühjahr zwar schon angenehme Temperaturen, aber auch einige **Regenschauer** beschert, eignen sich die Herbstmonate September und Oktober besonders für einen **ruhigen Urlaub am Meer:** Außerhalb der Saison sind die Strände nicht mehr überfüllt und die Unterkünfte zudem deutlich preiswerter, während das Wetter immer noch stabil und das Wasser angenehm warm ist.

# VOR ORT

## GESUNDHEIT

Krankenhäuser sind in allen größeren Städten zu finden; Ferienorte richten während der Saison oft Ambulanzen für ausländische Besucher ein. Namen und Adressen deutschsprachiger Ärzte können bei der Kroatischen Ärztekammer erfragt werden: Tel. (01) 465 56 11, www.hlk.hr. Die Apothekendichte ist im ganzen Land relativ hoch; die medizinische Versorgung entspricht europäischen Standards. Gesetzlich Versicherte brauchen für Behandlungen einen Auslandskrankenschein ihrer Kasse; Privatpatienten lassen sich die Behandlungskosten quittieren und bekommen die Kosten zu Hause in der Regel erstattet. Auf Nummer sicher geht man mit einer zusätzlichen Reise-Krankenversicherung (Seite 154). Für die Einreise sind keine Impfungen vorgeschrieben. In ländlichen Gebieten besteht aber ein gewisses Risiko, an Hirnhautentzündung zu erkranken (Übertragung durch Zeckenbisse), hier ist eine Impfung sinnvoll. Leitungswasser kann man bedenkenlos trinken.

## FEIERTAGE

Gesetzlich vorgeschriebene Feiertage sind der 1. Januar (Neujahr), 6. Januar (Dreikönigstag), Ostermontag, 1. Mai (Tag der Arbeit), Fronleichnam, 22. Juni (Tag des antifaschistischen Kampfes), 25. Juni (Nationalfeiertag), 5. August (Tag des Sieges und der Dankbarkeit), 15. August (Mariä Himmelfahrt), 8. Oktober (Unabhängigkeitstag), 1. November (Allerheiligen) und 25./26. Dezember (Weihnachten).

## FESTE & FESTIVALS

Am 1. Januar wird das neue Jahr mit einem internationalen Tauchwettbewerb in Mali Lošinj eingeläutet. Der Februar steht ganz im Zeichen des Karnevals: Bei der Balinjerada, einem Straßenrennen mit selbst gebauten Fahrzeugen, ziehen Karnevalsnarren und geschmückte Festwagen durch Opatija; in Rijeka finden am Rosenmontag und Faschingsdienstag die größten und prunkvollsten Faschingsumzüge des Landes statt (www.ri-karneval.com.hr). Zwei internationale Musik-Veranstaltungen locken im April und Mai nach Zagreb: die Musik-Biennale, ein Festival zeitgenössischer Musik (alle ungeraden Jahre Mitte bis Ende April, www.biennale-zagreb.hr), und ein Jazzfestival mit Künstlern aus aller Welt (Mitte Mai). Ihren Höhepunkt erreicht die Feierlaune der Kroaten im Sommer, wenn überall im Land Theater-, Folklore-, Film- und Musik-Festivals stattfinden, dazu Fischerfeste entlang der Küste und allerorts Kirchenveranstaltungen zu Ehren verschiedener Heiliger. Besonders schön ist im Juni der Start des Hvarer Sommers, eines 100-tägigen Open-Air-Festes mit Musik, Theater, Folklore und Jazz (www.hvar.hr). Auch in Zagreb reißen die Festivitäten nicht ab: Einen Besuch wert sind etwa das Internationale Trickfilmfestival Animafest (www.animafest.hr) und die Eurokaz, ein Fest mit modernem Theater und Tanzperformances (www.eurokaz.hr). Volkstümlich geht es im Juli zu: Bei einer Folkloreschau in Đakovo werden Trachten und Pferdegespanne vorgeführt, in Omiš singen Klapa-Chöre traditionelle dalmatinische Lieder (www.fdk.hr), und der Dubrovniker Sommer beginnt mit Musik, Theater und Folklore vor historischer Stadtkulisse (www.dubrovnik-festival.hr). Ein wichtiges Event ist auch der Spliter Sommer (www.splitsko-ljeto.hr), ferner gibt es Inselfeste, Weinproben und Fischerwochen. Ein ausführliches Veranstaltungsprogramm hält die Kroatische Zentrale für Tourismus bereit.

Starker Sound: „Springtime Jazz Fever“ findet jedes Frühjahr statt

## GELD/BANKEN

Landeswährung ist die Kroatische Kuna (KN), unterteilt in 100 Lipa. Für einen Euro bekommt man ungefähr 7,40 Kuna. In der Regel kann nur mit Kuna bezahlt werden – eine Ausnahme sind Mautgebühren. In Banken/Wechselstuben, an Hotelrezeptionen, auf Campingplätzen und in Reisebüros kann man fast alle Währungen tauschen. Die gängigen Kreditkarten werden in den meisten Restaurants, Hotels und Geschäften akzeptiert. Mit EC-

## DAS LAND AUF EINEN BLICK

Zu zwei Dritteln besteht Kroatien aus Festland (56 542 Quadratkilometer), zu einem Drittel aus Gewässern (31 067 Quadratkilometer). Es unterteilt sich in die Urlaubsregionen Istrien, Kvarner, Dalmatien, Zentralkroatien und Slawonien. Die komplette Küste mit ihren **1185 Inseln** – davon sind gerade mal 50 bewohnt – misst gut 5000 Kilometer; die größten Inseln sind Cres und Krk in der Kvarner Bucht. Rund **4,5 Millionen Einwohner** hat die letzte Volkszählung im Jahr 2001 ermittelt. Wirtschaftliches und kulturelles Zentrum der parlamentarischen Mehrparteienrepublik ist die **Hauptstadt Zagreb.** Als Religion herrscht der Katholizismus vor. Seit 1996 gilt Kroatien wieder als **sicheres Reiseziel** (siehe aber „Was Sie nicht tun sollten“ auf S. 157).

Landschaftlich gliedert es sich in drei sehr unterschiedliche Gebiete: das größtenteils **flache Ost- und Zentralkroatien** mit seinen Flüssen und fruchtbaren Tälern am südwestlichen Rand der Pannonischen Ebene, das dünn besiedelte **Bergland,** Teil der Dinarischen Alpen, mit dichten Wäldern und Karstgestein und die abwechslungsreiche, stark entwickelte **Küstenregion,** an der neben dem Fischfang der Tourismus zur wichtigsten Einkommensquelle aufgestiegen ist. Landwirtschaft wird vor allem in **Istrien** mit seiner **fruchtbaren, roten Erde** betrieben: Weintrauben, Oliven, Mais und Obst gedeihen im Landesinnern. Auf den dalmatinischen Inseln können Urlauber noch manch einsamen Strand entdecken. Die touristischen Einrichtungen an der buchtenreichen Festlandküste zwischen Zadar im Norden und Dubrovnik im Süden lassen dagegen nichts zu wünschen übrig: Überall wurde in den letzten Jahren eifrig gebaut, Hotels wurden modernisiert, Baudenkmäler restauriert und neue Straßen geschaffen. Stolze vier von sechs **Unesco-Stätten** liegen allein in **Dalmatien.** Weniger bekannt ist die Region **Slawonien.** Hier sind die Spuren des Krieges noch sichtbar. Nichtsdestotrotz lohnt sich ein Besuch in der **uralten Kulturlandschaft**, es gibt viele Kapellen, Klöster und Kunstschätze verschiedener Epochen sowie Auen und Weinberge an Donau, Drau und Save.

Unesco-Welterbe seit 1997: die Altstadt von Trogir

oder Kreditkarte kann man Kuna gegen Gebühr auch vom Bankomaten abheben. Vor allem die touristische Küstenregion bietet ein gutes Bankomat-Netz.
In kleinen Orten schließen Banken über Mittag, in größeren Städten und in Urlaubszentren bleiben die Schalter Montag bis Freitag meist von 8 bis 18 Uhr offen.
Achtung: Trinkgelder sind im Preis für Mahlzeiten und Getränke noch nicht enthalten. Wie in Deutschland gelten zehn Prozent des Rechnungsbetrags bei gutem Service als angemessen. Taxifahrer erwarten in der Regel kein Trinkgeld.

## NOTRUF

Rettungsdienst/Notarzt: Tel. 94,
Feuerwehr: Tel. 93,
Polizei: Tel. 92,
Pannenhilfe: Tel. 987,
Such- und Seenot-Rettungsdienst: Tel. 91 55,
für alle Notfälle: Tel. 112.
ADAC-Notrufzentrale: 01802-22 22 22 (0,062 €/Anruf),
ADAC-Ambulanzdienst: Tel. (0049-89) 76 76 76.

## ÖFFNUNGSZEITEN

Es gibt keine gesetzlich geregelten Öffnungszeiten. Die meisten Läden sind an Arbeitstagen von 8 bis 20 Uhr geöffnet; samstags und sonntags bis 14 Uhr, in der Saison auch länger. Im Sommer können die Öffnungszeiten von Geschäften, von Apotheken und anderen Dienstleistungsunternehmen stark variieren. Manche Läden bleiben durchgängig bis 21 Uhr offen, andere machen in der Zeit von 12 bis 16 Uhr Mittagspause.

## POST UND BRIEFE

Selbst der kleinste Ort hat meist ein eigenes Postamt. Hier können Briefmarken für Postkarten (4,5 Kuna) und Briefe (6 Kuna) erstanden werden. Die meisten Postämter sind werktags von 7 bis 19 Uhr geöffnet. Manche schließen aber auch über Mittag und in den Dörfern ab 14 Uhr sogar für den Rest des Tages. In größeren Städten und viel besuchten Orten findet sich dafür auch samstags und sonntags und bis 21 Uhr ein offenes Postamt.

## TELEFON

Die internationale Vorwahl für Gespräche nach Deutschland ist 0049, nach Österreich 0043, in die Schweiz 0041. Ruft man vom Ausland in Kroatien an, wählt man 00385 und dann die lokale Vorwahl ohne die Null. In Kroatien konkurrieren drei Mobilfunkanbieter mit den Anfangsnummern 099/098 (T-Mobile), 095 (Tele 2) und 092/091 (VIPnet/Vodafone). Auslandsgespräche sind von jeder öffentlichen Telefonzelle aus möglich. Dafür wird eine Telefonkarte benötigt, die man in Postämtern oder an Zeitungskiosken erhält.

## VERKEHR

In geschlossenen Ortschaften liegt das Tempolimit bei 50, auf Landstraßen bei 90, auf Schnellstraßen bei 110, auf Autobahnen bei 130 km/h. Autofahrer müssen die Scheinwerfer auch am Tag einschalten. Wie in Deutschland besteht für alle Insassen Anschnallpflicht; Handys dürfen während der Fahrt nur mit Freisprechanlage benutzt werden. Die Promillegrenze ist 0,0.
Tankstellen sind in der Regel täglich von 7 bis 19 oder 20 Uhr und im Sommer bis 22 Uhr geöffnet, große Stationen sogar rund um die Uhr. Aktuelle Kraftstoffpreise im Internet: www.ina.hr, www.tifon.hr, www.hak.hr.
Mietwagen der bekannten internationalen Gesellschaften erhält man in allen größeren und touristischen Orten sowie an Flughäfen. Benötigt wird der nationale Führerschein; manche Verleiher haben ein Mindestalter festgelegt. Für einen Kleinwagen muss man mit Preisen ab etwa 50 Euro pro Tag rechnen. Günstiger fallen die Angebote regionaler Autovermieter aus, bei denen aber oft gewisse Service-Leistungen fehlen – etwa die Möglichkeit, den Wagen an einer anderen als der Anmietstation zurückzugeben.

**Die ideale Reise auf Seite 160**

**INTERNETTIPP**

**www.adac.de/reisemagazin**
Wie klingt Kroatisch? Nützliche Wörter zum Nachsprechen

## WAS SIE NICHT TUN SOLLTEN

**SICH UNANGEMESSEN KLEIDEN** Kroaten legen in der Regel großen Wert auf ein gepflegtes Äußeres und haben wenig Verständnis, wenn Gäste in legerer Freizeitkleidung ins Restaurant gehen. Besonders in Kirchen und Klöstern wird erwartet, dass man nichts allzu Freizügiges trägt.

**VON DEN WEGEN ABKOMMEN** Auch wenn die Natur noch so verlockend ist, sollte man sich weder auf Blaubeerensuche noch zum Fotografieren ins Gebüsch schlagen. Viele Minen aus der Zeit der Kriegswirren sind noch nicht beseitigt. Darum empfiehlt es sich, auf den markierten Wegen zu bleiben. Auch leer stehende Gebäude sollte man nicht einfach betreten. Besondere Vorsicht ist an den früheren Frontlinien in Slawonien und im (süd)östlichen Grenzgebiet zu Bosnien-Herzegowina geboten.

**BARFUSS BADEN** Kristallklares, türkis-grünes Wasser, angenehm temperiert – herrlich! Doch unter Umständen hat der Badetraum Tücken. Die felsige Küste bietet nämlich einen idealen Lebensraum für Seeigel. Tritt man auf einen von ihnen, bohren sich möglicherweise gleich mehrere Stachel in die Haut, wo sie dank kleiner Widerhaken hartnäckig stecken bleiben. Um diese schmerzvolle Erfahrung zu umgehen, sollte man beim Plantschen im Meer besser Badeschuhe tragen.

**IN DER VERGANGENHEIT STOCHERN** Seit dem Zerfall der ehemaligen Volksrepublik Jugoslawien sind zwar einige Jahre vergangen, dennoch haben die Kriegsjahre manche Wunde hinterlassen. Bei politischen Diskussionen halten sich Besucher daher besser zurück. Viele Kroaten sind heute sehr stolz auf ihre junge Republik und freuen sich, wenn man, statt in der Vergangenheit zu wühlen, gegenwärtige Entwicklungen lobt.

**GELD AUF DER STRASSE TAUSCHEN** Wenn Sie durch eine kroatische Stadt schlendern, wird es nicht lange dauern, bis Ihnen ein Geldwechsler seine Dienste anbietet. So kommen Sie zwar schnell an die einheimische Währung, aber nicht unbedingt zu einem günstigen Kurs. Die meisten Kuna für den Euro erhalten Sie über den „offiziellen" Weg, zum Beispiel in einer Bank oder Wechselstube (s. „Geld/Banken" S. 156).

Fotos: Davor Hrvoj; Kroatische Zentrale für Tourismus; Illustration: Jens Rassmus

ÖSTERREICH
ITALIEN
SLOWENIEN
Karnische Alpen
Julische Alpen
NP Triglavski
LJUBLJANA
Klagenfurt
Villach
Maribor
Ptuj
Celje
Kranj
Kamnik
Škofja Loka
Domžale
Trbovlje
Novo Mesto
Kočevje
Postojna
Nova Gorica
Tolmin
Udine
Pordenone
Treviso
Belluno
Conegliano
Cortina d'Ampezzo
Tolmezzo
Gemona del Friuli
Cividale d. Fri.
Palmanova
Monfalcone
Gorizia
TRIESTE
Golf von Trieste
Koper
Izola
Lignano Sabbiadoro
Grado
Bibione
Càorle
Jésolo
Lido di Jésolo
San Donà di Piave
Mestre
VENEDIG
PADOVA
Golf von Venedig
Chióggia
Rosolina Mare
Delta del Po
Comàcchio
RAVENNA
Faenza
FORLÌ
Cesena
Cesenático
Cérvia
RÍMINI
Riccione
Cattolica
S. MARINO
Pésaro
Fano
ANCONA
Falconara Marittima
Portonovo
Ósimo
Loreto
Macerata
Civitanova Marche
Fermo
Àscoli Piceno
San Benedetto del Tronto
Téramo
Giulianova
Roseto degli Abruzzi
Arezzo
ADRIA
Istrien
Umag
Novigrad
Poreč
Vrsar
Rovinj
Pula
Medulin
Premantura
Labin
Pazin
Buzet
Opatija
RIJEKA
NP Brionische Inseln
NP Risnjak
Kvarner Bucht
Krk
Cres
Lošinj
Mali Lošinj
Rab
Pag
Senj
Crikvenica
Novi Vinodolski
Velika Kapela
Velebit
NP Nördlicher Velebit
NP Plitwitzer Seen
NP Paklenica
Gospić
Otočac
Karlovac
Ogulin
ZAGREB
Samobor
Velika Gorica
Sesvete
Varaždin
Krapina
Zadar
Biograd na Moru
Dugi Otok
Ugljan
Pašman
Murter
NP Kornaten
Šibenik
Primošten
JADRANSKO MORE
POLEN
TSCHECHIEN
SLOWAKEI
UKRAINE
DEUTSCHLAND
ÖSTERREICH
UNGARN
SCHWEIZ
SLOWENIEN
KROATIEN
RUMÄNIEN
ITALIEN
BOSNIEN u. HERZEGOW.
SERBIEN
MONTENEGRO
MAZEDO-NIEN
ALBANIEN
GRIECHEN-LAND
0 20 40 km
ADAC Karte © CartoTravel Verlag

## DATEN DER GESCHICHTE KROATIENS

**Ab 1200 v. Chr.** Indoeuropäische Illyrer-Stämme wandern aus Mitteleuropa ein

**Um 385 v. Chr.** Griechische Siedler gründen Kolonien und Handelsniederlassungen entlang der Küste

**186 v. Chr.** Die Römer gründen die Provinz Illyricum

**Um 620** Der südslawische Stamm der Kroaten besiedelt die Pannonische Tiefebene

**1102** Ungarns König Koloman wird in Personalunion König von Kroatien

**1389** Ausdehnung des Türkenreiches bis an die Donau. Serbien wird unterworfen

**15.–18. Jh.** Dalmatien unter der Herrschaft Venedigs

**Ab 1533** Herrschaft der Habsburger. Slawonien türkisch regiert

**1815** Wiener Kongress, Dalmatien wird Österreich zugesprochen

**1918** Ende des Ersten Weltkrieges. Auflösung der Donaumonarchie. Kroatien geht in das neu gegründete Königreich der Serben, Kroaten und Slowenen ein

**1920** Im Vertrag von Rapallo kommen Istrien, Zadar, die Inseln Cres, Lošinj, Lastovo und Palagruža zu Italien, Rijeka erst 1924

**1929** Unter der Diktatur König Alexanders wird der Staat in das Königreich Jugoslawien umbenannt

**1941** Ausrufung des Unabhängigen Staates Kroatien durch die national-radikalen Ustaša. Deutsche Truppen besetzen Jugoslawien

**1945** Konstituierung der Sozialistischen Föderativen Republik Jugoslawien, Tito (Seite 151) wird 1953 Staatspräsident

**1980** Tod Titos

**1990** Franjo Tuđman wird Präsident der Teilrepublik Kroatien

**1991** Slowenien und Kroatien lösen sich aus dem Staatenverbund, anschließend Krieg mit Rest-Jugoslawien (Seite 148)

**1995** Friedensabkommen von Dayton; 1998 volle staatliche Souveränität nach der Wiedereingliederung Ostslawoniens

**2003** Bei den Neuwahlen siegt die Kroatisch-Demokratische Gemeinschaft (HDZ). Ministerpräsident wird Ivo Sanader

**2005** Beitrittsverhandlungen zwischen der EU und Kroatien

Guter Ausgangspunkt: der Korzo, die prächtige Fußgängerzone der Stadt Rijeka

# Auf den Spuren der Kaiser

Die achttägige Tour führt durch das kaiserliche Kroatien. In der kurzen Ära zwischen 1867 und 1918 erlebten viele Teile des Landes unter den österreichischen Regenten Franz Joseph I. und Karl I. einen beispiellosen Bau- und Tourismusboom. Folgen Sie den Spuren der prunkvollen Vergangenheit in Istrien und der Kvarner Bucht – auf einer Zeitreise in die k. u. k. Monarchie

Genießen: Trüffel-Pasta zum Beispiel

**1. TAG** RIJEKA – MIRNATAL – MOTOVUN

## KÖNIGLICHE TRÜFFELN

Von der Universitäts- und Kulturstadt Rijeka aus führt die Tour durch den Tunnel Učka, vorbei an der Bergstadt Buzet und weiter ins fruchtbare Tal des Flusses Mirna. Von hier wurden einst Wein, Olivenöl und Trüffeln an Königs- und Kaiserhof geliefert. Motovun, die größte istrische Festungsstadt, diente dabei als gut geschützte Speisekammer. Josef Ressel, Erfinder der Schiffsschraube, widmete sich hier als k. u. k. Oberförster der Aufgabe, das Gebiet zu bewalden. Das eindrucksvolle Ergebnis präsentiert sich beim Spaziergang auf der Stadtmauer.

**2. TAG** MOTOVUN – LIVADE – POREČ

## RADTOUR

Für Gourmets empfiehlt sich ein Abstecher in Istriens – auf den ersten Blick recht unscheinbare – Trüffelhochburg Livade. Hier machte einst die Schmalspurbahn Parenzana Station, die zwischen Poreč und Triest kulinarische Schätze für Könige und Kaiser aufsammelte. Die Strecke ist heute eine schöne Radroute. Schmale Straßen führen von Motovun ziemlich direkt nach Poreč. Ein größeres landschaftliches Erlebnispotenzial bietet die Strecke über Buje und Novigrad.

**3. TAG** POREČ– LIMSKI KANAL – ROVINJ

## BLAUER KANAL & DOLCE VITA

Als Attraktion für Urlaubsgäste der k. u. k. Riviera galt die in Triest startende Dampfschifffahrt entlang Istriens Westküste. Poreč, damals Parenzo, war die erste Station. Vorbei am Limski kanal, in dem schon zu Kaisers Zeiten Austern und Muscheln gezüchtet wurden, ging es nach Rovinj, das italienischste aller istrischen Küstenstädtchen. Heute bietet der Landweg eine wunderbare Naturlandkulisse – und das pittoreske Rovinj immer noch reichlich Dolce Vita.

**4. TAG** ROVINJ – FAŽANA – BRIJUNI – PULA

## BLÜHENDE INSELWELT

Von Rovinj aus fahren Sie Richtung Pula und biegen hinter Vodnjan zum Küstenort Fažana ab. Boote schippern vom Hafen zur Hauptinsel Veliki Brijun, der größten der 14 Brionischen Inseln (Brijuni). Um 1895 hatten der österreichische Industrielle Paul Kupelwieser und der deutsche Mediziner und Mikrobiologe Robert Koch die Malaria-verseuchte Sumpflandschaft der Insel

Fotos: Zanettini/laif ; Udo Bernhart (2)

Zwischenstopp: Bucht von Rovinj

mit viel Enthusiasmus in ein Naturparadies verwandelt und ein mondänes Seebad angelegt. Zwei Weltkriege ließen die Insel verwahrlosen, bis Jugoslawiens Staatspräsident Tito dort seine Sommerresidenz ansiedelte. Von aller vergänglichen Pracht konnte die Natur der Zeit am besten trotzen: Alles grünt und blüht. Zurück in Fažana, hat man Pula rasch erreicht.

**5. TAG** PULA

## RÖMER & MARINEOFFIZIERE

Heute hat das Auto Pause. Zeit für die nächste Geschichtsstunde: 1850 wurde die Römerstadt Pula Zentralhafen der österreichischen Kriegsmarine und wuchs in kürzester Zeit vom 300-Einwohner-Ort zu einer pulsierenden Hafenstadt mit 30 000 Einwohnern. Heute genießt vor allem das römische Amphitheater die Gunst der Besucher. Es ist das Wahrzeichen der Stadt und historisches Zeugnis für die römische Herrschaft in Istrien. Die Altstadt bietet 3000 Jahre Geschichte, und von einer kurzen, aber besonders intensiven Periode erzählt der k. u. k. Marinefriedhof im Stadtteil Stoja.

**6. TAG** PULA – LOVRAN – OPATIJA

## BESTE AUSSICHTEN

Die erste Streckenhälfte führt durch landwirtschaftlich genutztes Hinterland, bis sich bei Plomin ein fantastisches Panoramafenster zur Kvarner Bucht auftut. Die ganze Küstenstraße bis nach Lovran ist ein Genuss fürs Auge – das Stehenbleiben lohnt sich! Geprägt von 2000 Jahren Seefahrertradition, war das mittelalterliche Küstenstädtchen Lovran zu Monarchiezeiten als Erholungsort beliebt. Mitglieder von Hochadel und Kaiserhof genossen in den exklusiven Villen zwischen Lorbeerhainen und Parks ihre Ruhe. Tun Sie es ihnen nach – und besuchen Sie unbedingt die wunderbare Altstadt. Nach Opatija ist es dann nur noch ein Katzensprung.

**7. TAG** OPATIJA

## TIEF DURCHATMEN

Nirgendwo sonst schossen in der k. u. k. Zeit so viele mondäne Luxusvillen, Grandhotels und Kuranstalten aus dem Boden wie im ehemaligen Abbazia, das 1889 zum Kurort ernannt wurde und Kaiser, Könige, Adel und Prominenz zur Winterkur an die Adria lockte. Weltberühmte Ärzte wie Rudolf Virchow und Theodor Billroth priesen die therapeutische Wirkung des Klimas von Opatija zwischen dem schützenden Gebirge und dem Meer. Flanieren Sie die zwölf Kilometer lange Uferpromenade zwischen Volosko und Lovran entlang, die 1996 als Hommage an die einstige Blütezeit „Franz-Joseph-Promenade“ genannt wurde. Eine „Spazierkarte“ mit k. u. k. Geschichte(n) gibt es beim Tourismusverband (www.opatija-tourism.hr).

**8. TAG** RIJEKA

## ALTSTADT-FLAIR

Wer die industrielle Hülle von Rijeka durchbricht, erlebt eine wirklich sehenswerte Altstadt. Zur Zeit der Doppelmonarchie fanden sich in Rijeka, damals Fiume genannt, die k. u. k. Marineakademie, die Seebehörde, Schiffswerften und eine Tabakfabrik, in der junge Damen statt Nähen und Kochen das Geldverdienen schätzen lernten.

## IMPRESSUM


**HERAUSGEBER**
Allgemeiner Deutscher Automobil-Club e.V. (ADAC),
Am Westpark 8, 81373 München
**CHEFREDAKTEUR**
Joachim Negwer (verantwortlich für den redaktionellen Inhalt)
**STELLVERTRETENDE CHEFREDAKTEURE** Christiane Würtenberger, Thomas Zwicker
**ART-DIREKTION**
Jürgen Kaffer,
Dirk Kleinschmidt/Büro Hamburg
**CHEF VOM DIENST**
i.V. Dr. Hartmut Kobrow
**REDAKTION** Doris Ehrhardt (Galleria, Hintergrund), Dr. Traute Ewers, Bianca Gerlach, Ina Kaifi, Dr. Hartmut Kobrow, Heike Platow, Anne Zuber, Beate Röhl (Dokumentation), Marianne Dietze (Redaktions-Assistenz)
**BILDREDAKTION** Katharina Oesten
**GRAFIK** Svenja Kruse (stellv. Art-Direktorin)
**PRODUKTIONSLAYOUT**
Joachim Fischer
**KARTEN** CartoTravel, Bad Soden
**ANSCHRIFT DER REDAKTION**
ADAC reisemagazin,
Hohe Brücke 1, 20459 Hamburg,
Sekretariat: Tel. (040) 37 86 18-0,
Fax: 37 86 18-10, E-Mail:
redaktion@adac-reisemagazin.de,
Internet: www.adac.de/reisemagazin
**VERLAG** ADAC Verlag GmbH,
Leonhard-Moll-Bogen 1,
81373 München
**GESCHÄFTSFÜHRER** Dr. Ralf Ueding
**ANZEIGEN** Leitung: Dr. Carsten C. Hübner; Abwicklung: Hannelore Stadler (verantwortlich für den Inhalt der Anzeigen), Leonhard-Moll-Bogen 1, 81373 München,
Tel. (089) 76 76-47 14,
Fax: 76 76-47 01,
E-Mail:anzeigen@adac.de;
Anzeigentarif: vom 01.01.2007, Nr. 17
**HERSTELLUNG** Leitung: Eberhard Wagner; Werner Pflöschner
**VERTRIEB** Leitung: Michael Epp; Handel: Burda Medien Vertrieb GmbH, Vertriebsleitung: Andreas Klinkmann, Tel. (089) 92 50-17 92,
Fax: 92 50-31 41, E-Mail:
andreas.klinkmann@burda.com
**ABONNENTEN-SERVICE**
ADAC Verlag GmbH, Leserservice, 33407 Verl, Tel. (05241) 94 77 95,
Fax: 94 77 96, E-Mail:
info@buecherservice.adac.de
**DRUCK** Mohn Media Mohndruck GmbH, Carl-Bertelsmann-Str. 161, 33311 Gütersloh
Nr. 98, Mai/Juni 2007
ISBN-13 978-3-89905-416-3
ISSN 1610-2290



Das ADAC reisemagazin erscheint zweimonatlich.

**SO ERREICHEN SIE UNS**
**WENN'S UMS ABONNEMENT GEHT**
ADAC Verlag GmbH, Leserservice, 33407 Verl, Tel. (05241) 94 77 95,
Fax: 94 77 96,
E-Mail: info@buecherservice.adac.de
**BEI FRAGEN AN DIE REDAKTION**
Tel. (040) 37 86 18-0,
Fax: 37 86 18-10, E-Mail:
redaktion@adac-reisemagazin.de
**IM INTERNET**
www.adac.de/reisemagazin

# Unser Dankeschön für einen neuen Abonnenten

Sie möchten einem Ihrer Freunde, Nachbarn oder Bekannten ein Reisemagazin-Abonnement vermitteln! Alle 2 Monate kommt unser Reisemagazin bequem, pünktlich und zuverlässig nach Hause – selbstverständlich portofrei!

## 40 Euro in bar

Wollen Sie sich ganz spezielle Wünsche erfüllen? Dann lassen Sie sich einfach Ihre Werbungsprämie in bar auszahlen. Für das Werben eines 12-Monats-Abonnenten gibt´s 40,– Euro.

## AGFAPHOTO Digital-Kamera DC-500

- Auflösung: 5 Mio. Megapixel CMOS Sensor • 1.5" TFT-Display
- 8-fach Digital-Zoom • 3-fach optischer Zoom • Videofunktion
- USB 1.1 • Eingebauter Blitz (auto, ein/aus) • 16 MB Flashspeicher
- Externer Speicher SD/MMC-Kartenslot • Inkl. USB-Kabel, Tasche, Software CD, 3 x Mignon-Batterien (Typ AAA), Handschlaufe
- Maße: ca. 9 x 2 x 6 cm

**Gleich Karte absenden und Prämie sichern +++ Gleich Karte absenden**

**Gewinnen Sie einen neuen Abonnenten für das ADAC reisemagazin!**

**Als Dankeschön können Sie zwischen fünf attraktiven Prämien wählen.**

**Gleich Karte ausfüllen und absenden!**

# Welche Prämie hätten Sie denn gerne?

0,45 €,
die sich
lohnen!

Antwort

ADAC Verlag GmbH
Leser Service
Postfach 5555
33407 Verl

**ADAC reisemagazin**

## MINOWA DVD-Player TK 688

**Extrem schlankes Design**

- VFD Display • Album-Funktion • Zoom-Funktion • Kindersicherung
- USB-Anschluss • Kompatibel mit SVCD, VCD, DVCD, CD, CD-R, CD-RW, CD-G, DVD, DVD-R, DVD-RW, HDCD und Picture-CDs etc.
- Unterstützt 8 Sprachen und 32 Untertitel • Markierung setzen/suchen
- PAL/NTSC • 5.1 Kanal • Sehr gute Fehlerkorrektur
- Video/S-Video Ausgang, Coaxial Ausgang
- Maße: ca. 36 x 38 x 3,1 cm (B/T/H)

## DE SINA Espressomaschine

**Espressomaschine im Edelstahllook**

- Arbeitsdruck: 15 bar • Betrieb wahlweise mit Kaffeepulver oder Pads • Dampfdüse zum Aufschäumen von Milch
- Vorwärmfunktion für die Tassen • Abnehmbarer Wassertank für ca. 1200 ml • Abnehmbare Wasserabtropfplatte
- Abnehmbarer Filterhalter mit 2 verschiedenen Einsätzen und Messlöffel • Netzbetrieb 230V/50Hz • Inkl. 2 weißen Keramiktassen • Leistung: ca. 1.000 Watt
- Maße: ca. 26 x 30 x 28 cm (B/H/T) • Gewicht: ca. 3.700 g

## T-COM Schnurlos-Telefon T-Sinus 2120 mit Anrufbeantworter

**Mit dem Telefon T-Sinus 2120 sind Sie kabellos auf Draht!**

- Einzeiliges, 12stelliges DotMatrix-Display mit Piktogrammzeile
- Menügeführte Bedienerführung • Tonruflautstärke und Melodie einstellbar für Mobilteil • Freisprechen am Mobilteil • Ruftoneinstellung leise • Hörerlautstärke einstellbar • Gesprächsdaueranzeige
- Wahlwiederholung mit 10 Einträgen • Telefonbuch mit 20 Einträgen
- Uhrzeitanzeige • Anzeige der Rufnummer des Anrufers (CLIP)
- Unterdrückung der Rufnummernanzeige (CLIR) • Anrufweiterschaltung
- Anruferliste mit 10 Einträgen • Tastenklick (ein/aus) • Paging
- Stand-by-Zeit: bis zu 100 Std., Gesprächsdauer: bis zu 10 Std.

**Integrierter Anrufbeantworter:**

- Aufzeichnungsdauer ca. 14 Min. • Signalisierung neuer Nachrichten im Display • 2 Ansagetexte • Nur Ansage möglich • Fernabfrage möglich
- Maße: Basis: ca. 7 x 11,5 x 10 cm, Mobilteil: ca. 2,8 x 14 x 5,2 cm

**und Prämie sichern +++ Gleich Karte absenden und Prämie sichern ++**

# GUT & GÜNSTIG

Vom handgeschliffenen Kristallglas über Honigschnaps und sehr eigenwilligen Käse bis zum Meeresschwamm fürs Badezimmer: Hier gibt's jede Menge landestypische Produkte für relativ wenig Geld

Marmelade wie von Großmuttern

## ESSEN & TRINKEN

### ECHT KROATISCH

Die Kette Natura Croatica handelt ausschließlich mit landestypischen Produkten. Dazu gehören zum Beispiel Seife mit Rosmarinduft für ca. 22 Kuna, Limonen-Marmelade ab etwa 30 Kuna und Honig mit Feigen, Mandeln oder Walnüssen für rund 30 Kuna. Wer für ein Mitbringsel etwas mehr Geld ausgeben möchte, entscheidet sich vielleicht für einen Likör aus Pfirsichen, Honig und Kräutern. In der 0,5-Liter-Flasche kostet der zwischen 74 und 150 Kuna.

■ Natura Croatica, Zagreb,
Preradovićeva 8/Pod Zidom 5,
Tel. (01) 485 50 76,
Fax: 485 50 73.
Geöffnet Mo.–Fr. 9–21,
Sa. 10–16 Uhr.
**www.naturacroatica.com**

### FEINE WEINE

Kroatische und importierte Weine verkauft in urigem Ambiente ein fachkundiges Team in der Vinoteka Bornstein in Zagreb. Wer sich angesichts der großen Auswahl nicht blindlings für einen bestimmten Tropfen entscheiden kann, darf natürlich vorher probieren. Mehr über kroatische Weine und Anbaugebiete erfahren Sie auf Seite 91.

■ Vinoteka Bornstein,
Zagreb, Kaptol 19 und
Pantovčak 9,
Tel./Fax: (01) 481 23 61.
Geöff. tgl. 9–20, Sa. 9–14 Uhr.
**www.bornstein.hr**

### NOCH MAL REINSCHMECKEN

Regionale Produkte führt auch Lupo, eine gelungene Mischung aus Geschäft und Probierstube. Hier kann man Schinken und Käse, Wein und Obstbrände kosten und kaufen. Lupo befindet sich im Erdgeschoss der städtischen Loggia von Oprtalj im äußersten Norden Istriens, zwischen Buje und Buzet. Fans der schwarzen Sommertrüffel reisen am besten im Juli an: Dann findet in Oprtalj eine Trüffelmesse statt – der begehrte Pilz wächst nämlich in den Wäldern rings um das Städtchen.

■ **www.oprtalj.hr**

### DAS BESTE AUS DER MILCH

Fast in jeder Region des Landes werden wohl schmeckende Käsesorten hergestellt. Auf Krk etwa gibt es Formajele, kleine Kugeln oder Quadrate aus Schafsmilch, die meist weniger als ein halbes Kilogramm wiegen und fast nur auf der Insel verkauft werden. Praktisch in ganz Kroatien erhältlich ist dagegen der populäre Pager Käse, Paški sir. Er wird aus Schafsmilch hergestellt und bekommt seinen besonderen Geschmack durch die vielen auf der Insel wachsenden Heilkräuter. 100 Gramm Pager Käse kosten rund 6 Kuna.

Aus der Kvarner Bucht und dem Gebirge stammt der Škripavac, bekannt auch unter dem Namen Liker Quietscher. Dieser Käse aus gut gesalzener Kuh- und Schafsmilch heißt deshalb so, weil er beim Kauen leicht quietschende Geräusche verursacht.

### EDEL-KNOLLE

Nicht nur in Oprtalj, sondern in ganz Istrien gedeihen einige hervorragende Trüffelsorten. Feinschmecker schätzen besonders die wertvolle weiße Trüffel,

Kulinarischer Kick: Trüffel-Pasta

genannt Tuber magnatum pico, die zum Beispiel im Motovun-Wald im Tal des Flusses Mirna wächst. In den auf Trüffelprodukte spezialisierten Filialen von Zigante Tartufi kosten 12 Gramm etwa 300 Kuna. Ein kleines Glas Brotaufstrich ist für rund 70 Kuna zu haben, Trüffelöl (60 Milliliter) für ca. 60 Kuna. Zigante Tartufi hat in Istrien gleich mehrere Niederlassungen:

■ In Buje: Trg J.B. Tita 12,
Tel. (052) 77 21 25.
Geöffnet tgl. 9–20 Uhr.
■ In Pula: Smareglina 7,
Tel. (052) 21 48 55.
Geöffnet Mo.–Fr. 9–20,
Sa. 9–14, So. 9–13 Uhr.
**www.zigantetartufi.com**

Fotos: Udo Bernhart (2); Zanettini/laif

Nach dem Essen tut ein Gläschen Sliwowitz gut: Die Essenz der Zwetschge schmeckt nicht nur Obst-Freunden

Öle mit Rosmarin-, Lavendel- oder Lorbeer-Aroma oder doch lieber klassisches Olivenöl? Natura Rab hat allerlei Insel-Spezialitäten im Sortiment

### FLÜSSIGE FRÜCHTE

Šljivovica (auf Deutsch Sliwowitz), einen Obstbranntwein aus Zwetschgen, trinkt man in einigen Gegenden Kroatiens gern zum Abschluss eines reichhaltigen Essens. Er soll der Verdauung auf die Sprünge helfen. Einer der ältesten Hersteller dieses 40-Promille-Schnapses ist die Firma Badel 1862 in Zagreb, die für eine Flasche etwa 110 Kuna verlangt. Selbst gebrannten Sliwowitz verkaufen viele Privatleute an Straßenständen – für etwa 40 Kuna pro Liter.

■ Zagreb, Badel 1862,
Vlaška 116,
Tel. (01) 460 94 25.
**www.badel1862.hr**

### HONIG MIT PROZENTEN

Medica (bzw. Medovača in Istrien) heißt eine leckere Mischung aus Honig und Rakija (Branntwein), die überwiegend in der Kvarner Bucht und in Istrien hergestellt und kalt getrunken wird. Eine 0,5-Liter-Flasche des 25-Promille-haltigen Honigschnapses bekommt man ab rund 90 Kuna etwa beim Eko Centar Natura Rab auf Rab. Medica und andere Produkte der Insel wie Lavendelöl und Bergminze-Honig werden auch auf Märkten und in Delikatessengeschäften verkauft.

■ Eko Centar Natura Rab,
Insel Rab, Barbat,
Tel. (051) 72 19 27.
Geöffnet tgl.
**www.natura-rab.hr**

### GUT GEÖLT

Oliven werden überall an der Westküste Istriens bis nach Dubrovnik im Süden angebaut. Am meisten verbreitet sind die Sorten Buža und Oblica. Als Spezialitäten gelten neben hochwertigen Ölen (siehe Kasten) eingelegte Oliven, gewürzt mit Mittelmeerkräutern, sowie Brot mit Olivenstückchen.

## MODE

### TRENDIGE TRETER

Auf der Suche nach Schuhen wird man in Zagreb schnell fündig. Unter den zahlreichen Läden in der Innenstadt gehört das Je*s zu den am besten sortierten Geschäften. Hier bekommt man Marken von Camper bis Kickers, von Nautica bis Gola. Turnschuhe von Gola kosten ca. 640 Kuna, von Diesel etwa 840 Kuna. Filialen von Je*s findet man auch in Dubrovnik, Osijek, Pula, Rijeka, Split, Varaždin und Zadar.

■ Je*s, Zagreb, Bogovićeva 4,
Tel. (01) 481 28 53, und
Gajeva 12, Tel. (01) 487 34 88.
Geöffnet Mo.–Fr. 8–20,
Sa. 8–15 Uhr.
**www.jegerstar.com**

### ZEIT FÜR RETRO

Wer sich für Mode im Vintage-Stil interessiert, ist bei Leonarda L. richtig. Schon die farbenfrohen Räumlichkeiten machen Laune. Obwohl die Geschäfte in Zagreb und Split nicht gerade groß sind, haben sie eine gute Auswahl an Kleidung, Schuhen, Hüten und Schmuck aus vergangenen Jahrzehnten. Röcke kosten ca. 800 bis 1500 Kuna, Taschen etwa 1500 Kuna, und Shirts sind ab 800 Kuna zu haben.

■ Leonarda L., Zagreb:
Gajeva 9, Tel. (01) 487 50 45.
Geöffnet Mo.–Fr. 9–20,
Sa. 9–15 Uhr.
■ Filiale in Split:
Krešimirova 3–5,
Tel. (021) 34 43 00.
**www.leonarda-l.hr**

## ISTRISCHE ÖLSPUR

„Das Leben ist zu kurz für schlechtes Olivenöl", sagt Vanja Dujc, Olivenöl-Guru aus Izola bei Koper in Slowenien. 2600 Liter stellt er jährlich her und heimst damit europaweit Preise ein. Immer wenn er mit seinem Boot in der Inselwelt Kroatiens unterwegs ist, hat er ein Fläschchen grünes Gold dabei. „Man weiß ja nie." Zum Einsatz kommt die Flasche aber selten – und schon gar nicht in Istrien. An guten Ölen herrscht hier kein Mangel. „Weltweit spielen istrische Olivenöle eine führende Rolle, im italienischen Olivenöl-Weltführer ‚L' Extravergine' haben sie Spitzenwertungen", sagt der renommierte slowenische Produzent über kroatisches Olivenöl. Und meint damit konkret die Öl-Produzenten Agricolas Ćinić, Cossetto, Zigante und Obitelj Ipša in Buje. Gerne kostet Vanja Dujc auch Öle der Hersteller Al Torcio und Renato Spitz in Novigrad. Näher an seiner Heimat Koper, im Künstlerstädtchen Grožnjan, findet man die Marken Antonac und Milan Vizintin. Aber ein Öl bleibt der Favorit weltweit: das von Stancija Meneghetti aus Vodnjan.

■ Agricolas Ćinić, Krasica/Buje, Brajki 101, Tel. (052) 77 62 93.
■ Cossetto, Buje, Krasica 38, Tel. (052) 77 61 84.
■ Zigante, Buje, Via Portoroška 15. **www.lividetartufi.hr**
■ Al Torcio, Novigrad, Strada Contessa 22 a. **www.altorcio.hr**
Bei allen vier oberen Adressen kosten 0,5 Liter 89–111 KN.
■ Obitelj Ipša, Oprtalj/Buje, Ipši 10, Tel. (052) 66 40 10.
0,5 Liter: 75–90 KN.
■ Renato Spitz, Novigrad, Karigador, Tel. (052) 73 51 92.
0,5 Liter: 59–74 KN.
■ Antonac, Grožnjan, Via Antonci, Tel. (052) 66 42 87.
■ Milan Vizintin, Grožnjan, Vizintini 32, Tel. (052) 66 42 97.
Beide Hersteller in Grožnjan verlangen für 0,5 Liter 74–89 KN.
■ Stanicja Meneghetti, Bale bei Vodnjan, Loc. Meneghetti,
Tel. (052) 52 88 15. Für 0,25 Liter 160 KN. **www.meneghetti.info**

Bei Leonarda L. gibt es nicht nur tolle Vintage-Mode. Auch das Ambiente mit vielen frischen Farben hebt die Laune

Das muss in den Koffer: schicke Seidenkrawatten von Croata für den Herrn, duftender Lavendel im Säckchen für die Dame

## MITBRINGSEL

### AUF DIE HAUT

Rund um die Insel Krapanj in der Nähe von Šibenik tauchen Männer schon seit mehreren hundert Jahren nach Meeresschwämmen. Diese werden gewaschen und getrocknet, bevor sie in den Verkauf kommen. Im Vergleich zu industriell gefertigten Badeschwämmen sind sie extrem weich und saugfähig. Das Familienunternehmen Žitak Fina Dalmata verkauft die wertvollen Naturprodukte ab einem Preis von 22 Kuna.

■ Žitak, Krapanj, Trg I br. 6,
Tel. (022) 35 09 50.
**www.zitak.hr**

### AN DIE WAND

In der Zagreber Straße Pavla Radića findet man eine ganze Reihe interessante Galerien. Arkadija Manifaktura Minijatura gilt als eine der besten. Dort werden zum Beispiel Karnevalsmasken für 20 bis 200 Kuna, aber auch Schwerter, religiöse Symbole (ab 3 Kuna), kleine Zinnsoldaten (ab 7 Kuna) und jede Menge eigenwillige Skulpturen angeboten.

■ Arkadija Manifaktura Minijatura, Zagreb,
Pavla Radića 35,
Tel. (01) 492 07 04.
Geöffnet Mo.–Fr. 9–20,
Sa. 10–14 Uhr.
**www.minijature.hr**

### FÜR DIE OHREN

Einer Legende nach beteten kroatische Frauen während der Kämpfe gegen die Türken im 16. Jahrhundert, die Angreifer mögen von herabfallenden Steinen begraben werden. Angeblich kam es genau so, und von den Türken blieben nur Turbane auf dem Schlachtfeld liegen. Später trugen die Frauen zur Erinnerung an den Sieg kleine Ohrringe in Form eines dunkelhäutigen Männerkopfes mit Turban. Heute sind die Schmuckstücke aus Gold vor allem in der Kvarner Bucht beliebt, etwa in Rijeka, wo sie zum Beispiel bei Tonči Grabušić für circa 150 Kuna in den Schaufenstern liegen. Das eigenwillige Turban-Motiv ziert inzwischen auch Broschen, Ringe, Krawattennadeln und Halsketten.

■ Tonči Grabušić,
Rijeka,
Matije Gupca 15 a,
Tel. (051) 33 39 89.

### FÜR DIE NASE

Viele Gebiete Kroatiens, insbesondere die Insel Hvar, verwandeln sich im Sommer in ein duftendes Lavendelmeer. Ein großer Teil der Landwirtschaft hat sich auf den Anbau der lilafarbenen Pflanzen konzentriert und stellt aus den Blüten verschiedene Erzeugnisse her, etwa Öl, Cremes und Kräuterkissen. Sehr aromatisch schmeckt zum Beispiel Lavendelhonig, für den man pro Glas etwa 35 Kuna ausgeben muss. Im ganzen Land stehen am Straßenrand Stände, an denen Lavendelprodukte verkauft werden.

### SPITZEN-ARBEIT

Eines der wohl bekanntesten Mitbringsel von der Insel Pag sind traditionelle Spitzen aus feinen, weißen Zwirnfäden. In den engen Gassen der Stadt Pag kann man im Sommer den Frauen beim Klöppeln oder Häkeln zuschauen und ihre Produkte direkt vor Ort kaufen. Ein Untersetzer für Gläser kostet ca. 200 Kuna. Mehr über das filigrane Handwerk erfährt man in Pags Spitzenmuseum.

■ Spitzenmuseum Pag,
Trg Kralja Petra Krešimira IV.
Geöffnet im Sommer
tgl. 18–21 Uhr.

### AUF DEN TISCH

Die Stadt Samobor in der Nähe von Zagreb ist bekannt für die Herstellung von handgeschliffenem Kristallglas. Kristal Tuk beispielsweise produziert seit 1839. Edle Gläser sind hier ab etwa 38 Kuna, kleine Schüsseln ab rund 250 Kuna zu haben.

Handgeschliffen und edel sind die Glaswaren von Kristal Tuk

■ Kristal Tuk, Samobor,
Langova 63,
Tel. (01) 336 71 01.
Geöffnet Mo.–Fr. 8–20,
Sa. 8–15 Uhr
(im Sommer bis 20 Uhr).
**www.crystal-shop.com**

### ZIERDE FÜR DEN HALS

Kroatien reklamiert für sich die Erfindung der Krawatte. Man verweist darauf, dass kroatische Soldaten einst kleine Tücher um

## WAS KOSTET WAS?

Circa-Preise in Kuna

**Restaurant/Café** Tasse Espresso 6, Glas Wein (0,2 Liter) 20, Glas Mineralwasser 8, Glas Bier (0,3 Liter) 10, Hauptgericht 50–60

**Unterhaltung/Kultur** Museumseintritt 20–40, Disco-Eintritt 30 bis 50, Kinokarte 16–25, Karte für das Opernfestival in der Arena von Pula 240–820, Tribünenplatz beim Fußballspiel 30–120

**Transport/Verkehr** Zugfahrt Zagreb–Rijeka 97, innerstädtische Busfahrt 8–24, Fähre von Split nach Brač 28 pro Person und 127 pro Pkw, Katamaran Rijeka–Cres 30, eine Parkstunde in der Innenstadt 5–15

**Treibstoff** 1 Liter Normal 7,99, Super 8,38, Diesel 7,01

**i Faustregel zum Umrechnen in Euro: Kuna-Betrag durch 7,4 teilen**

den Hals trugen, die sie an ihre daheimgebliebenen Frauen erinnern sollten. Im Laufe der Jahre wurde das Tuch zu einem Teil der Tracht. Heute sind Krawatten praktisch überall zu kaufen. Auf eine enorme Auswahl – von schlichten, einfarbigen Modellen bis zu bunt gemusterten – setzt die Firma Croata. Während sich Herren hier gut verarbeitete Seidenkrawatten für 255 Kuna aussuchen, können die Damen aus dem Sortiment der Tücher und Schals wählen. Croata betreibt mehrere Filialen in ganz Kroatien.

■ Croata, in Zagreb:
Prolaz Oktogon, Ilica 5,
Tel. (01) 481 27 26.
Geöffnet Mo.–Fr. 8–20,
Sa. 8–15 Uhr.
**www.croata.hr**

## FLIPPER-PATENSCHAFT

Auf der Insel Lošinj in der Kvarner Bucht beobachten Wissenschaftler Delfine, die in der nördlichen Adria leben (Seite 28). Dieses adriatische Delfinprojekt besteht seit 1987 und wird von der Forschungsstation Blue World betrieben, wo Besucher sich über die Tiere informieren sowie Patenschaften für etwa 250 Kuna abschließen können. Das Geld soll die Beobachtung der Delfine und den Erhalt ihres Lebensraums finanzieren. Als Dankeschön erhält der Pate ein Zertifikat und wird regelmäßig per Newsletter über den aktuellen Forschungsstand informiert.

■ Blue World Institute of Marine Research and Conservation, Veli Lošinj, Kaštel 24. **www.blue-world.org**

**SCHREIBEN WIE EINST**

Anfang des 20. Jahrhunderts ließ der Zagreber Ingenieur Slavoljub Penkala einen Kugelschreiber und Füllfederhalter patentieren. Heute stellt die Firma Toz Penkala

**Für Farbkünstler: Penkala-Stifte**

vom Bleistift bis zum hochwertigen Füller eine ganze Reihe von Schreibinstrumenten her und verkauft sie im Geschäft nebenan. Aber auch fast jeder Buchladen und jeder größere Supermarkt hat Penkala-Produkte in den Regalen. Im Set kosten Füllfederhalter und Kugelschreiber zwischen 1300 und 3600 Kuna.

■ Toz Penkala,
Zagreb, Poljačka 56.
Geöffnet tgl. 7.30–15.30 Uhr.
**www.toz-penkala.hr**

## UNTERWEGS

**STADTMÄRKTE**

Jede größere kroatische Stadt veranstaltet mindestens einen Markt, auf dem Familienbetriebe aus der Umgebung ihre frischen Produkte verkaufen. Am bekanntesten ist der Dolac in Zagreb. Dieser so genannte Grünmarkt findet in der Nähe der Kathedrale zwischen dem Jelačića-Platz und dem Kaptol-Platz statt. Auf zwei Ebenen bekommt man hier alles Erdenkliche: vom saisonalen Gemüse bis hin zu Süßspeisen, von Haushaltswaren bis hin zu Kleidungsstücken. In Rijeka empfiehlt es sich, nicht nur auf die angepriesenen Waren zu achten, sondern auch auf den Marktplatz selbst: Seine drei sehenswerten Pavillons stammen aus dem 19. Jahrhundert.

■ Geöffnet täglich meist von 7 bis 13 Uhr.

**LANDTOUREN**

Wer bereit ist, auf Hotelkomfort zu verzichten, findet in den Angeboten des Agrotourismus eine gute Alternative (s.a. Ferienwohnungen Seite 116). Speziell in Istriens Hinterland bestehen viele empfehlenswerte Möglichkeiten, auf dem Land zu übernachten. Die Gäste wohnen zusammen mit den Gastgebern im bäuerlichen Haushalt (einfacher Standard) und werden, wenn gewünscht, meist mit deftigen, gutbürgerlichen Spezialitäten bewirtet. Zimmer und Apartments werden unter anderem im Internet vermittelt:

■ **www.istrien.info/landes innere-istriens**
■ **www.adriagate.com**

**Schöne Schachbretter findet man bei Arkadija Manifaktura Minijatura in Zagreb, traditionelle Spitzen auf Pag**

Fotos: Manfred Horvath; Prisma/F1 Online

# Nur die Ruhe!

Wer auf diesem umgebauten Lastensegler durch die kroatische Inselwelt schippert, lässt das kleine Schwarze besser im Koffer. Eine Woche zu Gast auf einem Traumschiff der besonders behaglichen Art

Text von Christiane Zander, Fotos von Samuel Zuder

Alle Mann an Deck – der Hafen von Trogir ist Dreh- und Angelpunkt der Kornaten-Kreuzfahrt

Alle Mann entspannt – wo einst Sand und Steine lagerten, ruhen heute Touristen

## EINE GANZE FLOTTE SCHÖNER SEGELSCHIFFE BEHERRSCHT DAS KROATISCHE MEER –

Keiner fliegt so schön von Bord wie Mario. Entschlossen wie ein Pinguin auf Fischfang stürzt sich der Mann kopfüber vom Oberdeck, durchkrault die Meeresbucht und schlingt das Schiffstau um eine Kiefer am Ufer. Applaus von der Reling für Mario den Matrosen, der am liebsten Filmschauspieler wäre.

Die Otac Ivan, unser Schiff für eine Woche, dümpelt jetzt fest vertäut in einer Inselbucht, und die ersten Passagiere steigen zögerlich in die Adria; noch am Morgen hätte das niemand ernsthaft erwogen. Der Schirokko, der in dieser Gegend Jugo heißt, hatte gestern einen heftigen Auftritt mit Blitzgewittern und schiffshohen Wellen – kein freundlicher Auftakt für unseren Segeltörn durchs kroatische Inselreich. Um allen Beteiligten das Schlimmste zu ersparen, ließ Kapitän Branimir erst an diesem Morgen in Trogir ablegen.

**Es ist ein Sonntag,** und sämtliche Kirchenglocken des Unesco-Städtchens läuten gemeinsam die Morgendämmerung ein. Aber um acht sitzen sowieso alle 22 Passagiere brav bei Weißbrot und Marmelade in der Kajüte, umringt von allerlei Devotionalien aus der Seefahrt. „Frühstück um acht, Mittagessen um halb eins, Abendessen um sechs", verkündet der Käpt'n sicherheitshalber täglich aufs Neue. Nicht alle haben es leicht mit dem strengen Bordprotokoll, schließlich hat man ja vor allem auch Urlaub. Noch beim Kaffee werden die Taue eingeholt, und Branimirs Motorsegler nimmt schwankend Kurs Richtung Westen. Kurz darauf verteilt Mario zum ersten und einzigen Mal auf dieser Reise blaue Tüten – die Adria hat sich von Jugos acht Windstärken noch nicht erholt. Zur Ablenkung schickt Branimir kroatischen Karibik-Sound übers tanzende Deck, wo außer der Crew momentan nur noch die Luft frisch ist.

**Schon zwei Stunden später** trübt nichts mehr den Blick für die Landschaft links und rechts. Flache Inseln treiben vorbei; die Küste begleitet in sanften Wellen unsere Route. Karstgestein mustert hell den Kiefernteppich, manchmal ankern Dörfer zwischen den Felsen.

Zum Frühstück war Kapitän Branimir mit Rollkarten erschienen, um seine Gäste auf die Tagesroute vorzubereiten. Er ist sehr stolz auf diesen morgendlichen Service. Die Karte ist gesprenkelt mit einem Meer voller Inseln; 1185 sollen es sein. Und damit gibt es hier mehr als in jedem anderen mediterranen Land. Kroatien, meint der Käpt'n, sei eine labyrinthische Wasserwelt, für die man unbedingt ein Boot brauche. Wer keins hat oder lieber segeln lässt, schließt sich erfahrenen Seemännern an. Eine ganze Segelflotte beherrscht heute weiß und friedlich das kroatische Meer – vom herausgeputzten histori-

Von links: Die Crew unseres Schiffs hisst die Segel. Käpt'n Branimir Trgo hat stets alles im Blick. Wenn das Boot vor Anker liegt, lockt die Adria zu einem kühlen Bad

## VOM HERAUSGEPUTZTEN LASTKAHN BIS ZUM BLANK POLIERTEN LUXUSLINER

schen Lastensegler bis zum plankenneuen Luxusschiff. Als die Otac Ivan 1955 die Werft verließ, um Sand, Zement und Steine zu transportieren, war Branimir Trgo 14 Jahre alt. In dem Jungen floss von Geburt an Seemannsblut – so wie in jedem Mann von Krilo-Jesenice. Der kleine Küstenort nahe Split bringt seit ewigen Zeiten Kapitäne und Schiffbauer hervor; warum, weiß niemand. „80 Prozent der kroatischen Kreuzfahrer kommen aus meinem Dorf", sagt Branimir stolz. Als Junge hat er seinen Vater oft begleitet, wenn der Baumaterial über die Adria segelte, oft genug auch ruderte. Die Otac Ivan kaufte Branimir 1991 und taufte sie auf den Namen seines Vaters. Das scheint üblich zu sein in diesen Breiten: Unzählige Otacs durchpflügen die Adria, Otac bedeutet Vater – und Ivan, Koseform Ivo, heißt hier jeder Zweite.

**Damit sind wir bei der „besten Crew der Adria"** (O-Ton Kapitän): Peter Keller, 67, ist auf Container-Schiffen schon dreimal um die Welt gefahren. Aber Peter mag lieber die ruhige Adria, und so begleitet er seit sieben Jahren Branimir und seine Passagiere – als Steuermann, Matrose, Steward. Meist trägt er ein belustigtes Lächeln auf den Lippen und täglich ein anderes Fußball-Trikot. Peter Keller kam ebenfalls im Kapitänsdorf zur Welt; er könnte sich dennoch gut vorstellen, irgendwann auch für immer an Land zu bleiben.

Mario, 26, wäre auch lieber an Land. Auf dem Schiff muss er um sechs Uhr aufstehen, hat wenig Zeit für sich und keine Disco weit und breit. Mario erledigt ein bisschen von allem an Bord. Manchmal spielt er den Macho, aber er wäscht auch Teller und assistiert Ivo, dem Koch.

Ivo der Ältere ist schon sein Leben lang Koch, war es auch mal in Fulda, aber auf dem Schiff ist er in der Kombüse sein eigener Herr. Der 61-Jährige bereitet solide kroatische Hausmannskost, vor allem Fleisch mit würzigen Saucen, manchmal backt er auch kleine Kuchen zum Dessert. Er selbst isst am liebsten Scampi und Muscheln.

**Ivo der Jüngere** würde am liebsten die ganze Zeit das Steuer halten; allerdings dreht auch Peter gern am Rad, sollte es der Kapitän mal aus der Hand geben. Ivo ist 26, auch Maschinist und Barmann, in sich gekehrt oder einfach nur verliebt. Sie heißt Andrea, lebt in München und war letztes Jahr als Touristin an Bord, wo sie Ivos Herz stahl. Er hat ihr ein kleines Gedicht geschrieben, das wir veröffentlichen dürfen. Vielleicht passt es ans Ende dieser Geschichte, denn wenn wir nach Trogir zurückkehren, wird Andrea wieder an Bord kommen.

Die Sonntagnachmittagssonne wirft gebündelte Strahlen auf die Küstenstadt Šibenik und beleuchtet eins ihrer beiden Gesichter. Leider das hässliche, aus dem Hochhäuser wie angelaufene Zähne emporragen. Das schöne Ant-

Von links: Auf der Insel Zlarin scheint die Zeit stillzustehen. Unser Zweimaster in voller Montur vor Primošten, das als Bilderbuch-Ort der Adria gilt (unten)

## MAN MUSS AUF SOLCH EINEM SEGELTÖRN SCHON ZUM GRUPPENERLEBNIS TAUGEN

litz liegt links, und genau genommen braucht es kein Licht. Wie in einem Theater nehmen die alten Felssteinhäuser auf den Bergrängen Platz, eine herausragende Rolle spielen in diesem dramatischen Stück die Festungen und die unvergleichliche Kathedrale von Šibenik.

**Alle Passagiere** haben sich aus Liegestühlen und Decken geschält, um den ersten Landgang der Reise anzutreten. „Morgen ist wieder blauer Himmel", sagt der Kapitän in seinem unerschütterlichen Optimismus, außerdem: Zufriedene Gäste sind die halbe Heuer. Deshalb hat er nach und nach den alten Segler modernisiert, hat das Sonnendeck verlängert, damit jeder ein Plätzchen findet, alle 17 Kabinen haben jetzt ein Mini-Bad mit Dusche und WC. Dennoch ist das hier keine Luxuskreuzfahrt, das weiß jeder, der so einen Veteranen bucht. Man muss schon zum Gruppenerlebnis taugen, das Schnarchen des Kabinen-Nachbarn hinnehmen und auch, dass man hin und wieder an eine Sardinenbüchse denkt, wenn man sich zu zweit gleichzeitig an- oder ausziehen will.

**„Es gibt Familien,** die schon seit 20 Jahren mitfahren", sagt der Kapitän voller Stolz und zeigt auf sein Gästebuch in der Kajüte, „einer kommt sogar zweimal im Jahr für 14 Tage." Aber dann gibt es auch die Undankbaren, die jedes Jahr mehr Luxus für weniger Geld wollen. Wer Luxus für mehr Geld will, bucht ein Schiff wie Barbara, Branimirs zweiten Motorsegler, den seine Söhne zwischen Dubrovnik und Montenegro steuern. Barbara hat sogar einen Pool an Deck. Aber unser Käpt'n ist mit seinen 65 Jahren noch einer vom alten Schlag, schließlich fährt er seit nunmehr 33 Jahren Gäste die gesamte kroatische Küste entlang. Nur zwischen 1991 und 1993 musste er pausieren. Während des Krieges restaurierte er sein Schiff, ging fischen und gärtnerte hinter dem Haus.

**Es gibt nicht mehr viel Platz** an der Kaimauer von Šibenik, doch Branimir parkt seinen 32 Meter langen Zweimaster ein, als steuere er einen Smart. In bunter Reihe und ohne sich zu schämen, liegen hier Fischerbötchen neben angeberisch spiegelschwarzen Yachten, auf deren Deck die Leute in dicker Jacke Champagner trinken – so kann man Kroatien auch bereisen. Wir sind kein bisschen neidisch, sondern erkunden diese einzigartige Stadt, deren Kathedrale zum Welterbe der Menschheit zählt. Šibeniks alter Kern ist so verschachtelt, dass man sich treiben lassen muss. Abgebrochene Stufen führen zu schwarz gewordenen Steinhäusern, fast alle sind unheilbar schief und halten sich nur mit Mühe am Berghang aufrecht. Überall schmücken Blumen und Katzen die unverputzten Mauern.

Und dann münden die Treppen der Altstadt unmittelbar in einen verzweigten Friedhof mit eingelassenen

Braver Wächter – das Leuchtfeuer von Sestrica überblickt die bucklige Inselwelt der Kornaten

## UND NOTFALLS AUCH MAL DAS SCHNARCHEN DES KABINENNACHBARN HINNEHMEN

Grabplatten, über die jetzt sich spiegelnde Wolken ziehen. Von hier aus haben die Seelen der Verstorbenen einen Ewigkeitsblick über das Meer. Weiter unten dröhnt Orgelmusik, in der Kathedrale feiern Menschen die Abendmesse. Licht liegt jetzt auf den dunklen Steinen im Kirchenschiff, der Geruch von Weihrauch hüllt die singende Gemeinde ein. Die Kathedrale wirkt so wie die ganze Stadt, verwinkelt und geheimnisvoll.

**Schon um sieben Uhr** steht Käpt'n Branimir am nächsten Morgen auf seiner Zwei-Personen-Brücke, wie immer barfuß, blaue Shorts, blaues T-Shirt, blauer Blick. Den richtet er jetzt auf ein paar Ruinen, die aus einem Berg der Kornaten-Insel Mana herausragen – nicht etwa jahrtausendealte Zeugen früher Siedler, sondern verwaiste Filmbauten von 1961, erschaffen für „Tobendes Meer" mit Maria Schell. Der Kornaten-Archipel ist eine Extrawelt im Inselreich der kroatischen Küste; es scheint, als gehöre er nicht so richtig dazu. Fast alle Passagiere haben sich gleich nach dem Frühstück ganz oben auf dem Sonnendeck versammelt, um die Eilande zu bewundern. Nach und nach schälen sie sich aus dem Morgendunst, schwingen sich wie eine Dünenkette über die spiegelnde Adria. Dann ziehen sie an uns vorbei, eine nach der anderen, rund 150 sollen es sein – die Geologen diskutieren noch: Ab wann ist ein Meeresfels eine Insel?

Die Kornaten sind Gipfel versunkener Bergketten mit kantigen und höhlenhaften Unterwasserwelten voller Leben. Über dem Meer ist Stille. Wie verlassen liegen sie da; manche flach wie eine Flunder, andere in Form eines Hütchens. Und diejenigen, die dem Archipel ihren Namen gaben, haben hohe Steilküsten als Schutzschild vor dem offenen Meer. „Kronen" nannten die Inselbewohner diese Abbruchkanten in ihrer Sprache. Die Kornaten sind die gekrönten Inseln, sehen aber eher aus wie Gürteltiere: Quer über ihren kahl gewordenen Rücken laufen kilometerweit Steinmauern – sie sollten Besitztümer trennen, Felder und Olivengärten vor den Seewinden schützen und Schafe in Schach halten.

Niemals seit der Antike waren diese Inseln auf Dauer besiedelt, immer nur Pachtgrund mit Feldern und Hirtenhäuschen. Seit 1890 gehören die meisten der Kornaten den

Beinahe 1200 Inseln säumen die kroatische Küste – die schönsten und ungewöhnlichsten gehören zum Kornaten-Archipel in Dalmatien

Šibenik gilt als Tor zu den Kornaten; der Friedhof liegt aussichtsreich hoch über der Altstadt. Derweil ankert die Otac Ivan direkt vor dem historischen Zentrum und ist so eine praktische Basis fürs abendliche Flanieren

## AUCH DIE SCHAFE HIER KONNTEN SCHWIMMEN, UND SIE TRANKEN MEERWASSER

Einwohnern der Insel Murter, man hatte sie einem Adligen aus Zadar abgekauft und verpachtete sie an Wein-, Olivenbauern und Hirten, die gleichzeitig Matrosen sein mussten. Auch ihre Schafe konnten schwimmen; sie waren klein, sturmfest und tranken Meerwasser.

**Könnten wir uns doch** in diesem gekrönten Irrgarten für eine Weile verlieren! An einer Felsnase ankern oder in einem der Gasthäuser, die sich wie Nester in die Buchten drücken, gegrillten Drachenkopf verspeisen. Doch unsere Reise sieht kein Ankern vor – wir müssen wiederkommen, mit einem kleineren Boot und Zeit, möglichst spät im Herbst. Wenn die Buchten nicht mehr weiß sind von Hunderten Segeln und die Adria noch warm ist vom Sommer.

**Aber Zlarin ist ein großer Trost.** Wie ein Fisch mit weit geöffnetem Maul liegt die Insel vor dem Tor zum Nationalpark der Kornaten. Wir sind schon auf der Rückreise, ein paar Stunden standen wir sogar unter vollen Segeln, wo jeder, der wollte, mit anpacken konnte. Im Hafen von Zlarin verbringen wir eine der letzten Nächte mitten im grünen Frieden. Krumme Pfade verbinden Häuser, deren Steine vor 100 Jahren mit Segel- und Ruderbooten mühsam vom Festland hergeschafft wurden. Die Gärten riechen nach Früchten, die keiner erntet, in verfallene Häuser ist die Natur eingezogen.

„Heute leben nicht mal 300 Menschen auf Zlarin", erzählt Anton Katica in kantigem Deutsch. Er ist 82 und erinnert sich noch gut an die Zeiten, als die Inselbewohner vom Fischen leben konnten. Längst sind die jungen Leute auf der Suche nach Arbeit fortgezogen; einige kommen im Sommer zurück, denn an 3000 Gästen lässt sich ganz gut verdienen. Auch Katica hat ein Zimmer zu vermieten. Im Winter pflegt er sein Gemüsebeet und vertreibt sich die Abende mit Günther Jauch. „Wer wird Millionär?" gehört zu den Lieblingssendungen des alten Mannes auf der fernen Insel.

**Am nächsten Morgen um sieben** warten sämtliche Katzen am Hafen auf die Rückkehr der Fischer. Auch an Bord der Otac Ivan gibt es heute Fisch – Ivo hat 27 Doraden gebraten für uns und die Crew. Als wir nach einer Woche vor dem alten Stadttor von Trogir wieder festmachen, geht noch vor den neuen Gästen der Proviant an Bord. Und Andrea, Ivos Freundin aus München. Und jetzt das kleine Gedicht für seine große Liebe:

*Das Meer und der Wind –*
*so schön und manchmal so hart.*
*Doch dann kommst du –*
*und alles ist leicht.* ■

Die Autorin **CHRISTIANE ZANDER** und der Fotograf **SAMUEL ZUDER** werden im Editorial auf Seite 3 vorgestellt.

# INFO SEGELTÖRN ZWISCHEN TROGIR UND ZADAR

Eine Reise auf einem traditionellen Motorsegler gehört zu den schönsten Wegen, die **inselreiche Küstenregion** zu erleben – auf ganz unterschiedlichen Routen und Schiffen. Zahlreiche Veranstalter haben Segeltouren zwischen Umag und Dubrovnik im Programm; deren Flotten sind meist zwischen April und Oktober für eine oder zwei Wochen unterwegs. Und Urlauber haben die Wahl, ob sie lieber ganz nostalgisch auf einem der liebevoll **restaurierten Veteranen** reisen oder aber an Bord eines **hochmodernen Seglers** in See stechen.

**i Tel.-Vorwahl aus Deutschland: 00385, dann die 0 der Ortsvorwahl weglassen**

**Umrechnen in Euro: Kuna-Betrag durch 7,4 teilen**

Foto: Aura/hemis.fr/laif

Zum Verweilen schön: Himmelsblick auf den Kornaten-Archipel

## SEHENSWERTES

**TROGIR**
Wer durch das Stadttor am Hafen tritt, findet sich in einer mittelalterlichen Welt – mit Torbögen über engen Gassen, Kirchen und Palästen. Die Altstadt gehört seit 1997 zum Unesco-Welterbe und ist im Sommer gut besucht. Nicht versäumen sollte man den Dom St. Laurentius, die Kunstsammlung Kairos im Nikolauskloster und die Festung am Hafenrand.

**ROGOZNICA**
Umgeben von Pinienwäldern, liegt dieser Fischerort still und romantisch auf einer Halbinsel. Köstliche, frisch gebratene Dorade serviert das Restaurant Ilirija direkt an der Hafenpromenade:
■ Ul. Kneza Domagoja 134.
Geöffnet Ostern bis Oktober 11–24 Uhr.

**PRIMOŠTEN**
Wer dieses Städtchen vom Wasser aus erblickt, möchte sofort hin. Primošten ist ein kleiner Inselberg-Ort, nur durch einen schmalen Damm mit dem Festland verbunden. Seine schiefen Gassen führen an Bruchsteinhäusern und bunten Villen vorbei hinauf zur Kirche.

**ŠIBENIK**
Manche sagen, die alte Königsstadt sei schöner als Zadar – auf jeden Fall hat Šibenik mit der Jakobskathedrale die originellste Kirche im Land. Die Altstadt baut sich wie ein Amphitheater um den Hafen auf, und über den Häusern thront die Festung St. Ana. Auch sehenswert: die Stadtloggia mit Arkaden, heute das Rathaus.

**SKRADIN UND KRKA-FÄLLE**
Der Ort Skradin ist das Tor zum Krka-Nationalpark (S. 132), von hier fahren Boote zum letzten und schönsten der sieben Wasserfälle: Im Skradinski buk stürzt die Krka über 17 Stufen 46 Meter in die Tiefe und füllt einen Badesee. An der oberen Stufe liegt ein Museumsdorf.

**VODICE**
Dieser kleine Ort wird umrahmt von Pinien, Stränden und Badebuchten. Urlauber tummeln sich auf der langen Hafenpromenade. Wer in die zweite Reihe ausweicht, findet Ruhe – und in der Konoba Drazi ein uriges Plätzchen, wo man gegrillten Fisch verzehren kann:
■ Grgurev Tonca 2. Geöffnet April bis Oktober tgl. 17–1 Uhr.

**KORNATEN-NATIONALPARK**
Die rund 150 Inseln und Riffe zwischen Dugi Otok und Žirje bilden ein herrliches Karst-Labyrinth. 89 davon liegen in einem Nationalpark. Sie sind unbewohnt, aber für Segler ist gesorgt: Marinas mit Familiengasthäusern halten Liegeplatz und Essen bereit. Infos und Eintrittskarten (50 Kuna) im Nationalparkbüro auf der Insel Murter:
■ Kornati National Park, 22243 Murter, Butina 2, Tel. (022) 43 57 40.
Geöffnet Mo.–Fr. 7–15 Uhr.
**www.kornati.hr** (auf Englisch)
■ Buchtipp: „Kroatische Küste 1. Die Kornaten". Edition Maritim, 19,90 €.

**INSEL ZLARIN**
Weinreben überwuchern die Steinhäuser des einzigen Inseldorfs. Zlarin ist bekannt für Korallenschmuck – auch wenn es hier keine Korallentaucher mehr gibt. Deren Geschichte zeigt ein Museum:
■ Muzej koralja.
Geöff. im Sommer tgl. 8–21 Uhr.

## ANBIETER

**I.D. RIVA-TOURS GMBH**
Die in der Reportage vorgestellte einwöchige Tour zwischen Trogir und Zadar auf der Otac Ivan kostet je nach Saison 395 bis 655 Euro pro Person in der Doppelkabine, inkl. Vollpension, Ausflüge, Flughafen-Transfer. Infos und Katalog:
■ 80331 München, Neuhauser Str. 27, Tel. (089) 231 10 00.
**www.idriva.de**

Weitere Segeltour-Anbieter u.a.:
■ **www.windbeutel-reisen.de**
■ **www.kroatien-danexumag.de**
■ **www.eckeryachting.com**
■ **www.kayalodge.de** **C.Z.**

## VOM WINDE VERWEHT

Folgendes Trio prägt Wetter und Seegang an Kroatiens Adria: Der **Maestral** ist ein erfrischender Nordwestwind, der entsteht, wenn Kaltluft aus den Alpen und warme Mittelmeerluft aufeinandertreffen. Im Sommer setzt er pünktlich zu Mittag ein und hält bis zum Sonnenuntergang an. Die **Bora,** ein unberechenbarer Nordostwind, weht zwischen November und April vom Festland in Böen Richtung Meer. Sie ist eiskalt und trocken und kündigt wie der Maestral gutes Wetter an. Seefahrer-Weisheit: „Die Bora spricht: ‚Wenn ich segle, segelst du nicht!'" **Jugo** heißt schließlich ein warmer ganzjähriger Wind, der vom Meer zum Festland strömt. Er braut sich in der Sahara zusammen, saugt über dem Mittelmeer Feuchtigkeit auf, bringt der Küste salzigen Regen – und Seglern lange, sanfte Wellen. **H.P.**

Wachstum **4,7 Prozent** +++ Durchschnittslohn rund **600 Euro** +++

# Die Aussichten:

Das Land ist politisch stabil, die Infrastruktur gut, die geografische Lage

Zwischen vier und fünf Prozent Wachstum; hohe Preis- und Währungsstabilität; die Arbeitslosenquote zuletzt um drei auf etwa zwölf Prozent gesunken. Laut Bertelsmann Transformation Index (BTI) landet Kroatien mit seinen Wirtschaftsdaten auf Rang zwölf unter den osteuropäischen und baltischen Ländern. Damit ist der südosteuropäische Staat besser platziert als Lettland, Bulgarien und Rumänien. Die Rating-Agentur Standard & Poor's kommt zu einer Bewertung, die mit BBB in etwa der Schulnote „befriedigend" entspricht. Ergo: Kroatiens Wirtschaft geht es passabel bis gut.

Zwischen fünf und sieben Prozent Handelsbilanz-Defizit, die Auslandsschulden entsprechen 80 Prozent des Bruttoinlandsprodukts (BIP), kaum nennenswerte Exporte, die Investitionen immer noch bescheiden: Laut Heritage Foundation ergibt das für Kroatien Rang 74 hinsichtlich der wirtschaftlichen Freiheit. Auf dem Index für Wettbewerbsfähigkeit des World Economic Forum belegt Kroatien Rang 58 (hinter allen Ländern des östlichen Europa). Ergo: Die Wirtschaft der Republika Hrvatska schwächelt.

Wirtschaft ist eine Frage der Perspektive – Kroatien ist ein Paradebeispiel dafür. Letztlich, sagt Peter Presber, Geschäftsführer der Deutsch-Kroatischen Industrie- und Handelskammer, komme es darauf an, wie man Zahlen und Grundkoordinaten interpretiere. Sein Fazit: „Aus der Sicht der Unternehmen hat das Tempo der notwendigen Reformen in Kroatien nicht mit der gesamtwirtschaftlichen Entwicklung Schritt gehalten." Oder anders formuliert: Trotz politischer Stabilität, guter Infrastruktur und günstiger geografi-

Fotos: Samuel Zuder; Atlantic Grupa

▲ Auf der Sonnenseite: Der Tourismus ist eine Haupteinnahmequelle des Landes

Inflationsrate **3,5 Prozent** +++ Arbeitslosenquote **12 Prozent** +++ Tourismus **50 Mio.** Übernachtungen

# heiter bis wolkig

günstig – der Wirtschaft aber könnte es besser gehen. Wo sie floriert – und wo es hakt

scher Lage als Tor zum Balkan ist Kroatien wirtschaftlich bislang weit hinter den Erwartungen zurückgeblieben.

Dafür kann man Kroatien nicht allein verantwortlich machen. Das Land startete nach dem Zusammenbruch des kommunistischen Blocks unter extremen Bedingungen in die neue Ära. Fünf Jahre Krieg (Seite 148) verhinderten – anders als in Polen, Tschechien, Ungarn und der Slowakei – einen nahtlosen Übergang in die freie Marktwirtschaft; nach dem Friedensschluss 1995 lagen Teile des Landes in Trümmern, Fabriken waren zerstört, Felder vermint, Hunderttausende Menschen geflohen. Hinzu kam, dass ausländische Investoren sich von dem schlechten Image des Balkans und der herrschenden Rechtsunsicherheit nicht gerade angezogen fühlten. Außerdem waren nach Jahrzehnten sozialistischer Wirtschaftsweise viele Menschen nicht fähig, Initiative und Eigenverantwortung zu übernehmen.

Wenn der Zagreber Politologe Damir Grubiša von einem „verlorenen Jahrzehnt“ zwischen 1990 und 2000 spricht, meint er aber nicht nur die ungünstige Ausgangsposition, mit der Kroatien 1991 in die Unabhängigkeit gestartet ist. Unter dem damaligen Präsidenten Franjo Tuđman kam es zudem zu folgenreichen Fehlentscheidungen. Zum Beispiel wurden während der ersten Privatisierungswelle Firmen bevorzugt an Tennispartner des Staatschefs vergeben; einer seiner Vertrauten wurde mit 170 Firmen bedacht und kam später wegen krimineller Misswirtschaft ins Gefängnis. Bis heute sind Vetternwirtschaft und Korruption in Politik, Justiz und Wirtschaft verbreitet. Die Öffentliche Hand stellt jeden dritten Arbeitsplatz; die Gerichte schieben 1,6 Millionen ungelöste Fälle vor sich her. Darüber hinaus müssen die Steuerkassen eine Million Rentner – bei 4,4 Millionen Einwohnern – versorgen.

Positive Beispiele wie das von Emil Tedeschi sind daher immer noch eher die Ausnahme in Kroatien. Tedeschi fing 1991 an, Kaugummi zu importieren. Damals fielen noch Bomben auf Zagreb. Heute vertreibt seine Firma Atlantic Grupa von dort aus auch Batterien, Puder, Konfekt, Tierfutter und ein Dutzend ausländische Markenartikel. Zuletzt hat sie einen Hamburger Hersteller von Fitnessprodukten gekauft.

Zugpferd der Wirtschaft ist, bei allen Problemen, die Region um Zagreb. Sie erwirtschaftet 50 Prozent des Bruttoinlandsprodukts (BIP) Kroatiens. Die Provinz aber darbt, besonders das Hinterland Dalmatiens und die gebirgige Grenzregion zu Bosnien-Herzegowina. In den vom Krieg stark betroffenen Gegenden beträgt die Arbeitslosenquote bis zu 40 Prozent.

Erfreulich ist die Entwicklung im Tourismus, der an der dalmatinischen Küste seit Jahrzehnten eine wichtige Einnahmequelle darstellt und etwa 20 Prozent des BIP hervorbringt. Nach einem Einbruch in den neunziger Jahren zählt Kroatien inzwischen mehr Touristen als vor dem Krieg, und es wird für die kommenden Jahre mit weiteren Zuwächsen gerechnet. 50 Millionen Übernachtungen zeugen vom Potenzial der Tourismusbranche.

Die kroatischen Schiffbauer stehen im europäischen Vergleich an dritter Stelle; sie tragen mit 12 Prozent zu den Exporteinnahmen bei. Trotzdem arbeiten die staatlichen Werften defizitär. Wie zum Teil auch im Tourismus fehlt es an Modernisierung, Technologietransfer und Investitionen. Auch wenn Kroatien sich zu einer überwiegend privatwirtschaftlich strukturierten Marktwirtschaft wandelt, ist es immer noch ein Land im Übergang. Produktionskosten, die im Vergleich zu anderen Staaten Südosteuropas relativ hoch sind, und eine ineffiziente Verwaltung belasten die Wettbewerbsfähigkeit kroatischer Erzeugnisse. Und „beim Aufbau völlig neuer Produktionsstätten“, so der Chefökonom der Bank Zagreb, Žarko Miljenović, „ist der Zug abgefahren. Auslandsfirmen sind in Ungarn oder Rumänien besser bedient.“

Inzwischen ist sogar ein EU-Beitritt, von dem sich die Unternehmen dringend notwendige Impulse versprechen und der für 2009 oder 2010 angepeilt war, wieder fraglich. Allein bei der Analyse der Rechtsprechung hinkt der zuständige Parlamentsausschuss weit hinterher. Außenministerin Kolinda Grabar-Kitarović sagt zwar: „Uns kommt es nicht auf einen frühen Zeitpunkt, sondern auf die 100-prozentige Erfüllung der Anforderungen der EU an.“ Sandra Švaljek vom Zagreber Wirtschaftsinstitut EIZ meint jedoch: „Das Land arbeitet nicht hart genug und vertraut darauf, sich durchzulavieren.“ Aber auch das ist letztlich wohl eine Frage der Perspektive. ■

**Gerhard Waldherr**

▲ Erfolgsstory: Atlantic Grupa

# Split

P-

Nachts erwacht das Leben an der Hafen-Promenade von Split

Von der Sonne verwöhnt sind die

# ula

**Drei auf einen Streich! Split, Zadar und Pula sind voll von Geschichte und pulsierendem Leben. Sie sind Spaziergängers Liebling und lohnen mehr als einen flüchtigen Blick**

Text von Hartmut Kobrow

Fotos: Glaescher/laif; Muhs/Caro; Ingolf Pompe/LOOK

Früchte auf dem Markt von Pula

# Zadar

Aussicht auf ewige Schönheit: Kirche und Kloster der heiligen Maria in Zadar

Flanieren unter Palmen an der Promenade, der berühmten Riva

Fotos: Tjaden/laif; Hartmut Kobrow; Schapowalow/Huber

# Split

NACH ZAGREB IST SPLIT mit etwa 205 000 Einwohnern die zweitgrößte Stadt Kroatiens. Zugleich ist es Wirtschafts-, Verwaltungs- und Kulturzentrum in der Mitte Dalmatiens, außerdem ein wichtiger Verkehrsknotenpunkt für alle Land- und Seewege.

Lebendig, laut und geschäftig wirkt Split und auch ein wenig stolz – kein Wunder, denn die Stadt ist ein steingewordenes Geschichtsbuch unter mediterranem Himmel, geschmückt mit subtropischen Gewächsen. Eigentlich spielt sich hier alles innerhalb der gewaltigen Mauern eines römischen Kaiserpalastes ab. Vom frühen Morgen, der mit dem Markttreiben erwacht, bis zu den späten Abendstunden spürt man das pulsierende Leben.

Um das Jahr 300 errichtete Kaiser Diokletian seinen Prachtbau, bis heute ein städtebauliches Unikat. Ob unter byzantinischer, venezianischer oder österreichisch-ungarischer Herrschaft – der Palast blieb stets Mittelpunkt der historischen Altstadt und hat sein Äußeres kaum verändert. Die Cafés, Restaurants, Galerien und Geschäfte in den Kopfstein-gepflasterten Gassen der Altstadt werden von mittelalterlicher Bausubstanz eingerahmt. Als im 12./13. Jahrhundert die Stadt aus den Nähten platzte, begann man nordwestlich des Zentrums mit der Stadterweiterung. Vor dem Westtor schuf man die venezianische Neustadt. Wer auf den Spuren der Geschichte müde geworden ist, kann sich an die Strände südlich des Hafens zurückziehen.

## ÜBERNACHTEN

**VESTIBUL PALACE**
Residieren, wo einst der römische Kaiser Diokletian seinen Altersruhesitz hatte, also mitten im riesigen Palast. Das perfekt designte historische Haus lässt kaum Wünsche offen, allerdings stört im Sommer und an den Wochenenden doch der Urlauber-Lärm aus dem Innenhof. Was tun, um Ruhe zu finden? Ohropax in die Gehörgänge, Fenster schließen und Klimaanlage anschalten.
■ 21000 Split, Iza Vestibula 4, Tel. 32 93 29. 7 Zimmer: DZ 1035–1775 KN, inkl. Frühst.
**www.vestibulpalace.com**

**JADRAN**
Blauweißer Hotelkomplex im Bungalow-Stil. Die Zimmer: relativ klein; das Mobiliar: Ikea lässt grüßen; die Atmosphäre: erinnert an eine Schwimmhalle; die Lage: könnte nicht besser sein, direkt am Meer; der Service: flink und zuvorkommend. Pluspunkte: zwei Swimmingpools, Restaurant, Bar und Physiotherapie-Abteilung.
■ 21000 Split, Sustipanski put 23, Tel. 39 86 22. 26 Zi.: DZ 800 KN, inkl. Frühst.
**www.hoteljadran.hr**

## ESSEN & TRINKEN

**KONOBA VAROŠ**
Deftig riecht es nach dalmatinischer Küche in diesem stets gut besuchten Restaurant im Stadtteil Veli Varoš: nach Pasticada (mariniertem Jungrindfleisch), Teleča peka (gebackener Kalbsbrust), nach Schinken und Sardinen. Reichlich Folklore und Volksmusik, beflissene Kellner sowie Wein von Korčula und aus Babic.
■ Ban Mladenova 7, Tel. 39 61 38. Hauptgerichte ab 50 KN. Geöffnet tgl. 9–24 Uhr.

**ŠPERUN**
Florierender Familienbetrieb gegenüber dem Varoš und ebenso bodenständig. Gemütlich und solide, freundliche Bedienung, regionale Küche. Im vorderen Teil kleine Bistro-Tische, im hinteren Bereich große Tische mit viel Platz für die zahlreichen Gäste.
■ Šperun 3, Tel. 34 69 99. Hauptgerichte ab 60 KN. Geöffnet tgl. 7–23 Uhr.

## ANSCHAUEN

**DIOKLETIAN-PALAST**
Das imposanteste römische Baudenkmal in Dalmatien, angelegt zwischen 295 und 305 als Villa, Militärkastell und Wohnanlage. Nach der Zerstörung des antiken Salona nördlich von Split im Jahre 614 durch Awaren und Slawen flüchteten viele Bürger in den Palast, um den sich die Siedlung Spalatum entwickelte. Aus ihr ging die Stadt Split hervor.

**ARCHÄOLOGISCHES MUSEUM**
Das älteste Museum Kroatiens (1820 gegründet) beherbergt u.a. Steinaufschriften aus dem nahe gelegenen antiken Salona, griechisch-hellenistische Keramik, römisches Glas. Interessant auch die Geldsammlung sowie ein umfangreicher Bibliotheks- und Archivbestand.
■ Zrinsko Frankopanska 25, Tel. 32 93 40. Geöffnet Mo.–Sa. 9–14 u. 16–20 (Sommer), Mo.–Sa. 9–14 Uhr (Winter). Eintritt Erw. 20 KN.

**KATHEDRALE SVETI DUJE**
Eine Freitreppe mit hohen Stufen führt vom Peristyl, einem von korinthischen Säulenarkaden gerahmten Hof, zum Mausoleum Kaiser Diokletians. Vor dem Eingang wacht eine ägyptische Sphinx. Das Mausoleum steht auf einem achteckigen Podium, umgeben von 24 Säulen. Im 7. Jh. wurde es zur Kirche und im 10. Jh. zur Kathedrale geweiht.
■ Tgl. geöffnet. Eintritt 5 KN.

## AUSGEHEN

Wer sich austoben will, geht in den Club O'Hara im Yachthafen Zenta, den Club Tribu in der Nähe des Fußballstadions oder in den Club Masters im Stadtteil Gripe. Wer es ruhiger mag, bleibt in der Altstadt und bevorzugt Clubs wie Ghetto, Teak und Gaga.

## INFOS

**TOURISMUS-AMT**
■ 21000 Split, Obala hrvatskog narodnog preporoda 7, Tel. 34 86 00, Fax: 34 86 04. Geöffnet Mo.–Fr. 8–15 Uhr.
**www.visitsplit.com**

**TELEFON-VORWAHL**
In Kroatien: 021, aus Deutschland: 00385-21.

## INNENANSICHTEN

**ANITA PENIČ, 30 JAHRE**

Nach meinem Fremdsprachenstudium in Zadar kehrte ich in meine Heimatstadt Split zurück, um noch ein Studium der Ökonomie zu absolvieren. Heute leite ich gemeinsam mit meinem Freund, einem Franzosen, eine kleine Reiseagentur und eine Fremdsprachenschule, die besonders Menschen erreichen soll, die ihre Sprachkenntnisse im Bereich Wirtschaft erweitern wollen. Es ist eine spannende Aufgabe, gleichsam im Tourismus und im wirtschaftlichen Sektor tätig zu sein, denn beide sind wichtig für die Zukunft meiner Stadt und ihrer Menschen. Wir sind dankbar, dass wir mitgestalten können, uns eine eigene Existenz aufbauen dürfen.
**Mein Tipp:** Der schönste Platz zum Entspannen für mich ist die Aussichtsterrasse auf dem Marjan-Hügel. Zu jeder Tageszeit und sogar in den Abendstunden ist es hier schön. Im Hintergrund das Gebirge, davor die Stadt, die Inseln und das Meer. Und alles in einer unbeschreiblichen Farbenpracht.
■ Hinter dem Franziskaner-Kloster am Ende der Promenade führt eine Gasse mit Treppen zum Hügel. Vom Zentrum ein Fußweg von 15 Minuten.

Blick auf den Diokletian-Palast mit Kathedrale

Bester Ankerplatz: Das historische Zentrum auf der Halbinsel hält für Besucher alles bereit

# Zadar

**DIE MITTELGROSSE STADT** in Norddalmatien (rund 83 000 Einwohner) versprüht Selbstgenügsamkeit ohne große Geschäftigkeit, Rummel und Touristenströme. Sie wirkt auf den Besucher unaufgeregt, ursprünglich und entspannt und ist keine überregionale Metropole wie etwa Split. Wer von Norden kommt, fährt gar durch recht abweisende Vororte mit Verwaltungs- und Wohnbauten aus der Tito-Ära. Die einst römische Stadt Jadera, die sich im Nordwesten der etwa vier Kilometer langen und bis zu 500 Meter breiten Halbinsel befindet, ist noch am Straßennetz erkennbar. Nach den Byzantinern herrschten hier die Venezianer und machten aus Zara, wie Zadar auf Italienisch hieß, die bedeutendste Stadt Dalmatiens; später bestimmten Österreicher und Italiener die Geschicke der Stadt.

Das Zentrum ist überschaubar, und die Sehenswürdigkeiten wie Dom- und Donatuskirche, das römische Forum, der Palast der Prioren und das Arsenal sind in zwei Tagen besucht. Der touristische Reiz der Stadt liegt in den Ausflugsmöglichkeiten: In der näheren Umgebung befinden sich die Nationalparks Krka, Paklenica und Kornaten.

## ÜBERNACHTEN

### FALKENSTEINER CLUBHOTEL FUNIMATION

Hier vernimmt man mehr deutsche als einheimische Laute. Grund: Die riesige Hotelanlage gehört einer österreichischen Kette und wirbt mit einem All-inclusive-Angebot. Wer mit Kindern unterwegs ist oder rund um die Uhr etwas erleben möchte, ist hier genau richtig, geboten werden jede Menge Unterhaltung, medizinische Betreuung, sportliche Betätigung. Die großen Zimmer sind von schlichter Eleganz und haben Glas-Schiebetüren zum Balkon. Innen- und Außenpool, Restaurant, Bar, Bühne.

■ 23000 Zadar, Borik, Majstora Radovana 7, Tel. 20 66 37.
258 Zimmer: DZ pro Person 310–940 KN, inkl. Vollpension.
**www.falkensteiner.com**

### VILLA NICO

Nur die kaum befahrene Stichstraße trennt das schrill pinkfarbene Hotel vom Meer. Die etwas eigenwillige Farbgestaltung setzt sich auch im Haus fort. Das von Lorena Kovač (sie spricht Deutsch) gut geführte Drei-Sterne-Hotel besitzt Internet-Zugang, Terrasse, Klimaanlage, Parkplatz und Restaurant. Haustiere sind stets willkommen. Bis ins Stadtzentrum sind es nur etwa 15 Minuten mit dem Auto.

■ 23000 Zadar, Diklo, Krešimirova obala 138, Tel. 33 11 98.
25 Zimmer: DZ 590–850 KN, inkl. Frühstück.
**www.hotel-villanico.com**

## ESSEN & TRINKEN

### DVA RIBARA

Das Restaurant „Zwei Fischer" wirkt auf den ersten Blick etwas modern-kühl, bietet aber gutes Essen und liegt zudem sehr zentral in der Altstadt. Auf der Speisekarte finden sich schmackhafte Suppen, altbekannte italienische Gerichte, gelungene Fisch- und Fleischspezialitäten.

■ Blaža Jurjeva 1, Tel. 21 34 45.
Hauptgerichte ab 45 KN.
Geöffnet tgl. 10–23 Uhr.

### KONOBA NA PO URE

Heißt übersetzt „Halbe Stunde", und viel länger müssen Sie ja auch gar nicht bleiben, um die dalmatinischen Spezialitäten zu probieren. Jeden Tag wechselt zwar die Speisekarte, aber die Renner in diesem Lokal sind Tintenfisch mit Gemüse und Kalbfleisch mit Kohl. Lauschig der kleine Biergarten mit frischen Küchenkräutern.

■ Špire Brusine 8,
Tel. 31 20 04.
Hauptgerichte ab 45 KN.
Geöffnet tgl. 9.30–23 Uhr.

### LUNGO MARE

Hübsch gelegenes Lokal direkt an einer Meeresbucht mit üppig begrünter Terrasse, nur fünf Autominuten vom Zentrum entfernt. Das Essen, hauptsächlich Fischgerichte, unterscheidet sich kaum von dem in anderen guten Restaurants, allerdings sind die Portionen wirklich sehr üppig bemessen. Dazu eine besonders freundliche Bedienung.

■ Obala kneza Trpimira 23,
Tel. 33 15 33. Hauptgerichte ab 50 KN. Geöff. tgl. 10–24 Uhr.

## EINKAUFEN

### MARASKA D.D. ZADAR

Einst wurden hier Waffen der Venezianer gelagert, heute dient das historische Gebäude als Kulturzentrum. In der riesigen, restaurierten Anlage befinden sich auch Restaurants, Cafés und Geschäfte, darunter der Maraska Shop mit besten Bränden, Weinen, Säften und Souvenirs.

■ Arsenal, Trg tri bunara 1,
Tel. 25 38 35.
Geöffnet Mo.–Fr. 9–12.30 u. 17.30–21, Sa. 9–13 Uhr.
**www.arsenalzadar.com,**
**www.maraska.hr**

## ANSCHAUEN

### DONATUSKIRCHE

Die zweigeschossige Rundkirche aus dem 10. Jahrhundert befindet sich in unmittelbarer Nachbarschaft zu den Resten des Forums aus römischer Zeit. Wegen der besonders guten Akustik im Kirchenraum finden hier häufig Konzerte statt. Direkt verbunden ist das Gotteshaus mit dem Dom Sv. Stošija, der im 14. Jahrhundert vollendet wurde.

■ Trg Sv. Stošije. Geöffnet tgl. 9–20 Uhr. Eintritt 10 KN.

### ARCHÄOLOGISCHES MUSEUM

Interessante und sehr umfassende Sammlung von Exponaten aus der Steinzeit bis zum Mittelalter: Schmuckstücke, Grabbeigaben, religiöse Objekte, Inschriften und Alltagsgegenstände.

■ Trg opatice Čike 1,
Tel. 25 05 16. Geöffnet Mo.–Fr. 9–13 und 17–20, Sa. 9–13 Uhr.
Eintritt 10 KN.

## AUSGEHEN

Alles spielt sich im Zentrum ( auf der Halbinsel) oder nicht weit davon ab. Wer Musik, Unterhaltung und gute Getränke schätzt, geht in den Maya Pub (Liburnska obala 6). Denjenigen, die Disco-Musik, Lautstärke und Bewegung mögen, seien der City Club Forum (Marka Marulića bb) und der Gotham City Club (M. Oreskovica 1) empfohlen.

## INFOS

### TOURISMUS-AMT

■ 23000 Zadar, Mihe Klaića 2,
Tel. 31 61 66. Geöffnet tgl. 8 bis 24 (Sommer), Mo.–Fr. 8–20, Sa. u. So. 9–13 Uhr (Winter).
**www.tzzadar.hr**

### TELEFON-VORWAHL

In Kroatien: 023,
aus Deutschland: 00385-23.

Fotos: Juraj Kopad/Kroatische Zentrale für Tourismus; Kotlar/www.photocroatia.com; Hartmut Kobrow

Schlemmen und Staunen in den Altstadtgassen

INNENANSICHTEN

VENCI JURIN, 63 JAHRE

Helfen wollte ich den Menschen immer, egal wo ich war, nicht nur in bitteren Kriegszeiten. Und so leiste ich mittlerweile schon mehr als 30 Jahre humanitäre Hilfe und bin Vorsitzender der Blutspende-Gemeinschaft Kalelarga („Breite Straße"). Im Laufe der Zeit wurden durch unsere Aktionen etwa 5500 Liter Blut gespendet. Wenn ich heute durch die Straßen meiner Stadt gehe, dann grüßen mich die Menschen freundlich oder sprechen mich an. Spätestens dann merke ich, dass ich ein Urgestein von Zadar geworden bin. Das gibt mir Kraft und Zuversicht. Ich werde weitermachen, solange ich kann.

**Mein Tipp:** Besuchen Sie das Restaurant Skoblar in der Nähe des Fünf-Brunnen-Platzes in einem alten Kapitänspalast. Der Besitzer ist ein guter Freund, dem ich manchmal meinen frisch gefangenen Fisch bringe. Eine süße Spezialität ist Anastasias Traum, ein leckerer Kuchen mit Maraska-Kirschen.

■ Trg Petra Zoranica, Tel. 21 32 36. Geöffnet tgl. 7–24 Uhr.

Glanzvoller Auftritt: Das Amphitheater bot einst 23 000 Menschen Platz. Heute füllen sich die Ränge zum Schlager- und Opernfestival

Fotos: Cogoli/Bildagentur-Huber; Hartmut Kobrow; Folkmann/FAN

# Pula

**NOCH VOR ETWA 200 JAHREN** war Pula ein verschlafenes Landnest mit einigen römischen Resten, darunter das alles dominierende Amphitheater. Heute ist der Ort mit 70 000 Einwohnern die größte Gemeinde Istriens, eine liebenswerte, überschaubare Kleinstadt, die in vielen Bereichen gut erhalten ist.

Einen rasanten Aufschwung erlebte die Stadt an der Südspitze Istriens zur Zeit der Zugehörigkeit zu Österreich-Ungarn. Da den Habsburgern Venedig und damit der wichtigste Hafen an der Adria verloren ging, errichtete man hier von 1856 bis 1886 einen der modernsten Kriegshäfen der Welt. Innerhalb von wenigen Jahrzehnten wuchs die Einwohnerzahl auf 30 000 Menschen an, entstanden neue Straßenzüge mit Gründerzeithäusern und siedelte sich eine deutschsprachige Minderheit an. Nach dem Ersten Weltkrieg fiel Pula, wie ganz Istrien, an Italien. Noch heute weisen die zweisprachigen Straßenschilder auf die nicht nur geografische Nähe zu diesem Land hin. Die Sehenswürdigkeiten lassen sich bequem zu Fuß erreichen, darunter das Amphitheater, der Triumphbogen der Familie Sergius, die Kathedrale, der Tempel der Roma und des Augustus sowie das Kastell. Der Besuch des Wochenmarktes auf dem Narodni trg lässt sich gut mit einem Einkaufsbummel in der Markthalle, einem wahren Palast aus Gusseisen und Glas, verbinden.

## ÜBERNACHTEN

**VALSABBION**
Nettes, kleines Boutique Hotel am Meer, ganz in der Nähe der Marina. Im oberen Stockwerk befinden sich Schwimmbad, Fitness- und Beauty-Abteilung. Von hier hat man besonders am Abend einen wundervollen Blick auf die Küste. Das perfekt gestylte, hauseigene Restaurant (S. 90) gehört zu den besten in Istrien.
■ 52100 Pula, Pješčana uvala IX/26, Tel. 21 80 33. 10 Zi.: DZ 510–1250 KN, Frühstück 89 KN pro Person.
**www.valsabbion.hr**

**LA SCALETTA**
Große Stadtvilla mit modern eingerichteten Zimmern in hellen Farben, allerdings ohne Fahrstuhl. Stärken kann man sich gleich gegenüber im gleichnamigen Restaurant zum Beispiel an Ravioli, gefüllt mit Scampi und Trüffelrahm, oder den vorzüglichen Steak-Variationen.
■ 52100 Pula, Flavijevska 26, Tel. 54 10 25. 12 Zi.: DZ 635 bis 755 KN, inkl. Frühstück.
**www.hotel-scaletta.com**

## ESSEN & TRINKEN

**MILAN**
Liegt etwas versteckt. Wer jedoch die schmale Einfahrt zum Parkplatz gefunden hat, wird schon beim Eintritt ins Haus überrascht: stilvolle Einrichtung, schöner Weinkeller, perfekte Bedienung und vorzügliche Speisen. Zu empfehlen: Meeresfrüchte und Desserts. Die Vinothek bietet etwa 700 Weine aus ganz Kroatien. Wer nach dem Essen bleiben möchte, bezieht im Hoteltrakt eines der gut ausgestatteten Zimmer (DZ 490–890 Kuna).
■ Stoja 4, Tel. 30 02 00. Hauptgerichte ab 70 KN. Geöffnet tgl. 11–23 Uhr.

**KONOBA BATELINA**
Ein kleines, unscheinbares Haus in Banjole, etwa vier Kilometer vom Stadtzentrum entfernt. Der Weg dorthin aber lohnt sich allemal, denn frischer als in diesem Familienbetrieb können Sie Fisch gar nicht bekommen. Der Vater ist Fischer, die Ehefrau werkelt in der Küche, Sohn und Tochter bedienen im Restaurant. Schmackhaft, preiswert, gut.
■ Banjole, Čimulje 25, Tel. 57 37 67. Hauptgerichte ab 50 KN. Geöffnet tgl. 17–23 Uhr.

## ANSCHAUEN

**RÖMISCHES AMPHITHEATER**
Der monumentale Bau ist ein Meisterwerk römischer Baukunst und entstand zur Regierungszeit des Kaisers Vespasian im 1. Jahrhundert. Die sechstgrößte Arena der Welt ist heute nicht mehr Schauplatz blutiger Gladiatorenkämpfe und rasanter Wagenrennen, sondern Freilichtbühne für Kulturveranstaltungen. Das Film- und Schlagerfestival, Verdi-Abende und Rockkonzerte ziehen jährlich Tausende Besucher an. Im Untergeschoss befindet sich eine Ausstellung zu Wein- und Olivenanbau in der Antike.
■ Geöffnet tgl. 9–16 (Winter), 9–20 Uhr (Sommer). Eintritt: Erwachsene 20 KN.

**AQUARIUM**
In einem Fort an der Südspitze der Halbinsel Verudela befindet sich dieses Museum, das einen Überblick über die Fauna und Flora der nördlichen Adria gibt. Ob Katzenhai, Schildkröte, Seeigel, Seegurke oder Plankton, ob Unterwasserfotografie oder Fischereigeräte: eine gelungene Exposition für Jung und Alt.
■ Verudela bb, Tel. 38 14 02. Geöffnet tgl. 9–22 (Sommer), nur Sa. u. So. 10–17 Uhr (Winter). Eintritt: Erwachsene 20 KN, Kinder 10 KN.

## AUSGEHEN

Am Samstag laufen die Tanz- und Unterhaltungsfreudigen scharenweise auf. Dann haben Clubs wie Aruba, Monte Serpente (in Richtung Flughafen gelegen) und der Rock-Club Uljanik im Zentrum Hochkonjunktur.

## INFOS

**TOURISMUS-AMT**
■ 52100 Pula, Forum 3, Tel. 21 91 97, Fax: 21 18 55. Geöffnet tgl. 9–22 (Sommer), Mo.–Sa. 9–19, So. 10–16 Uhr (Winter).
**www.pulainfo.hr**

**TELEFON-VORWAHL**
In Kroatien: 052, aus Deutschland: 00385-52.

## INNENANSICHTEN

GORKA OSTOJIĆ-CVAJNER, 61 JAHRE

Als Kunsthistorikerin und -kritikerin war ich Direktorin des Filmfestivals, arbeitete in Museen, Galerien und am Theater. Ich möchte besonders die jungen Menschen für ihre eigene Geschichte sensibilisieren, möchte Emotionen wecken. In meiner Café-Galerie Cvajner soll nicht nur über Kunst gesprochen werden, hier soll sie auch erlebbar sein. Erst wenn alle kulturellen Einrichtungen der Stadt eng zusammenarbeiten, wird es in Pula auch keinen Fließband-Tourismus mehr geben.
**Mein Tipp:** Jedes Jahr im Juli und August findet das Opern-Festival im Amphitheater statt. Vor der antiken Kulisse waren bereits weltberühmte Interpreten wie Montserrat Caballé, José Carreras, Plácido Domingo und Luciano Pavarotti zu hören.
**www.histriafestival.com**

Schönheiten vom Lande: Knoblauch und Beeren

## MARMOR VON BRAČ

Für den Künstler ist er der Stein, aus dem formschöne Skulpturen und schlanke Säulen sind, für den Geologen ist er schlicht kristallines Calciumcarbonat. Es ist die Rede vom Marmor, dessen Entstehung aus Kalkstein erdgeschichtlich vor etwa 200 Millionen Jahren begann. Die kostbarste Sorte, Marmo Statuario, aus der Michelangelo u.a. seinen David geschaffen hat, wird seit etwa zwei Jahrtausenden in der Gegend von Carrara in Italien abgebaut. Seit dem Altertum war das magische Material ein gefragter Importschlager und findet sich bis heute in vielen Farben, Äderungen, Strukturen und Härtegraden.

Weltberühmt wurde auch der cremeweiße, feinkörnige, marmorartige Kalkstein von der Adria-Insel Brač, der immer noch nahe dem kleinen Hafenort Pučišća an der Nordküste abgebaut wird. Daraus wurden prächtige Paläste, Kathedralen und Monumente in Kroatien selbst, aber auch im übrigen Europa und sogar in Amerika gebaut. Die exzellente Qualität und Farbe dieses Steins zieren Bauten wie den Diokletian-Palast und die Kunstgalerie Meštrović in Split, Prachtbauten in Dubrovnik, den Dom von Šibenik, aber auch die Parlamentsgebäude von Budapest und Wien und, man mag es kaum glauben, sogar das Weiße Haus in Washington. **www.jadrankamen.hr**

**i** Umrechnen in Euro: Kuna-Betrag durch 7,4 teilen

# Im Reich der Tiefe

**Zerklüftete Höhlen, schroffe Felslandschaften, viele Schiffswracks – Kroatiens Unterwasserwelt gibt sich gern wild und abenteuerlich. Sie kann aber auch anders, sanft und wunderbar farbenfroh. Die schönsten Tauchreviere**

Text von Matthias Bergbauer, Fotos von Manuela Kirschner

Licht und Schatten: Taucher in einer Höhle vor Rovinj

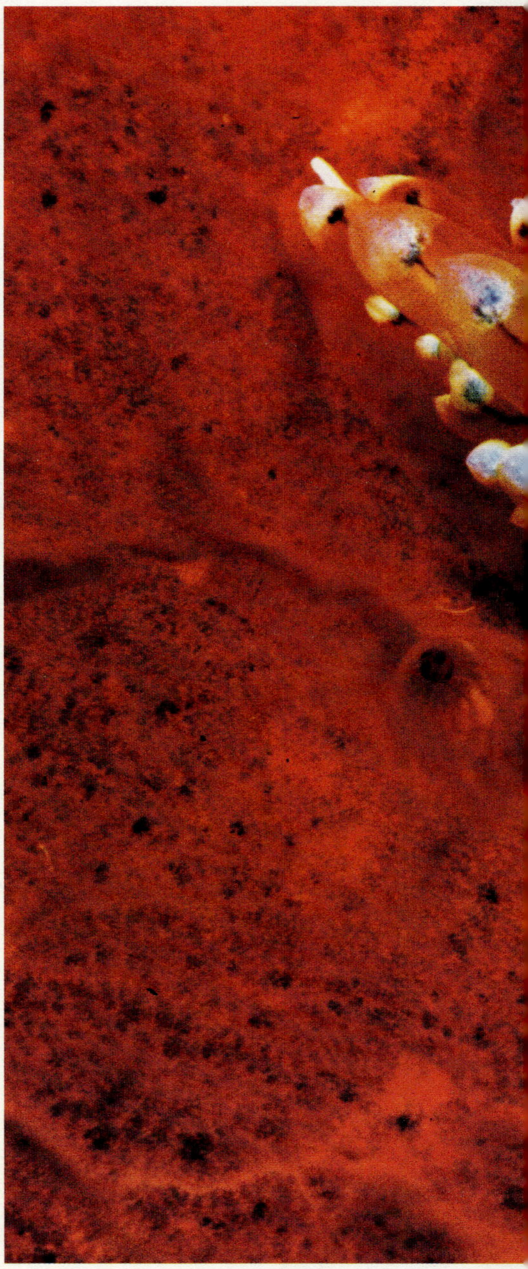

Buntes Treiben: Neben Schiffswracks (links) kann man vor Kroatiens Küste allerlei possierliche Tierchen entdecken. Gestreifte Dickkolbenschnecken etwa (großes Bild), die allerdings nur etwa fünf Zentimeter messen, oder die deutlich größeren Leopardenschnecken (unten). An flachen Stellen ziehen Schwärme von Mönchsfischen über wogende Seegraswiesen (rechts)

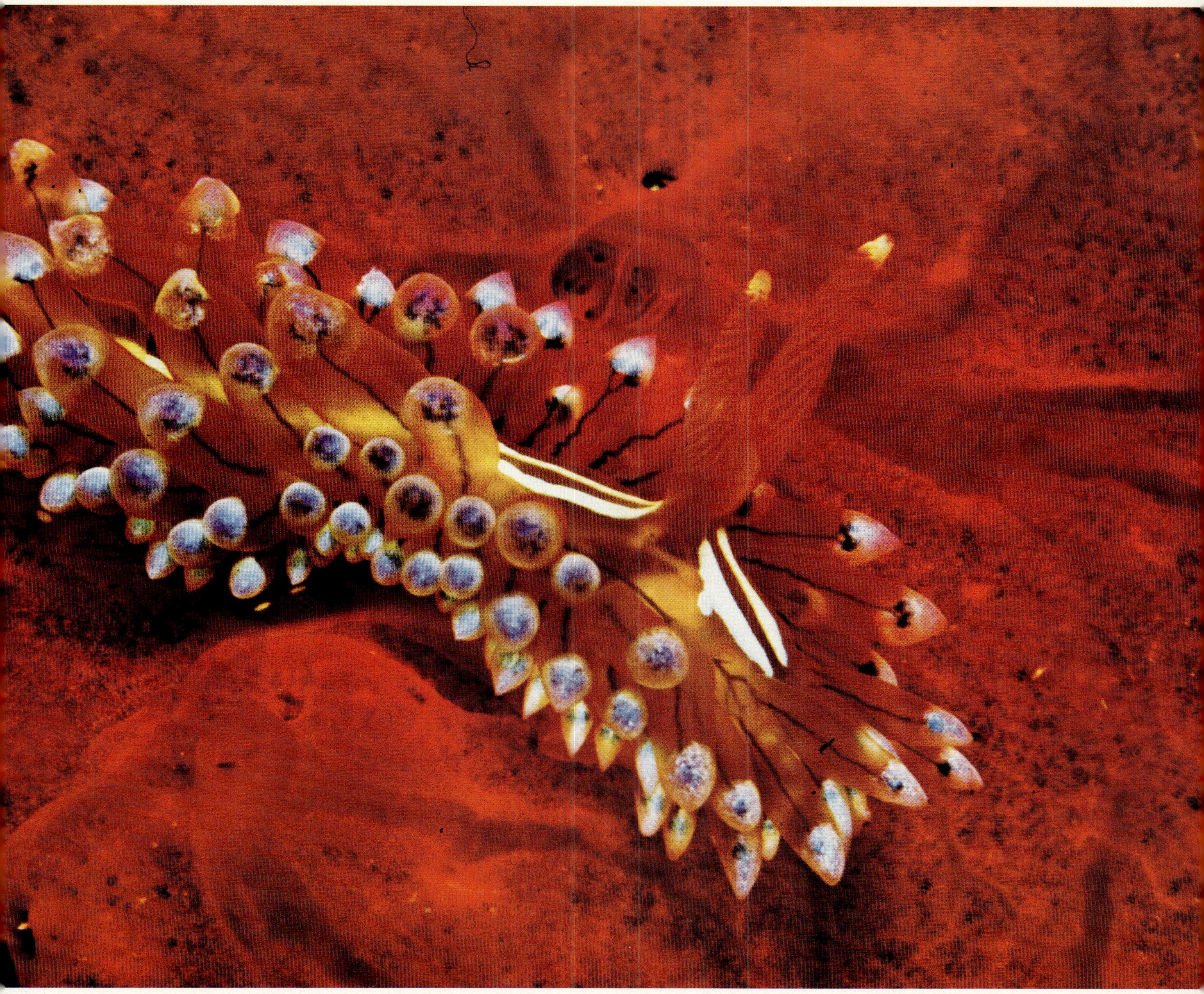

Leuchtendes Beispiel: ein roter Seestern

Hunderte abwechslungsreiche und gut erschlossene Tauchplätze jeden Schwierigkeitsgrades liegen vor Kroatiens Küste. Fast ebenso groß ist die Zahl der Tauchbasen. Wir geben einen Überblick über die fünf wichtigsten Tauchreviere und ihre Highlights, dazu je einen Tipp für eine Tauchbasis aus der Kategorie „besonders empfehlenswert".

## 1 ISTRIENS WESTKÜSTE

Das malerische Hafenstädtchen Rovinj liegt aus Tauchersicht besonders günstig. Von hier lassen sich die Unterwasserhöhepunkte der istrischen Westküste erkunden: die Schiffswracks. Das berühmteste ist die Baron Gautsch, ein hervorragend erhaltener Luxusliner der österreichischen k.u.k. Marine. Dazu gibt es ein gutes Dutzend weitere versunkene Schiffe, Profis kommen hier voll auf ihre Kosten. Für Anfänger lohnenswert: die bezaubernden Felslandschaften an den kleinen, der Küste vorgelagerten Inseln.

Klarmachen zum Abtauchen: vor der Tauchbasis Scuba Valdaliso Rovinj

### SCUBA VALDALISO ROVINJ

Geleitet wird diese Tauchbasis von zwei Deutschen: Wolfgang Eder und Stojan Babic. Es gibt ein Schnellboot für 20 Personen, mit dem auch weiter entfernte Wracks gut erreichbar sind (zum Beispiel die Baron Gautsch in 30 Minuten). Insgesamt werden von der Tauchbasis aus 25 Insel- und rund zehn Wrack-Tauchplätze angesteuert. Die Ausbildung (vom Anfänger- bis zum Tauchlehrer-Kurs) erfolgt nach CMAS- oder SSI-Richtlinien. In und um Rovinj befinden sich jede Menge schöne Unterkünfte.

**TIPP** Hotel Valdaliso (DZ 185–415 Kuna). Buchung u.a. über die Tauchbasis, die auch weitere Unterkünfte vermittelt. ■ 52210 Rovinj, Tel. (00385-52) 81 59 92, auch bei Tauchsport Eder in Deutschland, Tel. (08503) 80 10. Insel-Tauchgang 150 KN, Wrack-Tauchgang 225 KN, 7-Tage-Tauchpaket 1630 KN. **www.scuba-valdaliso.de**

## 2 INSEL KRK

Die Kvarner Bucht ist mit ihren vier großen und einer Reihe kleineren Inseln ein ausgesprochen abwechslungsreiches Tauchgebiet. Besonders interessante Tauchplätze liegen rund um die einfach zu erreichende Insel Krk, darunter mit roten Hornkorallen bewachsene Steilwände, Höhlen und Grotten sowie Schiffswracks, zudem flache Buchten mit Seegraswiesen und manche fischreiche Stelle. Die meisten Tauchplätze werden mit Booten angesteuert, einige sind auch vom Land aus zu erreichen. Tipp: Die Sicht unter Wasser ist in der Kvarner Bucht vor den Inseln in der Regel deutlich besser als vor dem Festland.

### FUNDIVING KRK

Auch hier sind zwei Deutsche am Werk: Adriano Bähtz und Jürgen Krause. Die Ausbildung für Einsteiger bis hin zum Tauchlehrer-Assistenten erfolgt

### FÜNF TOP-TAUCHPLÄTZE FÜR EINSTEIGER

**ROVINJ** Banjole, ein wie ein Schweizer Käse durchlöcherter Fels, sowie die Hausbucht der Basis Scuba Valdaliso **KRK** Mali Plavnik mit vielen Höhlen und reichem Meeresleben **TROGIR** Die Hausbucht des Trogir Dive Center mit ortstreuen Seepferdchen **HVAR** Stinioa, eine reich bewachsene Wand, die 18 Meter in die Tiefe reicht **PELJEŠAC** Die flache Bucht vor der Tauchbasis Žuljana

### FÜNF TOP-TAUCHPLÄTZE FÜR FORTGESCHRITTENE

**ISTRIEN** Die Wracks Coreolanus und Baron Gautsch **KRK** Selzine, eine spektakuläre, tief abfallende Wand **TROGIR** Bunker, eine steil abfallende Felsnase bei der Insel Solta **HVAR** Die Travna-Steilwand im Inselnorden **PELJEŠAC** Das Wrack der S 57

Der Star unter den Schiffswracks vor Pelješac: das Schnellboot S 57

nach PADI. Für die Ausfahrten zu insgesamt acht vorgelagerten Inseln steht ein 18 Meter langes Boot bereit. Üblich ist eine Ausfahrt mit zwei Tauchgängen und einer Mittagspause auf dem Boot. In der Basis kann man auch frühstücken. Es gibt viele schöne Unterkünfte in der Umgebung, buchen kann man direkt über die Basis.

**TIPP** Das 300 Meter entfernte Apartmenthaus Turcic bietet Wohnungen für zwei bis sechs Personen (Ap. für zwei Personen 260–395 KN, inkl. Reinigung und Taxe).
■ 51500 Krk, Brace Juras 3, Tel. (00385-51) 22 25 63, oder in Deutschland: (0631) 370 25 79. Bootstrip mit 2 Tauchgängen 340 KN, 5-Tage-Paket mit 10 Tauchgängen 1590 KN. **www.fundivingkrk.de**

## 3 TROGIR

Dicht vor der Küste liegende Inseln machen dieses Tauchgebiet in Mitteldalmatien zu einem der vielseitigsten Adria-Reviere. Die Unterwasserwelt zeigt sich hier wild zerklüftet, ein Dorado für erfahrene Taucher. Überall wachsen farbenprächtige Schwämme sowie rote und gelbe Hornkorallen, dazu leben hier relativ viele Fischarten. Für Einsteiger gut: die flachen Buchten, etwa die Hausbucht der Tauchbasis von Trogir, wo viele Seepferdchen herumschwimmen.

Steil abwärts geht es an der Küste vor Trogir, etwa vom Trogir Diving Center aus (unten)

**TROGIR DIVING CENTER**

Die Basis befindet sich nahe Trogir im kleinen Ort Okrug Gornji direkt am Meer. Sie hat einen eigenen Anlegesteg und eine leicht zu betauchende Hausbucht. Ausgebildet wird nach CMAS, PADI oder SSI. Leiter Miki und seine Frau Angela offerieren Gästen Frühstück und Abendessen. Sprachprobleme treten sicher keine auf, da die beiden 15 Jahre in Deutschland gearbeitet haben. Sie vermitteln Unterkünfte in unmittelbarer Nähe, meist Zimmer mit Frühstück oder Apartments in Einfamilienhäusern (DZ ab 135 Kuna pro Person, inklusive Frühstück, für zwei Personen ab 240 Kuna).
■ 21223 Okrug Gornji, Pod Luku 1, Tel./Fax: (00385-21) 88 62 99. Ein Tauchgang kostet 165 KN, 10 Tauchgänge für 1380 KN. **www.trogirdivingcenter.de**

## 4 INSEL HVAR

Vor der mitteldalmatinischen Küste ragen stellenweise dramatische Steilwände aus dem Meeresboden, die prachtvoll bewachsen sind – ein Highlight für anspruchsvolle Taucher. Besonders auffällig sind die zahlreichen gelben Schwämme. Regelmäßig zeigen sich auch Drachenköpfe und Langusten. Abwechslungsreiche Felslandschaften mit Höhlen, Schluchten und Überhängen erstrecken sich über weite Teile der Inselküste. Generell geht es per Boot zu den Tauchplätzen, nur an wenigen Stellen ist es sinnvoll, vom Land aus zu tauchen.

**TAUCHBASIS HVAR/JELSA**

Geführt wird die Tauchschule seit 1998 von dem Berliner Ehepaar Claudia und Jens Koberstein. Kurse nach CMAS-/VDST-Richtlinien gibt's sowohl für Anfänger als auch für Tauchlehrer-Assistenten. Neben Hotels und Privatpensionen hat der Ort Jelsa einen Campingplatz.

**TIPP** Restaurant und Pension Murvica in Hafennähe, eine familiäre Unterkunft mit guter Küche (DZ 185–225 Kuna pro Pers., inklusive Frühstück), Vermittlung über die Tauchbasis.
■ 21465 Jelsa, Omfala Centar d.o.o., Tel. (00385-21) 76 18 22, im Winterhalbjahr in Deutschland: Tel. (030) 684 19 54. Ein Tauchgang kostet 225 KN, 10 Tauchgänge für 1725 KN. **www.tauchinjelsa.de**

## 5 HALBINSEL PELJEŠAC

Wer Ursprünglichkeit sucht, ist hier richtig: Die süddalmatinische Peninsula ist touristisch recht wenig erschlossen. Selbst am netten Küstenörtchen Žuljana schwappt die große Urlauberwelle bislang noch vorbei. Die Unterwasserwelt ist durchaus sehenswert, wenn auch nicht so spektakulär wie in der Kvarner Bucht, um Trogir und Hvar. Zu sehen sind u.a. kleine Papageifisch-Schwärme, hübsche Nacktschnecken und Drachenköpfe. Deutlich aufgewertet wird das Gebiet durch ein halbes Dutzend Schiffswracks. Das bekannteste unter ihnen ist das im Zweiten Weltkrieg versenkte deutsche Schnellboot S 57.

**TAUCHBASIS ŽULJANA**

Die Tauchschule von Dragan liegt auf der Halbinsel Pelješac im Örtchen Žuljana direkt am Hafenkai. Knapp 40 Tauchplätze werden angefahren, darunter Wracks wie das spektakuläre Schnellboot S 57. Auch in der Hausbucht kann getaucht werden. Im Ort befinden sich ein Campingplatz, Privatunterkünfte und Pensionen.

**TIPP** Bei Dragan einfach, aber mit Familienanschluss wohnen: In mehreren Häusern bietet der Leiter der Basis Zwei-Bett-Zimmer sowie Apartments mit zwei Schlafzimmern an (120–150 Kuna/Pers., inkl. Frühstück, zzgl. Taxe).
■ 20247 Žuljana, Tel. (00385-20) 75 61 08.
1 Tauchgang 185 KN, 10 Tauchgänge 1705 KN.
**www.tauchbasis-zuljana.de** ■

**TAUCHBASEN** Die angegebenen Tauchpreise verstehen sich inklusive Bootsfahrt, gefüllter Pressluftflasche und Blei bei ansonsten eigener Ausrüstung. Bei allen genannten Tauchbasen können gegen Aufpreis auch komplette Ausrüstungen oder einzelne Teile geliehen werden.

**TAUCHGENEHMIGUNG** Jeder Taucher benötigt in Kroatien eine offizielle Tauchgenehmigung. Die kostet 100 Kuna (etwa 15 Euro), ist ab Ausstellungsdatum ein Jahr gültig und wird von den Tauchbasen vor Ort ausgestellt. Für Tauchgänge an einigen Wracks, wie zum Beispiel der Baron Gautsch, wird zusätzlich eine Gebühr in Höhe von 75 Kuna berechnet.

**TAUCHTAUGLICHKEIT** Wie international üblich ist den Tauchbasen eine ärztliche Bescheinigung über die Tauchtauglichkeit vorzulegen (kann meist auch vor Ort über die Basis von einem Arzt ausgestellt werden); ausgebildete Taucher legen zudem ihr Tauchbrevet und ein Logbuch vor.

**ALLE WASSER:** Baden in Überlingen

**ALLES APFEL:** Obstland Bodensee

# Bodensee

Da kommt einiges zusammen: Alpenpanorama, ein Hauch von Süden, Heimeligkeit, anmutige Landschaften, eine ordentliche Portion Internationalität. Denn drei Länder teilen sich den Bodensee: Deutschland, Österreich und die Schweiz. Und auch wenn im Herbst der Nebel manchmal nicht weichen will, sommers ist die Region sonnenverwöhnt, wasserreich, genussverliebt, traditionsreich und doch der Zukunft zugewandt. Wenig erstaunlich also, dass eine Studie belegt: Im Landkreis Bodensee-Oberschwaben leben deutschlandweit die zufriedensten Menschen. Dem sind unsere Autoren natürlich nachgegangen – wie auch vielen anderen spannenden Themen: Sie haben auf Inline-Skates die Schweizer Seeseite erkundet, dem Gesang der Vögel im Wollmatinger Ried gelauscht, sind quer über den See gesegelt und haben ungewöhnliche Restaurants und Hotels entdeckt. Besonderes Highlight im Heft: Drei Schriftsteller aus der Region veröffentlichen im ADAC reisemagazin eine Kurzgeschichte und zeigen den See aus ganz neuen Perspektiven.

**Das ADAC reisemagazin Bodensee erscheint am 26. Juni 2007**

Fotos: David Hiepler und Fritz Brunier; Theodor Barth; Gerald Hänel

**ALLES KLAR?** Fertig machen zur Wende: Jolle bei Immenstaad am Bodensee

**In Vorbereitung:** Paris | Australien | Peru, Bolivien, Ecuador **Zuletzt erschienene Ausgaben:** Italienische Seen | USA Westküste | Südafrika
Alle lieferbaren Titel finden Sie auf der beiliegenden Bestellkarte

# EINE FRAGE NOCH:
# Sind alle Kroaten Sportfans?

**Die Zuschauermassen bei Sport-Ereignissen sind im Verhältnis zur Bevölkerungszahl unglaublich. Man jubelt rotweiß kariert**

Während der Fußball-Weltmeisterschaft 2006 bot sich in einigen Bahnhöfen ein kurioses Bild. Zum Beispiel in Berlin nach einem Spiel der kroatischen Mannschaft. Fans, die zum nächsten Match ihres Teams wollten, standen Spalier. Der ganze Bahnsteig: rotweiß kariert. Als der Zug weiterfuhr, war er bis zum letzten Quadratzentimeter gefüllt: rotweiß karierte Schals, rotweiß karierte Jacken, Pullis und Hüte, vereinzelt sogar rotweiß karierte Hosen.

Kroatiens Fußballer sind seit dem Gewinn der Bronzemedaille bei der WM 98 eine international geschätzte Truppe. Auf Weltniveau spielen die Basket- und Wasserballer. Ganz große Nummern sind die Handballer (zweimal Olympiasieger, 2003 Weltmeister). Alle diese Teams versinken nach ihren Triumphen in rotweiß karierten Nationalflaggensymbolen.

Was sich jedoch nach den Slalom- und Abfahrtsrennen der Janica Kostelić abspielte, war so einzigartig wie die Erfolgsserie der Zagreberin: Sie gewann vier olympische Goldmedaillen, war fünfmal Weltmeisterin und wurde 2005 und 2006 zur Weltsportlerin des Jahres gewählt. Kroatien, das ja eher ein Land des Meeres und der Sonne ist, entsandte die größten geschlossenen Fan-Blöcke aller Zeiten ins winterliche Hochgebirge. Bei der Ski-WM 2005 in Bormio hatte man den Eindruck, am Sljeme-Hang bei Zagreb zu stehen: Es waren weit mehr Kroaten zu den Rennen in Norditalien gekommen als Einheimische.

Nun sind Fan-Gruppen nichts Neues. Aber im Verhältnis zur Bevölkerungszahl bieten die Kroaten Unglaubliches auf. Warum? Weil ihr relativ kleines Land durch die Erfolge seiner Spitzensportler erreicht, wonach es sich so lange gesehnt hat: Aufmerksamkeit, Anerkennung und Schulterklopfen, und zwar weltweit. Davon bekam man nach kroatischem Empfinden lange Zeit viel zu wenig. Dass die Neigung besteht, mit der Geschichtsschreibung erst mit der Unabhängigkeit 1991 zu beginnen, macht die Bilanz nicht besser. Das Nationale Olympische Komitee etwa wertet Erfolge, die kroatische Sportler vorher erkämpft hatten, als Leistungen „unter fremder Flagge". Die erste olympische Medaille für Kroatien gewann 1992 übrigens der Tennisspieler Goran Ivanišević, der nach seinem Wimbledon-Sieg 2001 ein Volksheld wurde.

Es wäre durchaus legitim, auch an die großen kroatischen Sportler aus der jugoslawischen Epoche zu erinnern. Es herrschte Reisefreiheit, und so konnten viele ins westliche Ausland wechseln. Handball-Trainer Vlado Stenzel hatte 1972 das jugoslawische Team zum Olympiasieg geführt und sechs Jahre später das deutsche zum WM-Titel. Von Fußball-Legenden wie Ivica Horvat und Branko Zebec, die bedeutende Vereine wie Schalke, HSV und FC Bayern trainierten, spricht die Bundesliga heute noch.

Vielleicht begeistern sich Kroaten auch einfach für Sport, weil er schöne Körper macht. Das sieht man zum Beispiel auf den Straßen von Zagreb. Dort regeln im Sommer oft Studentinnen den Verkehr, ganz in Weiß, in Minirock und Tennisschuhen. ■

**Randolph Braumann**

Illustration: Isabel Klett